ZERO WASTE NÄHEN

Layout und Satz: Bernadett Linseisen (schere.style.papier), München
Fotografie: Guido Köninger
Location: Gaswerk, Augsburg
Models: Lukas Brenner, Nina Faulhaber und Miriam Motzke
Covergestaltung: Danai Afrati, Stiebner Verlag GmbH, Grünwald
Produktmanagement: Stefanie Klapetek, Stiebner Verlag, Grünwald
Schlusslektorat: Regina Rilz
Druck: BALTO print, Litauen

Bibliografische Information der Deutschen Nationalbibliothek:
Die Deutsche Nationalbibliothek verzeichnet diese Publikation in der Deutschen Nationalbibliografie; detaillierte bibliografische Daten sind im Internet über http://dnb.dnb.de abrufbar.
ISBN 978-3-8307-2116-1

Wir produzieren unsere Bücher mit großer Sorgfalt und Genauigkeit. Trotzdem lässt es sich nicht ausschließen, dass uns in Einzelfällen Fehler passieren. Auf unserer Webseite finden Sie bei dem jeweiligen Titel eventuelle Hinweise und Korrekturen. Sollten Sie in diesem Buch einen Fehler finden, so bitten wir um einen Hinweis an verlag@stiebner.com. Für solche Hinweise sind wir sehr dankbar, denn sie helfen uns, besser zu werden.

www.stiebner.com

Stefanie Kroth
ZERO WASTE NÄHEN
25
Schnittmuster
Zuschnitt ohne
Stoffreste

Inhalt

Regencape 15

Leggings und gewickeltes Top 27

Vorwort

ZERO WASTE MODEDESIGN vereint drei Leidenschaften von mir: Drapieren, Teilungsnähte anders setzen und Schnittteile puzzlen. Wenn sich das konstruktiv nach oben schaukelt, entstehen wunderbare ZERO WASTE-Modelle. **ZERO WASTE MODE** kann nicht auf dem Reißbrett entstehen, so wie der Entwurfsprozess in der Modeindustrie aktuell abläuft. ZERO WASTE MODE entsteht aus einer Idee und entwickelt sich auf Schnittpapier und Stoff weiter, bis es ein Modell ist. Ich bastle oft zuerst kleine Papiermodelle und teste eine Stoffvariante, auch wenn noch nicht alle Stoffstücke als Schnittteile vergeben sind. Für die übrigen Stoffteile findet sich beim Drapieren an der Schneiderpuppe – oder wenn das Teil angezogen und in Aktion ist – oft noch eine bessere Lösung.

Mit dem Buch möchte ich dich einladen, verschiedene ZERO WASTE-Spielereien kennenzulernen und umzusetzen. Lass dich auf andere Nähtechniken ein, genieße es, um die Ecke zu denken. Und freu dich daran, den Stoff optimal auszunutzen.

Steig auf dein Fahrrad.

Fahre so lange einen K… s, bis du eine Spur hinterl…

Erklärung ZERO WASTE

Das Konzept hinter ZERO WASTE NÄHEN – mit null Stoffverschnitt auszukommen – gibt es, seit sich der Mensch in Textilien hüllt. Kein Stück aufwendig gewebten Materials sollte verschwendet werden, jedes Fitzelchen wird ausgenützt. Eine Renaissance erlebt der Stoffspar-Gedanke in Zeiten von Nachhaltigkeit und Ansteigen der Stoffpreise.

Bei der ZERO WASTE-Schnitterstellung wird der Schnitt eines Modells auf die Stoffbreite optimiert. Grundlage der Schnitterstellung bilden hierbei die Stoffbreite, die Funktion des Kleidungsstückes und die Größe; das Design eines Modells ändert und entwickelt sich im Schnitterstellungsprozess. Beim ZERO WASTE-Modedesign verschmelzen Designer:in und Schnittmacher:in wieder zu einer Person, entworfen wird nicht mehr nur in 2-D. Ausprobieren und Drapieren, sei es an einer Schneiderpuppe, am 3-D-Avatar oder am echten Modell, werden zu wichtigen Instrumenten des Entwurfprozesses.

Eine spannende Angelegenheit sind beim ZERO WASTE-Design die unterschiedlichen Größen und Stoffbreiten. Nicht jedes Modell bekommt man in einer anderen Größe oder Stoffbreite gut auf dem Stoff unter, da können fünf Zentimeter weniger Stoffbreite das Puzzlekonzept durcheinanderwirbeln. Wir bieten hier in dem Buch die Modelle in zwei Größen an, mit dem Anspruch, dass die Modelle in den beiden Größen (fast) gleich sind. Dadurch ergibt sich, dass es manchmal in der einen oder anderen Größe nicht so gut im ZERO WASTE-Puzzle aufgeht.

Aber an den Anleitungen, bei denen es manchmal Varianten für Größe 1 und 2 gibt, da merkst du schon, dass es theoretisch fast immer möglich wäre, durch noch mehr Teilungsnähte oder leicht andere Gestaltungen den Platz noch optimaler auszunutzen. Aber bevor die Modelle zu kompliziert, kleinteilig und verwirrend wurden, haben wir die Reißleine gezogen und lassen einen kleinen Stoffverschnitt zu. Denn das Buch soll Spaß machen und dich zu ZERO WASTE-Mode inspirieren. Für den Stoffverschnitt bieten wir unter stefaniekroth.de/zerowaste kleine Anleitungen, was du daraus noch nähen kannst.

Die verschiedenen ZERO WASTE-Modelle sind aus unterschiedlichen Grundtechniken entstanden – mal sind die Ärmel angeschnitten, mal Vorder- und Rückenteil gegenläufig geschachtelt, mal sind die Schnittteile Dreiecke –, um das Spektrum aufzuzeigen, wie man ZERO WASTE angehen kann. Wenn du die Modelle einmal genäht und durchschaut hast, ergeben sich unzählige Möglichkeiten für dich, eigene Designs zu entwickeln.

Die einzelnen Modelle haben wir in den jeweiligen Größen am 3-D-Avatar drapiert und visualisiert. Dabei hat der Avatar die Körpermaße, die jeweils angegeben sind, z. B. Brustumfang 88 cm. So sieht man genau, wie eng oder weit das Kleidungsstück ausfällt.

Größentabelle

Die ZERO WASTE-Modelle sind in zwei Größensätzen erstellt. Die Modelle haben unterschiedliche Bewegungszugaben, manche sind sehr üppig, hier kann man gut mit den Größen spielen.

Die Größen entsprechen in etwa folgenden Konfektionsgrößen:

	Größe 1	**Größe 2**
Damen	36–40/S-M	42–46/L-XL
Herren	44–48/XS-S	50–54/M-L

Die jeweiligen Größensätze sind zum Vergleich in den Skizzen angelegt auf folgende Körpermaße:

	Größe 1	**Größe 2**
Brustumfang	88 cm	106 cm
Taillenumfang	75 cm	95 cm
Gesäßumfang	97 cm	114 cm

An den Skizzen erkennt man gut, wie knapp oder locker das Kleidungsstück bei welchen Körperumfängen sitzt, und kann so besser die eigene Größe einschätzen. Bei Modellen, die auch für Männer gedacht sind, haben wir zusätzlich mehr Länge gerechnet, z. B. bei den Hosenbeinen.

So kannst du deine Größen einschätzen:

• Bei Oberteilen wählst du die Größe entsprechend deines Brustumfangs. Wenn du an Taille oder Gesäß mehr oder weniger hast, schaust du dir das Modell genauer an: Ist es körpernah an diesen Stellen oder sowieso flatterig weit? Wenn es weit ist, brauchst du nichts machen.

• Bei Kleidern oder längeren Oberteilen siehst du dir an, an welcher Stelle das Modell am engsten sitzt oder die meiste Körperbetonung hat. Dementsprechend wählst du die Größe so, dass du mit deinem Umfang an diese Stelle passt. Bei Kleidern ist das meist auch der Brustumfang, bei einem kurvigen Po kann es aber der Gesäßumfang sein.

• Bei den Hosen und Röcken arbeiten wir mit Gummizug, so wählst du hier deine Größe:

• Ist dein Taillenumfang kleiner als der vorgesehene Umfang in der Tabelle, machst du das Gummiband enger.

• Ist dein Taillenumfang größer als in der Tabelle, aber kleiner als dein Gesäßumfang, machst du das Gummiband weiter.

• Ist dein Taillenumfang größer als dein Gesäßumfang (Bauchfigur): Hier wählst du die Größe anhand deines Taillenumfangs.

Kleine Stoffkunde

Jedes der ZERO WASTE-Modelle ist für eine bestimmte Stoffart geplant, sei es für Webware oder Strick/Jersey. Das empfiehlt sich auch wegen der unterschiedlichen Dehnbarkeiten zu beachten.

Am Anfang solltest du auf Stoffe mit einer »Richtung« verzichten, das bedeutet z. B. Felle, Plüsche, Samt, Cord oder Wollstoffe mit einer Strichrichtung oder »Kopfmuster«, also Muster, die nur in einer Richtung funktionieren und nicht auf den Kopf gestellt werden können. Wir schneiden bei ZERO WASTE manchmal etwas unkonventionell zu, und die Schnittteile können gedreht, schräg oder auf dem Kopf sein. Wenn du die Zuschneidepläne bereits etwas besser lesen kannst, kannst du leichter entscheiden, ob verschiedene Materialien ein interessanter Designkniff sind oder eher doof aussehen werden.

WEBWARE/STRICKWARE/JERSEY

Bei Stoffen unterscheidet man zwischen Webware und Wirk- und Strickware. Wirk- und Strickware ist unter dem Begriff »Jersey« geläufig. Der Unterschied ist klar: Gewebt wird am Webrahmen, hier gibt es Kettfäden (längs) und Schussfäden (quer), die in einer bestimmten Webart über- und untereinander gelegt, also verwoben werden. Bei Jersey wird der Faden gestrickt, also in sich verschlungen. Webware ist stabiler, Jersey ist dehnbarer.

MATERIAL

Jedes Material kann gewebt oder gestrickt werden. Als Material haben wir natürliche Fasern, wie z. B. Baumwolle, Seide, Leinen, Hanf, Wolle zur Verfügung. Viskose und Tencell oder Lyocell sind aus natürlichen Grundstoffen (Cellulose), die dann chemisch aufbereitet werden. Und zu guter Letzt gibt es Chemiefasern wie Polyester, Polyamid, Microfaser, Triacetat. Elasthan oder Spandex ist eine Kunstfaser, die beigemischt wird, um die Dehnbarkeit zu erhöhen. Wer nachhaltig arbeiten möchte, versucht, auf Mischungen zu verzichten.

JERSEY-TIPPS: NÄHEN UND BÜGELN MIT STRICKWARE

Generell kannst du Jersey mit der Overlock nähen und gleichzeitig versäubern. Mit der normalen Nähmaschine nimmst du zum Nähen einen Zickzack- oder Stretchstich, mit dem Zickzackstich kannst du auch versäubern. Achte beim Nähen und Versäubern darauf, dass du den Strickstoff nicht ziehst und dabei dehnst, das ergibt wellige Nähte. Du kannst Jersey vorher versäubern, musst es aber nicht, deswegen wird es in einigen Anleitungen auch nicht explizit beschrieben. Bei Single-Jersey ist Versäubern sinnvoll, da sich die Kanten einrollen, und bei fransigen Stoffen würde ich auch versäubern. Wenn du mit der Overlock nähst, denke daran, dass die Nahtzugabe meist 1 cm beträgt, und schneide den Überschuss ab. Bei vielen Modellen gibt es knifflige Stellen, da solltest du mit der Overlock sehr erfahren sein und dein Messer ausschalten können. Oder besser den Stretch- oder Zickzackstich verwenden. Wenn du die Nähte zusammennähst und versäuberst und damit die Nahtzugaben nicht auseinanderbügeln kannst, dann bügle sie Richtung Rückenteil oder hintere Mitte, bzw. Richtung Ärmel.

STOFFBREITEN

Die Stoffbreite wird durch die Breite des Webstuhls bestimmt und variiert nach Material, Herstellungsart und Produktionsland. Bei den Modellen haben wir für die Materialien gängige Stoffbreiten verwendet, solltest du jedoch Probleme bei der Beschaffung haben, kannst du die Stoffbreite verbreitern, indem du einen weiteren Stoffstreifen annähst. Versäubere die Kanten und steppe sie evtl. noch knappkantig ab, dann löst sich die Naht nicht so leicht auf.

Zuschneiden

ZUSCHNEIDEPLAN ABPAUSEN ODER PLOTTEN LASSEN

Unter jedem Zuschneideplan liegt ein 5 x 5 cm-Raster, anhand dessen du den Zuschneideplan händisch übertragen kannst. Es gibt bereits gerastertes Schnittpapier, damit geht es leichter. Du kannst dir jeden Zuschnittplan als PDF in Originalgröße herunterladen und wahlweise plotten lassen oder über den Acrobat Reader/Posterdruck dir die Dateien gekachelt ausdrucken und selbst zusammenkleben. **Der Link zu den Plotdateien: stefaniekroth.de/zerowaste**

NAHTZUGABEN

Alle Schnittteile sind mit Naht- und Saumzugaben. Bei jedem Modell wird aufgeführt, welche Naht- und Saumzugaben geplant sind, standardmäßig sind es 1 cm Nahtzugabe und meist 4 cm Saumzugabe.

STOFFBRUCH

Die meisten Zuschneidepläne liegen, wenn möglich, im Stoffbruch. Dazu legst du die Webkanten/seitlichen Kanten aufeinander, das ergibt eine halbe Stoffbreite. Achte beim Auflegen des Zuschneideplans darauf, dass der Stoffbruch auf der richtigen Seite liegt.

MARKIERUNGEN

Übertrage alle Markierungen mit Schneiderkreide, Trickmarker, der Kante eines Stücks Seife (Seife eignet sich bestens zum Markieren und hinterlässt keine Rückstände), mit Stecknadeln oder – an den Stoffkanten – mit kleinen Zwicken/Knipsen. Zwicke oder Knipse sind kleine Einschnitte (max. 5 mm tief) in die Nahtzugabe. Markierungen mitten im Schnittteil kannst du mit Kopierpapier durchrädeln, mit Stecknadeln übertragen oder mit einer Handnähnadel durchnähen. Beim Durchnähen nimmst du den Faden doppelt und nähst durch beide Stofflagen mit einem sehr lockeren Stich durch, so locker, dass Schlaufen entstehen. Trenne nach dem Zuschnitt beide Stofflagen und schneide die Fäden dazwischen durch, somit hast du kleine Fadenmarkierungen an beiden Schnittteilen.

RECHTE UND LINKE STOFFSEITE

Bei Stoffen, deren rechte und linke Seite sehr ähnlich sind, empfiehlt es sich, gleich beim Zuschnitt die linke Seite jeweils zu markieren, damit während des Nähprozesses kein Durcheinander entsteht. Das kann ein kleines Kreuz aus Schneiderkreide sein oder einfach eine Stecknadel. Die rechte Stoffseite weist zumeist ein klareres Stoffbild auf, wichtig ist aber vor allem, dass man durchgängig die gleiche Seite als rechte oder linke Stoffseite verwendet.

ZERO WASTE-ZUSCHNITT

Die größte Herausforderung beim ZERO WASTE-Zuschnitt ist oft, eine Fläche zum Zuschneiden zu finden, die groß genug ist, um den gesamten Plan aufzulegen. Du kannst deinen gerasterten oder geplotteten Papierschnitt komplett auflegen und zuschneiden. Oder du trennst die Schnittteile vorher, dabei lässt du am besten manche Teile punktuell aneinander. Steck die Teile auf alle Fälle gut fest, damit nichts verrutscht. Falls deine Stoffbreite zu schmal ist, kannst du einen weiteren Stoffstreifen annähen. Versäubere die Kanten und steppe sie evtl. noch knappkantig ab, dann löst sich die Naht nicht so leicht auf.

NÄHLEVELS

Nählevel 1 ist für Nähanfänger:innen mit Vorkenntnissen geeignet. Du solltest Basics beherrschen. Die Nähte sind einfach zu nähen, es fallen keine Reißverschlüsse oder Knopflöcher an.

Nählevel 2 ist für geübte Näher:innen, die keine Angst vor Reißverschlüssen haben, einige Nähtechniken beherrschen und gerne knifflige Stellen ausprobieren möchten.

Nählevel 3 ist für versierte Hobbyschneider:innen, die zahlreiche Nähtechniken beherrschen und gerne ums Eck denken.

PROJEKTE

f dein Fahrrad.
lange ein
Kreis, bis
Spur hin

Regencape

Das Regencape ist ein Schutz gegen Wind und feuchtes Wetter, das man über eine normale Jacke ziehen kann. Es ist ideal zum Radeln, im Vorderteil sind innen Halteschlaufen für die Hände in Lenkerbreite angebracht. Die Kapuze ist groß genug für einen Helm. Das Rückenteil wird unter dem Vorderteil mit Bindebändern und einer Steckschnalle an der Taille befestigt. Es gibt so wenig Nähte wie möglich, also keine an der Schulter oder an den Säumen, da jede Naht Löcher im Stoff bedeutet. Daher solltest du auch nicht mit Stecknadeln stecken, lieber mit Klammern, wie es sie für Jerseystoffe gibt. Bügeln ist auch kein Thema, streiche die Nähte einfach mit den Fingern oder der stumpfen Scherenkante flach. Nähte und Umbrüche haben wir von innen mit Gewebeband abgeklebt, um der Nässe besser zu trotzen. Wenn dein Nähmaschinenfuß sich mit beschichteten Stoffen schwertut, kannst du auf ein Teflonfüßchen ausweichen.

MATERIAL UND SCHNITTTEILE

MATERIAL

- Beschichtete Webware, 140 cm breit, **Größe Onesize:** 130 cm lang
- Nähgarn
- Steckschnalle 30 mm und 2 Stegschnallen
- Gewebeband zum Abkleben, 2–2,5 cm breit, ca. 4 m (gibt es z. B. beim Bürobedarf)

SCHNITTTEILE

- 1 x Hauptteil im Stoffbruch
- 2 x Vorderteil unten
- 2 x Kapuze
- 2 x Bindeband
- 2 x Halteschlaufe

NAHTZUGABEN

Im Schnitt ist 1 cm Nahtzugabe enthalten. Beim Zuschneiden alle Markierungen auf den Stoff übertragen.

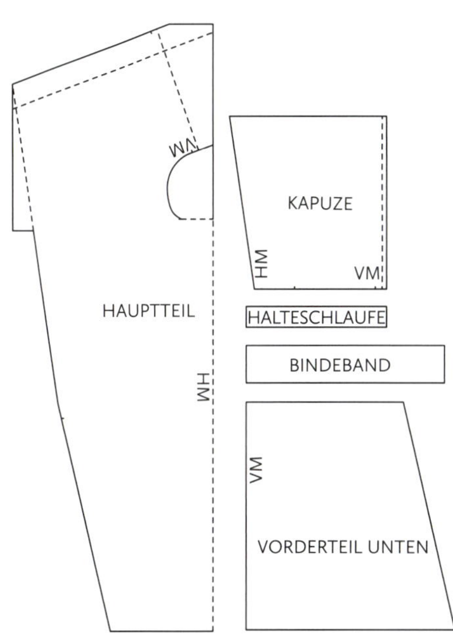

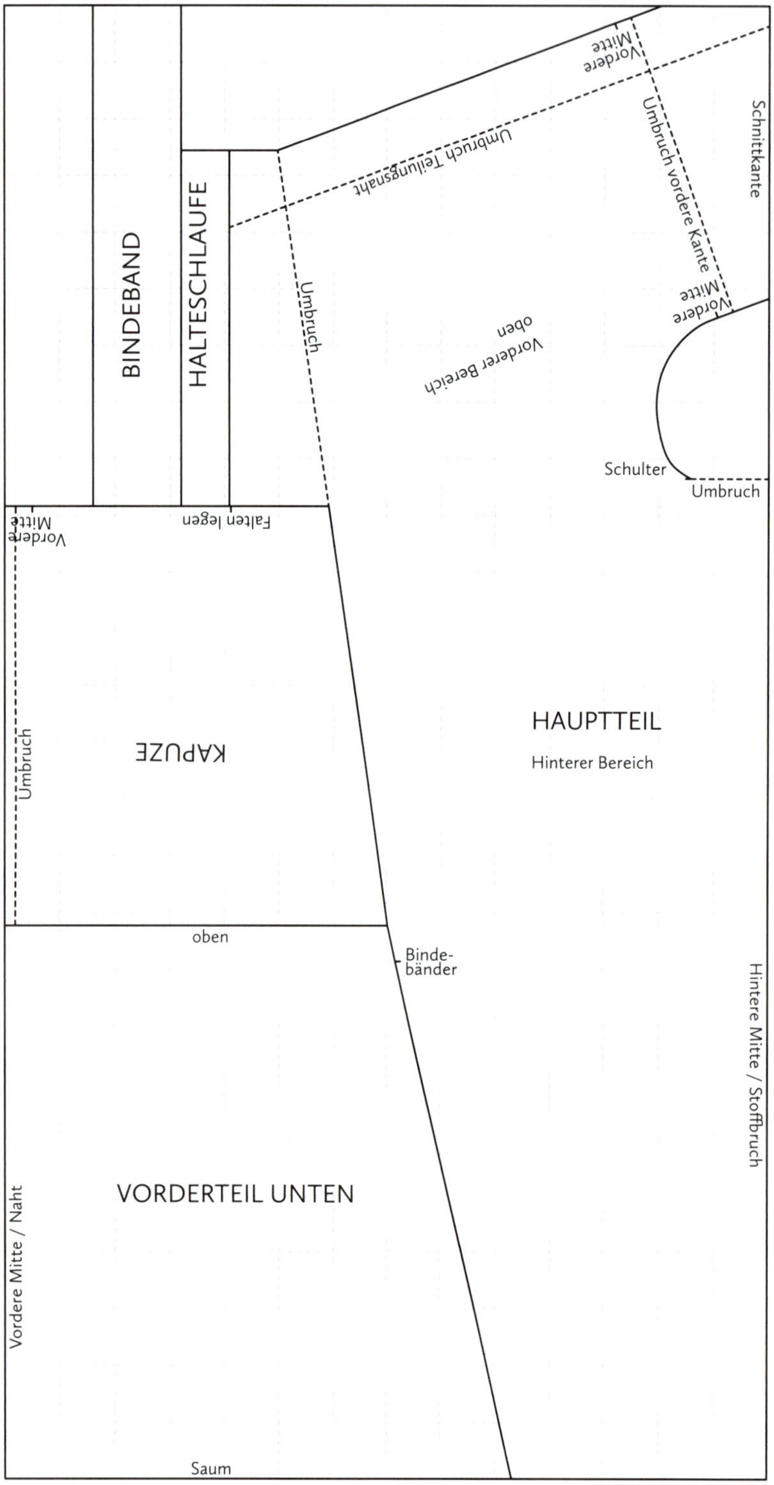

Die Plotdateien findest du unter stefaniekroth.de/zerowaste

BINDEBAND

HALTESCHLAUFE

Umbruch Teilungsnaht

Vordere Mitte

Umbruch vordere Kante

Schnittkante

Vordere Mitte

Umbruch

Vorderer Bereich oben

Schulter

Umbruch

Falten legen

Vordere Mitte

KAPUZE

Umbruch

HAUPTTEIL

Hinterer Bereich

oben

Binde-bänder

Hintere Mitte / Stoffbruch

VORDERTEIL UNTEN

Vordere Mitte / Naht

Saum

Größe Onesize

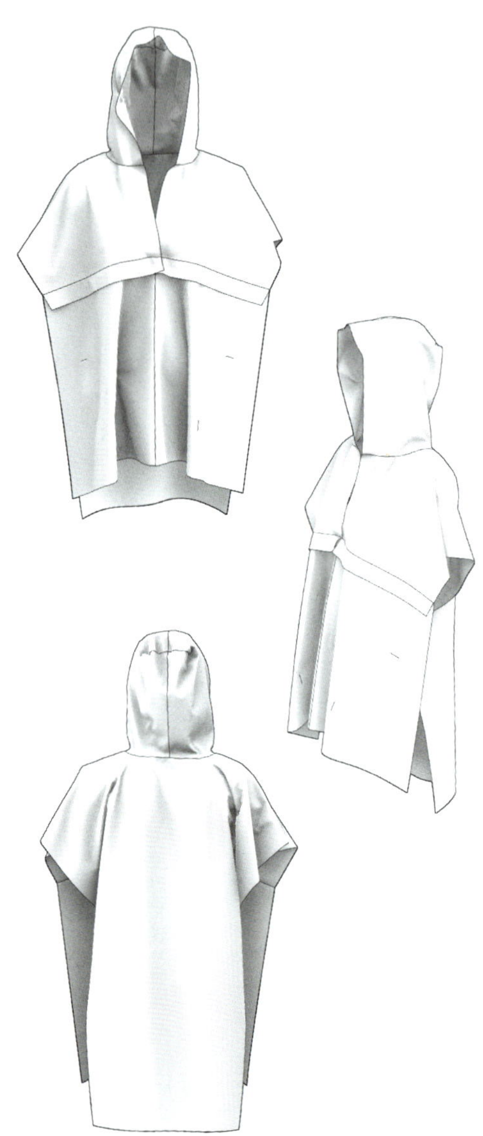

ZUSCHNEIDEPLAN GRÖSSE 1

- Webware 140 cm breit, 130 cm lang
- Den Stoff zum Zuschnitt auf die Hälfte legen, der Stoffbruch ist auf der rechten Seite.

NÄHEN

1. Lege die Kapuzen rechts auf rechts und nähe die hintere Mitte und obere Kapuzenkante mit 1 cm Nahtzugabe zusammen. Lege in der Spitze die Nähte rechts auf rechts, messe 7 cm von der Kapuzenspitze nach unten und nähe quer ab. Wie bei einem Taschenboden. Streiche alle Nähte auseinander und klebe sie von der linken Seite mit Gewebeband ab.

2. Nähe die Kapuze rechts auf rechts an das Halsloch. Dabei treffen die Markierungen für Umbrüche, vordere & hintere Mitten sowie die Schultermarkierung aufeinander. Lege jeweils an der Schulter mit dem überschüssigen Stoff eine Falte, die Faltenmitte zeigt jeweils zur hinteren Mitte, damit die Kapuze in das Halsloch passt. Kapuze einnähen. Wenn du diese Kante verkleben möchtest, musst du das Klebeband öfter einschneiden, damit es die Rundung mitgehen kann.

3. Klappe Kapuze und die vordere Kante des oberen Vorderteils am Umbruch nach innen. Befestige den Umbruch innen mit Klebeband. Lege die oberen Vorderteile jeweils an der vorderen Mitte aufeinander (links über rechts für Herren und rechts über links für Damen).

4. Lege die unteren Vorderteile rechts auf rechts und nähe sie in der vorderen Mitte zusammen. Streiche die Naht auseinander und klebe sie von der linken Seite mit Gewebeband ab.

5. Lege bei den oberen vorderen Teilen jeweils die äußere Umbruchkante auf die linke Stoffseite und klebe den Umbruch fest.

6. Lege das untere Vorderteil rechts auf rechts auf die oberen Vorderteile und nähe sie zusammen. Klappe am unteren Umbruch des oberen Vorderteils um und nähe den Umbruch in der eben genähten Naht fest. Streiche die Naht auseinander und klebe sie von der linken Seite mit Gewebeband ab.

7. Klappe die Halteschlaufen an den langen Kanten jeweils 1 cm nach links, dann längs auf Hälfte und nähe sie hier knappkantig zusammen. Zeichne die Schlaufenendpunkte auf der linken Stoffseite des unteren Vorderteils an. Miss dazu für die unteren Punkte jeweils im Saum 25 cm von außen nach innen, von dort 7 cm nach oben. Für die oberen Punkte miss jeweils 30 cm vom Saum nach oben und 10 cm nach innen. Steppe die Schlaufenenden mit einem kleinen Viereck mit Kreuz an diesen Punkten fest. Die Schlaufe ist etwas länger als der Abstand und hat damit gut Luft zum Greifen.

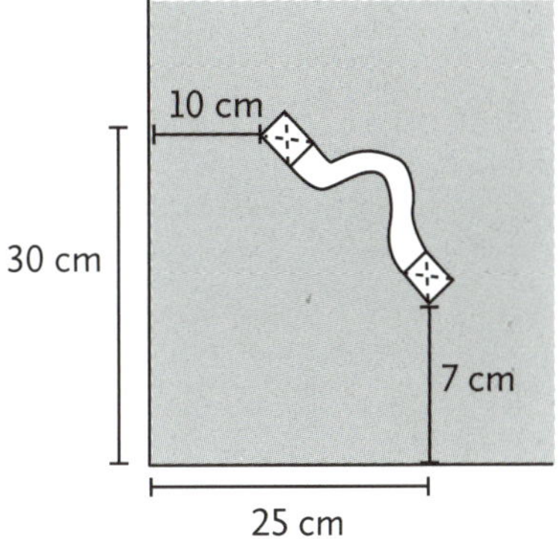

8. Klappe die Bindebänder an den langen Kanten jeweils 1 cm nach links, anschließend längs auf Hälfte und nähe die Bindebänder knappkantig zusammen. Ziehe nun die Bindebänder durch die Steg- und Steckschnallenteile, befestige die Enden in den Stegteilen, dann kannst du die Länge der Bindebänder darüber regeln.

9. Nähe die Bindebänder jeweils an der seitlichen Markierung des Rückenteils an.

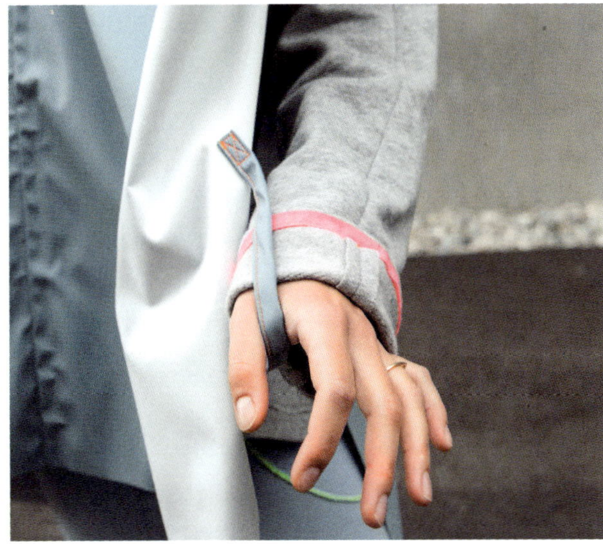

Sweatshirt

Das kuschelige Sweatshirt hat seitliche Schlitze und im Rückenteil verschiedene Teilungsnähte. Das Shirt ist einfach zu nähen. Damit es nicht langweilig wird, sind einige Kanten mit pinkfarbenem Schrägband eingefasst. Diese Kanten kannst du aber auch einfach normal versäubern oder offen lassen. Die rechteckigen Stücke und die kleinen halbrunden Teile, die bei den Halsausschnitten übrig bleiben, kannst du auch als Applikationen oder aufgesetzte Taschen verwenden.

MATERIAL UND SCHNITTTEILE

MATERIAL

- Sweatstoff, 140 cm breit
  Größe 1: 95 cm lang
  Größe 2: 108 cm lang
- Nähgarn
- Jerseynadel
- Zwillingsnadel (optional)
- Schrägband 2,5 m

SCHNITTTEILE

- 2 x Vorderteil
- 2 x Rückenteil oben
- 1 x Rückenteil unten im Stoffbruch
- 1 x Querstreifen
- 1 x Saumbeleg vorne
- 1 x Ärmel 1 im Stoffbruch
- 2 x Ärmel 2
- 2 x Halsbündchen

NAHTZUGABEN

Im Schnitt ist 1 cm Nahtzugabe enthalten. Beim Zuschneiden alle Markierungen auf den Stoff übertragen.

Beachte zum Nähen, Versäubern und Bügeln die Jersey-Tipps auf S. 10 (s. Stoffkunde). Sweat kannst du mit der Overlock nähen, doch sind hier einige knifflige Stellen, die besser mit der Nähmaschine und einem Stretch- oder Zickzackstich verarbeitet werden. Wir beschreiben die Schritte hier ohne separates Versäubern.

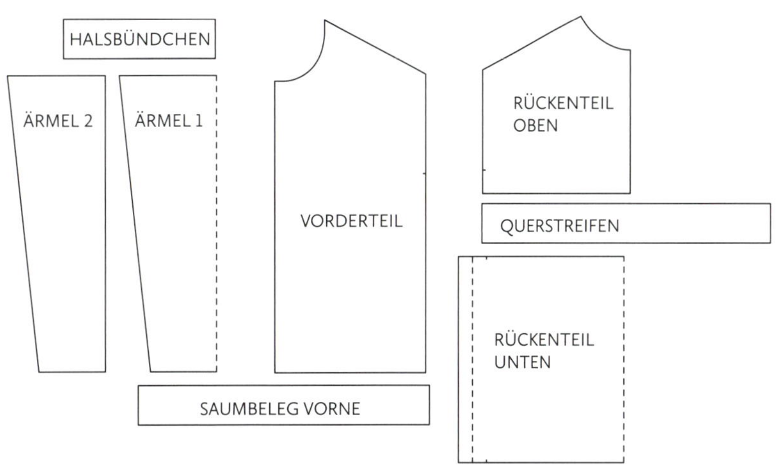

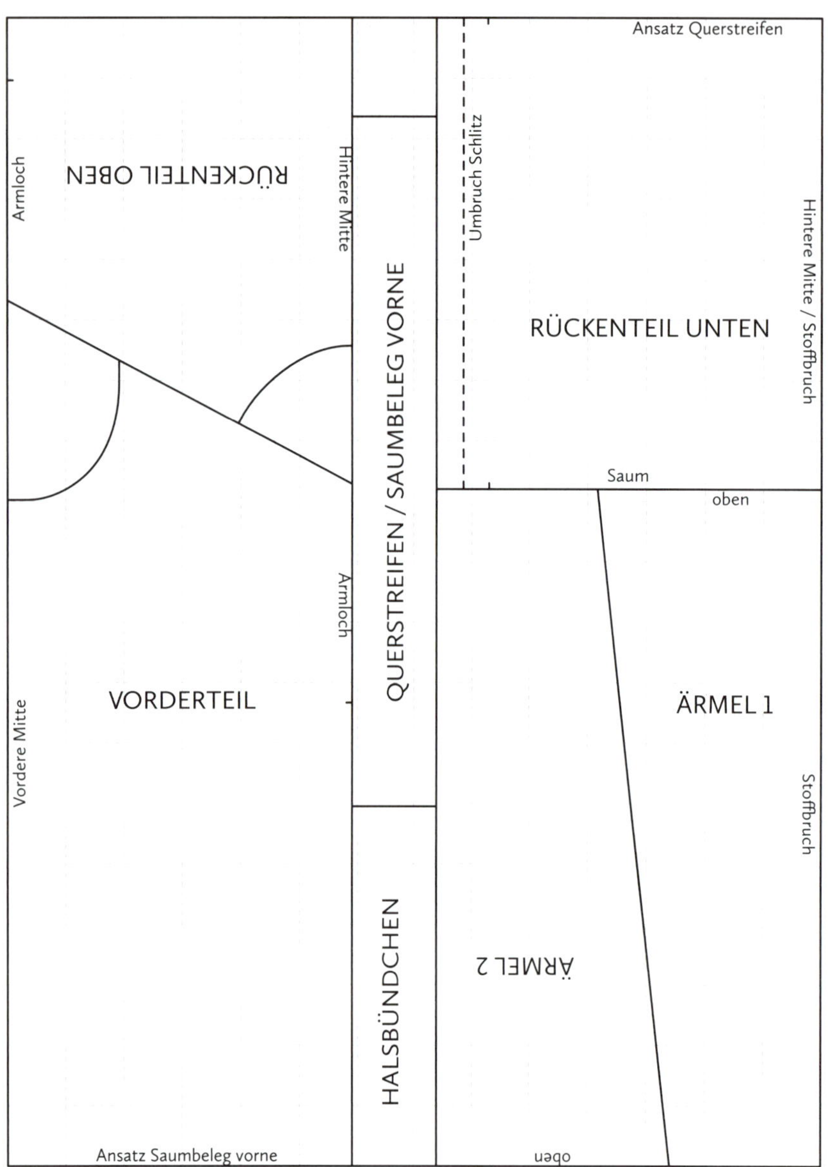

ZUSCHNEIDEPLAN GRÖSSE 1

- Sweatstoff 140 cm breit, 95 cm lang
- Den Stoff zum Zuschnitt auf die Hälfte legen, der Stoffbruch ist auf der rechten Seite.

Größe 1 an Brustumfang 88 cm

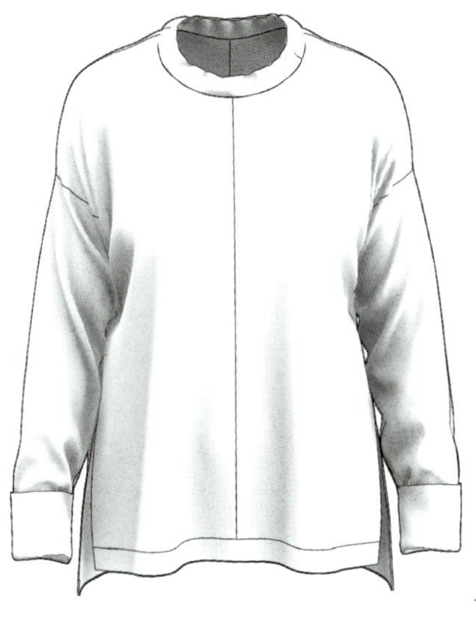

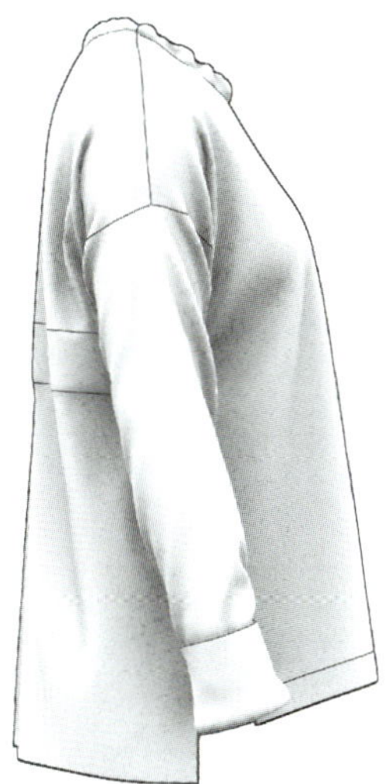

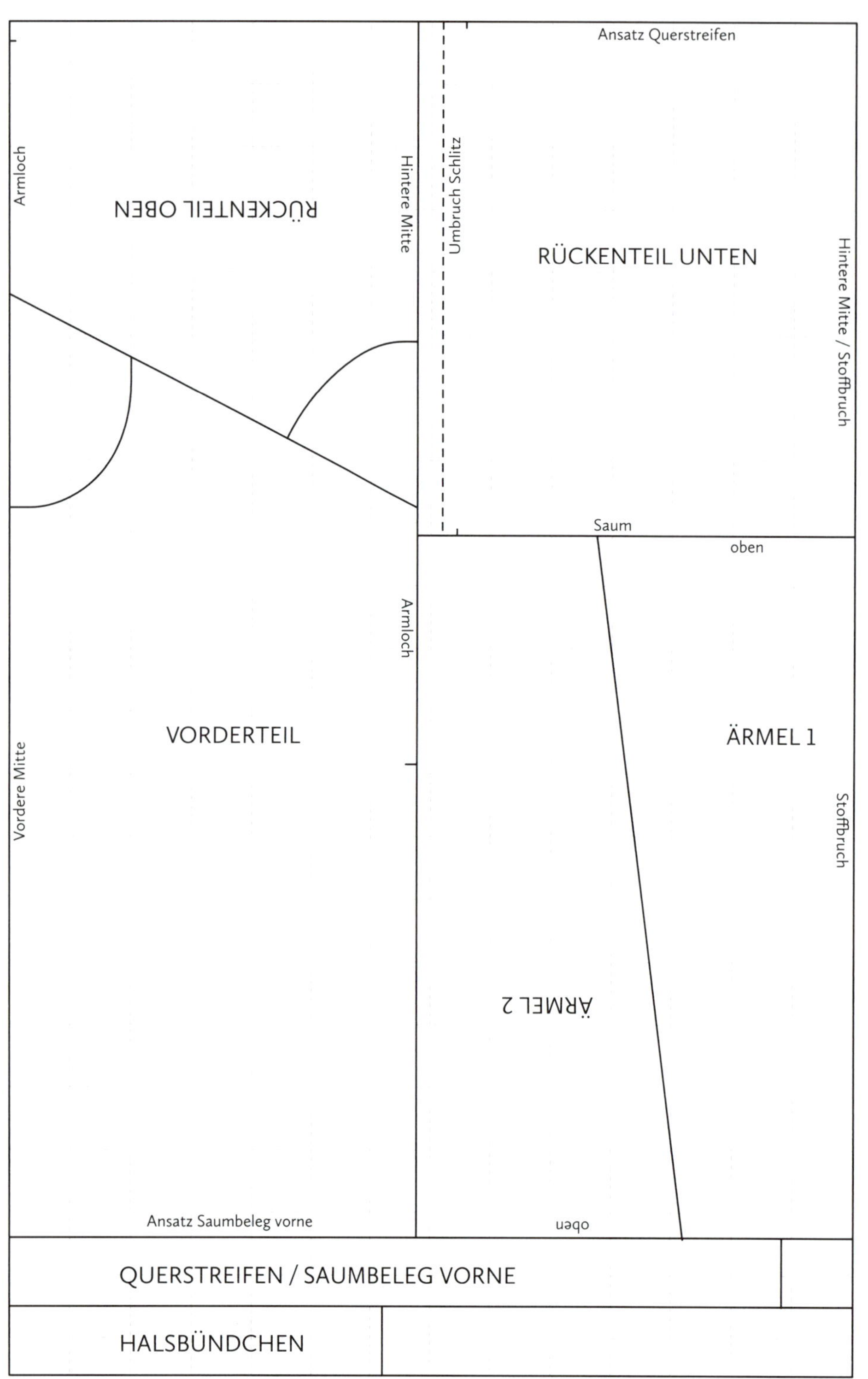

ZUSCHNEIDEPLAN GRÖSSE 2

- Sweatstoff 140 cm breit, 108 cm lang
- Den Stoff zum Zuschnitt auf die Hälfte legen, der Stoffbruch ist auf der rechten Seite.

Größe 2 an Brustumfang 108 cm

NÄHEN

1. Lege die Vorderteile rechts auf rechts und nähe sie in der vorderen Mitte zusammen. Bügle die Nahtzugaben auseinander.

2. Lege die oberen Rückenteile rechts auf rechts und nähe sie in der hinteren Mitte zusammen. Bügle die Nahtzugaben auseinander.

3. Stecke den Querstreifen rechts auf rechts auf das obere Rückenteil und nähe ihn an. Bügle die Nahtzugaben auseinander.

4. Stecke den Querstreifen rechts auf rechts innerhalb der Markierungen ans untere Rückenteil und nähe ihn an. Bügle die Nahtzugaben auseinander.

5. Lege das Vorderteil rechts auf rechts auf das Rückenteil und nähe die Schulternähte jeweils zusammen. Bügle die Nahtzugaben auseinander.

6. Lege das Vorderteil rechts auf rechts auf das Rückenteil und stecke die Seitennähte von der Armlochmarkierung bis 6 cm unterhalb des Querstreifens. Dabei steht der Schlitzuntertritt am Rückenteil an jeder Seite über. Nähe die Seitennähte und bügle die Kanten.

7. Nähe beim Vorderteil bei den offenen seitlichen Schlitzkanten ein Schrägband an – lass es gut 3 cm höher als das Schlitzende gehen. Bügle die Kante und schlage das Schrägband ein. Stecke die Nahtzugabe des Schlitzes im Vorderteil mitsamt Schrägband nach links und steppe die Schrägbandkante knappkantig fest.

8. Nähe beim Rückenteil bei den offenen seitlichen Schlitzkanten ein Schrägband an der gesamten Kante an. Bügle die Kante und schlage das Schrägband ein. Stecke den Schlitzuntertritt an der Umbruchkante mitsamt Schrägband nach links und steppe die Schrägbandkante knappkantig fest. Setze am Schlitzende einen Querriegel über die ganze Schlitzuntertrittbreite.

9. Nähe an den Saum im Rückenteil ein Schrägband an, schlage dabei die Enden jeweils nach innen. Bügle die Kante und schlage das Schrägband ein. Stecke den Saum 5 cm mitsamt Schrägband nach links und steppe die Schrägbandkante knappkantig fest.

10. Schlage beim Saumbeleg die beiden kurzen Kanten jeweils 1 cm nach links und steppe die Kanten fest. Lege den Saumbeleg längs auf die Hälfte – rechts liegt außen – und stecke ihn rechts auf rechts auf die Saumkante des Vorderteils. Nähe den Saumbeleg an und bügle die Nahtzugaben nach oben.

11. Lege den geteilten Ärmel rechts auf rechts und schließe die Naht am Oberarm. Bügle die Nahtzugaben auseinander.

12. Lege beide Ärmel jeweils rechts auf rechts auf die Hälfte und schließe die Ärmelnaht. Bügle die Nahtzugaben auseinander.

13. Nähe an den Saum in den Ärmeln jeweils ein Schrägband an, dabei überlappen die Enden. Bügle die Kante und schlage das Schrägband ein. Stecke den Saum 1,5 cm mitsamt Schrägband nach links und steppe die Schrägbandkante jeweils knappkantig fest.

14. Stecke die Ärmel jeweils rechts auf rechts in das Armloch und nähe die Ärmel ein. Bügle die Nahtzugaben Richtung Ärmel.

15. Markiere jeweils quer die Hälfte in den Halsbündchen, das entspricht dann der vorderen bzw. hinteren Mitte. Lege die Halsbündchen rechts auf rechts und nähe sie an den kurzen Kanten zusammen. Bügle die Kanten. Lege das Bündchen längs auf die Hälfte, so dass es im Ring liegt, dabei liegt die rechte Stoffseite außen. Lege das Bündchen rechts auf rechts auf das Halsloch, dabei treffen die vorderen und hinteren Mitten aufeinander. Vorsicht: Die Seitennähte treffen nicht auf die seitlichen Halslochnähte. Nähe das Halsbündchen an und bügle die Nahtzugaben nach unten.

Leggings und gewickeltes Top

Die Leggings haben eine kleine Passe im Rückenteil, seitliche Einsätze und aufgesetzte Taschen. Der Schnitt ist für Jerseys ausgelegt, die sich ca. um 20 % dehnen lassen. Bei der Leggings in Größe 1 bekommt man noch das gewickelte Top aus dem Seitenstreifen zugeschnitten, wenn der Jersey 160 cm breit liegt. Leggings und Top sind als separate Lagepläne angelegt, damit man wegen der Stoffbreiten jonglieren kann und sich aus dem Reststreifen auch etwas anderes schneidern kann, z. B. eine Beanie. Das Top gibt es nur in Größe 1, in Größe 2 funktioniert es nicht nach dieser Technik: Die Träger und Verdrehungen im Vorderteil würden zu üppig.

MATERIAL UND SCHNITTTEILE LEGGINGS

MATERIAL

- Jersey
  Größe 1: 103 x 85,5 cm
  Größe 2: 129 x 87 cm
- Nähgarn
- Jerseynadel
- Zwillingsnadel (optional)

SCHNITTTEILE

- 2 x Hosenteil
- 2 x Seitenteil
- 2 x Passe
- 2 x Tasche
- 2 x Bund 1
- 2 x Bund 2

NAHTZUGABEN

Im Schnitt ist 1 cm Nahtzugabe enthalten. Beim Zuschneiden alle Markierungen auf den Stoff übertragen.

Beachte zum Nähen, Versäubern und Bügeln die Jersey-Tipps auf S. 10 (s. Stoffkunde). Wir beschreiben die Schritte hier ohne separates Versäubern.

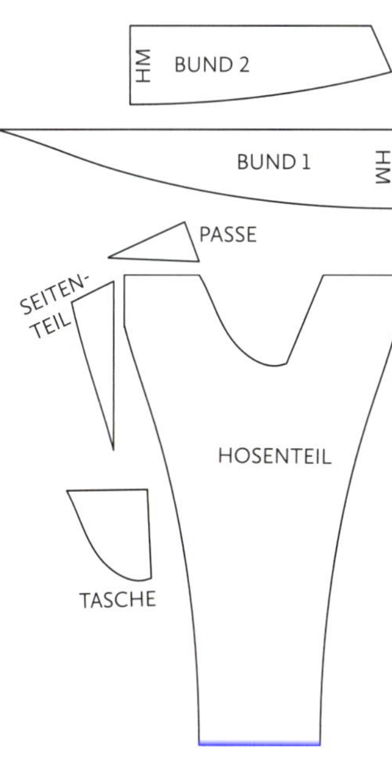

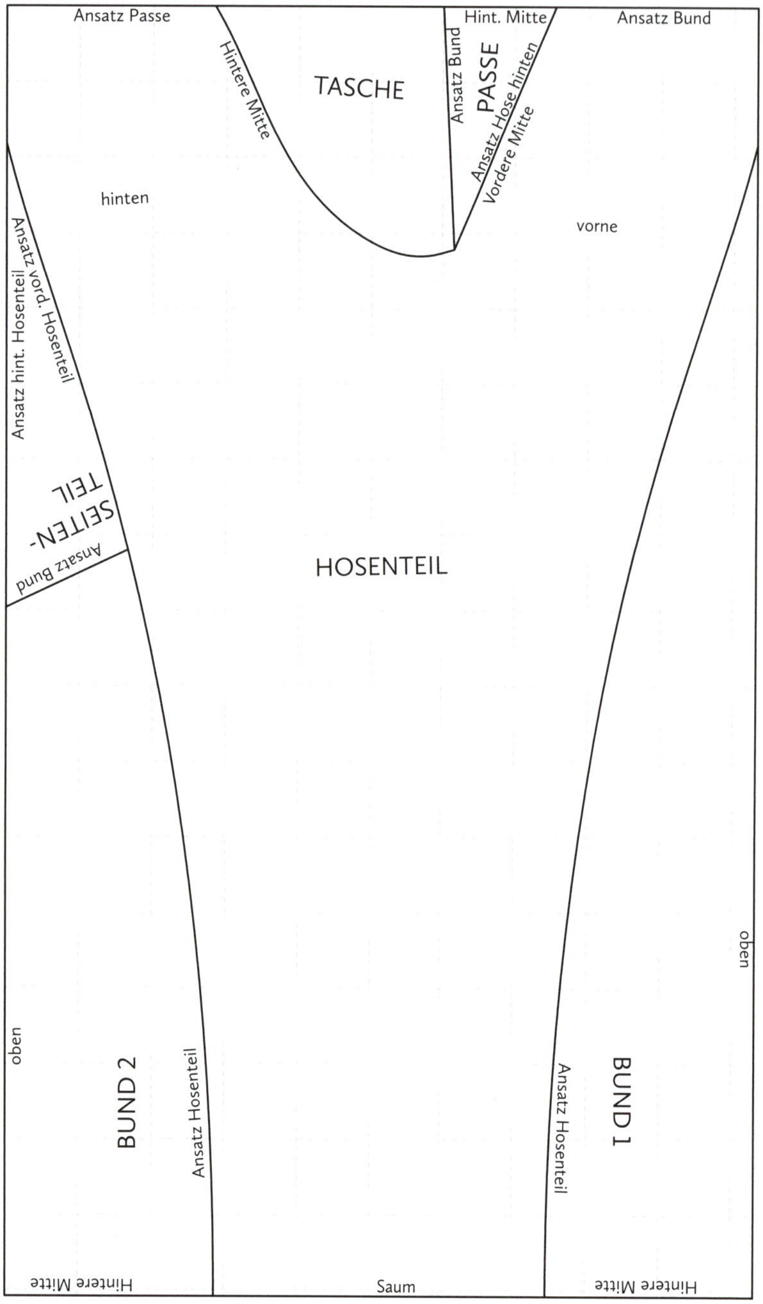

ZUSCHNEIDEPLAN LEGGINGS

Ansatz Passe
Hintere Mitte
TASCHE
Ansatz Bund
PASSE
Hint. Mitte
Ansatz Hose hinten
Vordere Mitte
Ansatz Bund
hinten
vorne
Ansatz vord. Hosenteil
Ansatz hint. Hosenteil
SEITEN-TEIL
Ansatz Bund
HOSENTEIL
oben
BUND 2
Ansatz Hosenteil
Ansatz Hosenteil
BUND 1
oben
Hintere Mitte
Saum
Hintere Mitte

Größe 1 an Gesäßumfang 97 cm

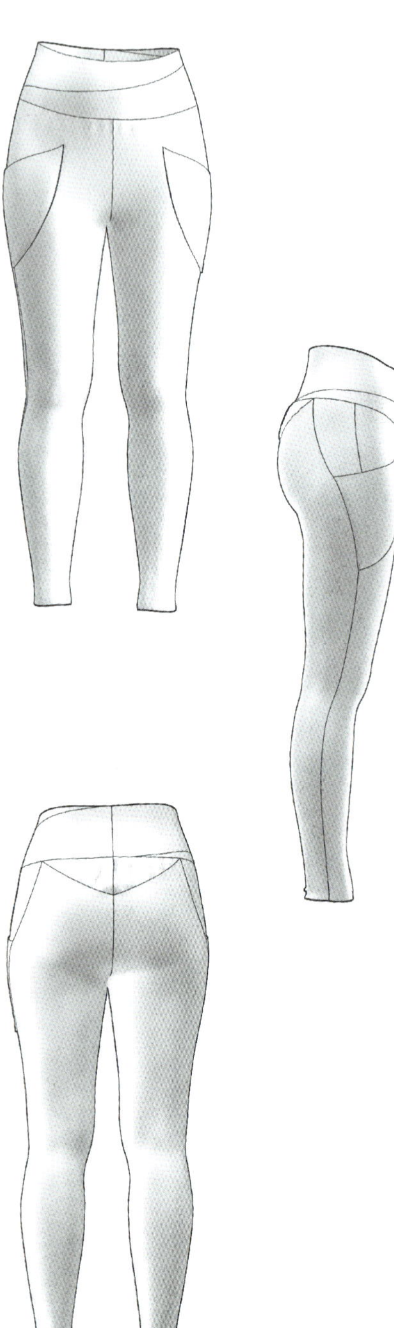

ZUSCHNEIDEPLAN GRÖSSE 1

- Jersey 103 cm breit, 85,5 cm lang
- Den Lageplan für die Leggings legst du an den Webkanten an, damit das Reststück im Stoffbruch möglichst groß bleibt.

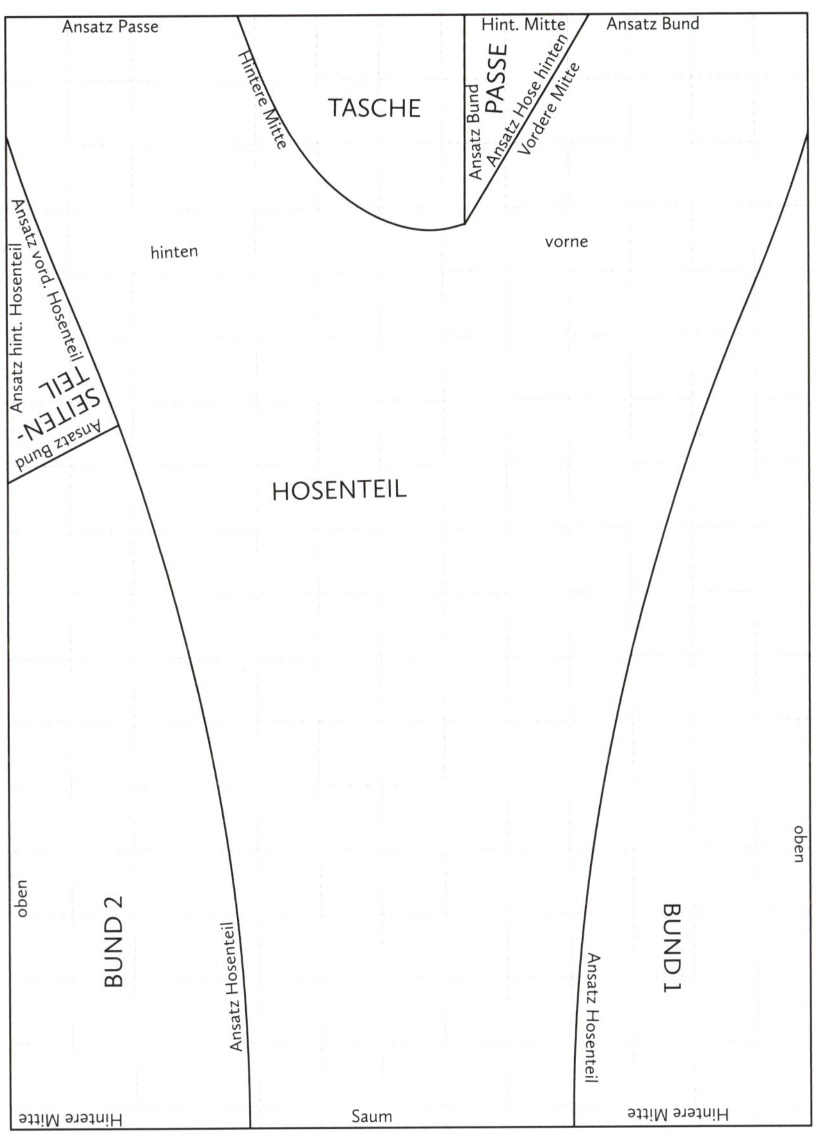

ZUSCHNEIDEPLAN GRÖSSE 2

- Jersey 129 cm breit, 87 cm lang
- Den Lageplan für die Leggings legst du an den Webkanten an, damit das Reststück im Stoffbruch möglichst groß bleibt.

Größe 2 an Gesäßumfang 114 cm

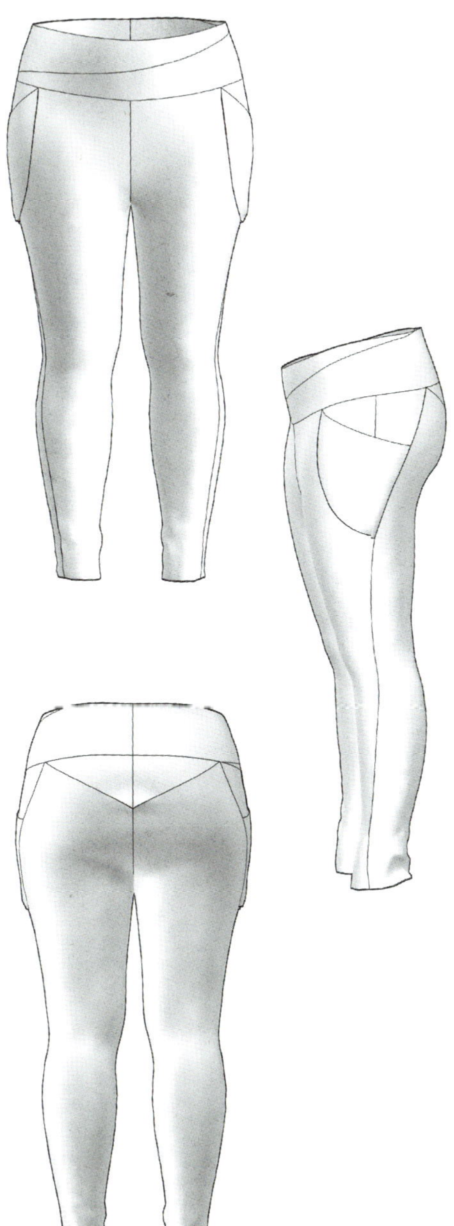

1. Lege die Passe jeweils rechts auf rechts auf das hintere Hosenteil und nähe sie an. Bügle die Nahtzugaben.

2. Lege die Seitenteile jeweils rechts auf rechts an die vordere Seite und nähe sie an. Die Ecke in der vorderen Seitennaht begradigst du beim Nähen.

3. Schlage bei der Tasche die obere Kante 1 cm nach links und steppe die Nahtzugaben fest. Das kannst du gut mit einer Zwillingsnadel oder einem Zickzackstich machen.

4. Stecke die Tasche auf das Seitenteil, die äußeren Kanten liegen bündig. Die untere Kante der Tasche beginnt ca. 1 cm unterhalb des eingesetzten Seitenteils. Nähe die Tasche in der Rundung an. An der Seitennaht kannst du die Tasche füßchenbreit festnähen und mit Nadeln feststecken.

5. Lege die Hosenteile aufeinander und nähe jeweils die vorderen und hinteren Mitten in der Rundung aufeinander. Bügle die Nahtzugaben.

6. Lege jedes Hosenbein jeweils rechts auf rechts und nähe die vordere an die hintere Seitennaht. Die Ecke in der hinteren Seitennaht begradigst du beim Nähen.

7. Stecke jeweils Bund 1 und Bund 2 in der hinteren Mitte zusammen und nähe die Naht.

8. Bügle die Nahtzugaben auseinander. Lege die Bundteile rechts auf rechts und nähe sie an der oberen Kante zusammen. Bei Bundteil 2 nähst du auch die seitliche Kante zusammen, du kannst die obere Ecke beim Zusammennähen auch leicht abrunden. Bügle die Kante gut aus und lege den Bund auf die Hälfte, dabei zeigt die rechte Stoffseite nach außen.

9. Bestimme die Weite des Bundteils: Lege das Bundteil stramm um deine Taille und stecke es an der Überlappung fest. Ziehe den Bund aus und stecke den Bund zu einem Ring, dabei liegt das Teil 1 mit der längeren Spitze außen. Stecke die unteren Kanten gut aufeinander, du kannst sie auch zusammennähen, damit sie nicht verrutschen. Markiere die Hälfte des Rings = die vordere Mitte.

10. Stecke den Bund rechts auf rechts auf die Hosenteile, vordere und hintere Mitte treffen aufeinander, dazwischen die Weite gleichmäßig verteilen. Nähe den Bund an und bügle die Nahtzugaben nach unten.

11. Du kannst die Säume an der Fessel einschlagen und feststeppen oder offen lassen. Wenn du die Säume offen lässt, sichere die Enden der Seitennähte.

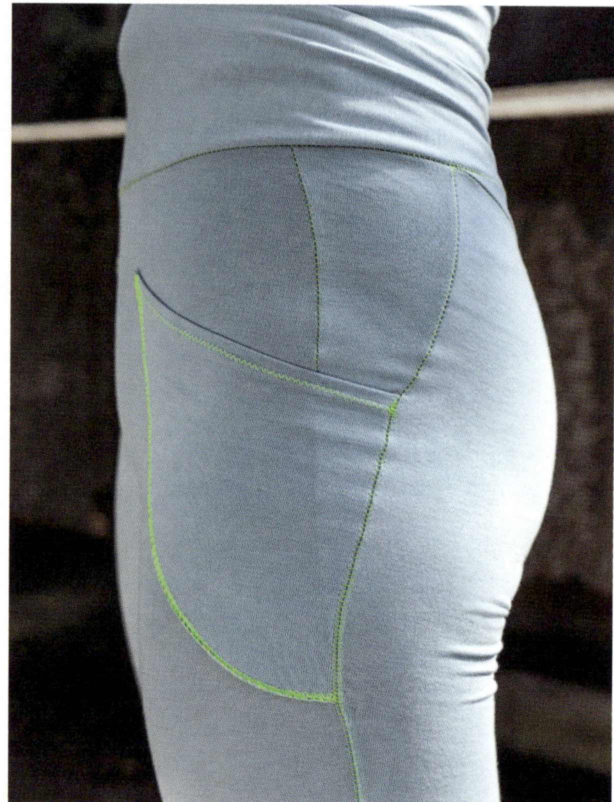

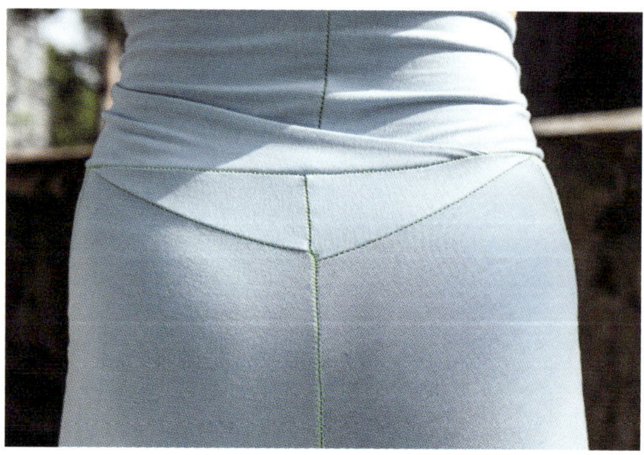

MATERIAL UND SCHNITTTEILE GEWICKELTES TOP

MATERIAL

- Jersey, 57 x 85,5 cm
- Nähgarn
- Jerseynadel
- Zwillingsnadel (optional)

SCHNITTTEILE

- 2 x Bund
- 1 x Vorderteil
- 1 x Rückenteil im Bruch

NAHTZUGABEN

Beachte zum Nähen, Versäubern und Bügeln die Jersey-Tipps auf S. 10 (s. Stoffkunde). Wir beschreiben die Schritte hier ohne separates Versäubern.

VORDERTEIL

RÜCKENTEIL

BUND

ZUSCHNEIDEPLAN GEWICKELTES TOP

BUND

BUND

VORDERTEIL

RÜCKENTEIL

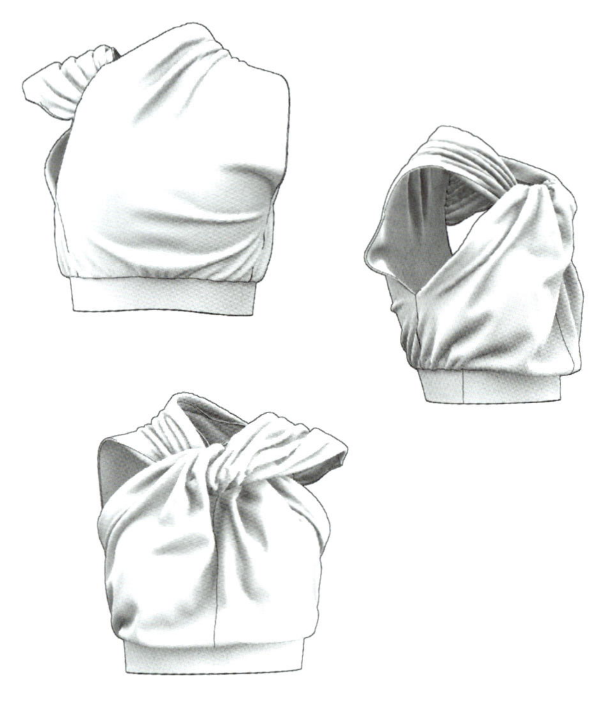

ZUSCHNEIDEPLAN

- Jersey 57 cm breit, 85,5 cm lang
- Für das gewickelte Top legst du den Stoff offen hin.

NÄHEN GEWICKELTES TOP

1. Das Vorderteil an der langen Seite auf die Hälfte legen, die rechte Stoffseite liegt innen. Das Vorderteil so legen, dass die Bruchkante auf der rechten Seite liegt. Die obere Kante von links beginnend 27 cm zusammennähen, am besten mit einem Stretch- oder Zickzackstich. Die restliche obere Kante offen lassen, durch diesen Ring wird das Rückenteil gezogen. Bügle die Nahtzugaben auseinander. Lege das Vorderteil mit der rechten Seite nach oben und den beiden kurzen Kanten nach unten. Die Seite mit dem Bruch und der Öffnung liegt oben.

2. Lege das Rückenteil bündig an der unteren Kante rechts auf rechts auf das Vorderteil und nähe die Seitennähte von unten beginnend 11 cm zusammen. Bügle die Nahtzugaben.

3. Setze Markierungen am Rückenteil: von unten gemessen an der linken Seite bei 24 und 37 cm, in diesem Bereich steckst du später den Träger an.

4. Ziehe das Rückenteil durch die Schlaufe im Vorderteil und den Rest als Träger nach hinten. Stecke die obere Kante des Rückenteils rechts auf rechts innerhalb der Trägermarkierung fest. Verteile dabei die Mehrweite in 3 Falten. Nähe den Träger fest und bügle die Nahtzugabe.

5. Viertel den Saum ausgehend von der vorderen Mitte.

6. Lege den Bund rechts auf rechts und nähe ihn an den kurzen Seiten zusammen. Bügle die Nahtzugaben um. Lege den Bund im Ring auf die Hälfte mit der rechten Seite nach außen. Viertel den Bund.

7. Stecke den Bund rechts auf rechts, dabei treffen die Seitennähte des Bunds an die Seitenmarkierungen des Tops. Nähe den Bund an und bügle die Nahtzugaben nach oben.

Hoodie

Große Kapuze, Kängurutaschen und ein überlanger Reißverschluss mit Kinnschutz kennzeichnen diesen Hoodie. Der teilbare Reißverschluss kann auch etwas kürzer gehalten werden, er sollte jedoch mindestens 55 cm lang sein. Im Rückenteil erfolgt eine interessante, sternförmige Linienführung, an den Ärmelsäumen gibt es Bündchen.

MATERIAL UND SCHNITTTEILE

MATERIAL

- Sweatstoff
  Größe 1: 140 x 116 cm
  Größe 2: 160 x 136 cm
- Nähgarn
- Teilbarer Reißverschluss, 75 cm lang
- Reißverschlussfüßchen
- Schrägband, 2,4 m

SCHNITTTEILE

- 2 x Hauptteil
- 2 x Rückenteil unten
- 2 x Rückenteil-Passe
- 2 x Ärmelteil
- 2 x Seitenteil
- 1 x Kapuze im Stoffbruch
- 2 x Kängurutasche
- 2 x Kinnschutz
- 2 x Ärmelbündchen

NAHTZUGABEN

Im Schnitt sind 1 cm Naht- und 3 cm Saumzugabe enthalten. Beim Zuschneiden alle Markierungen auf den Stoff übertragen.

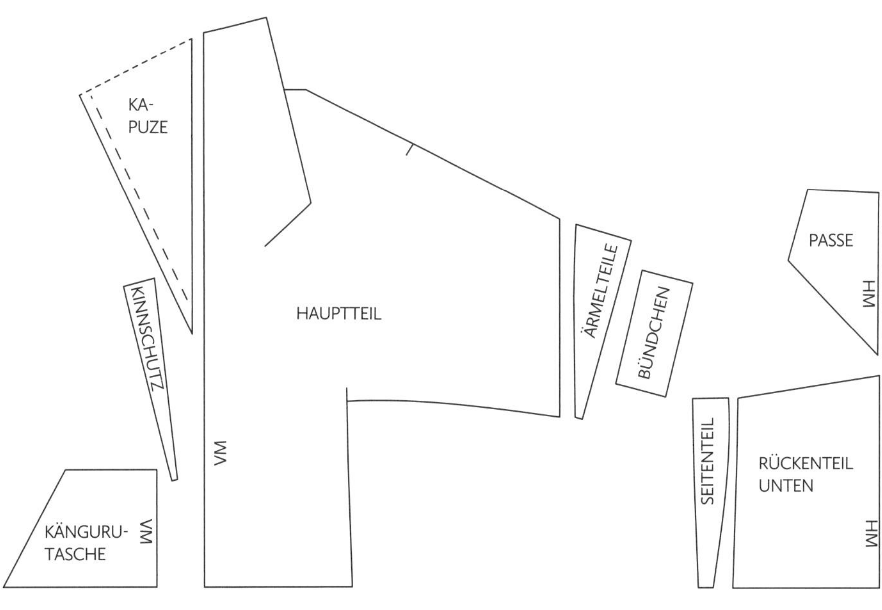

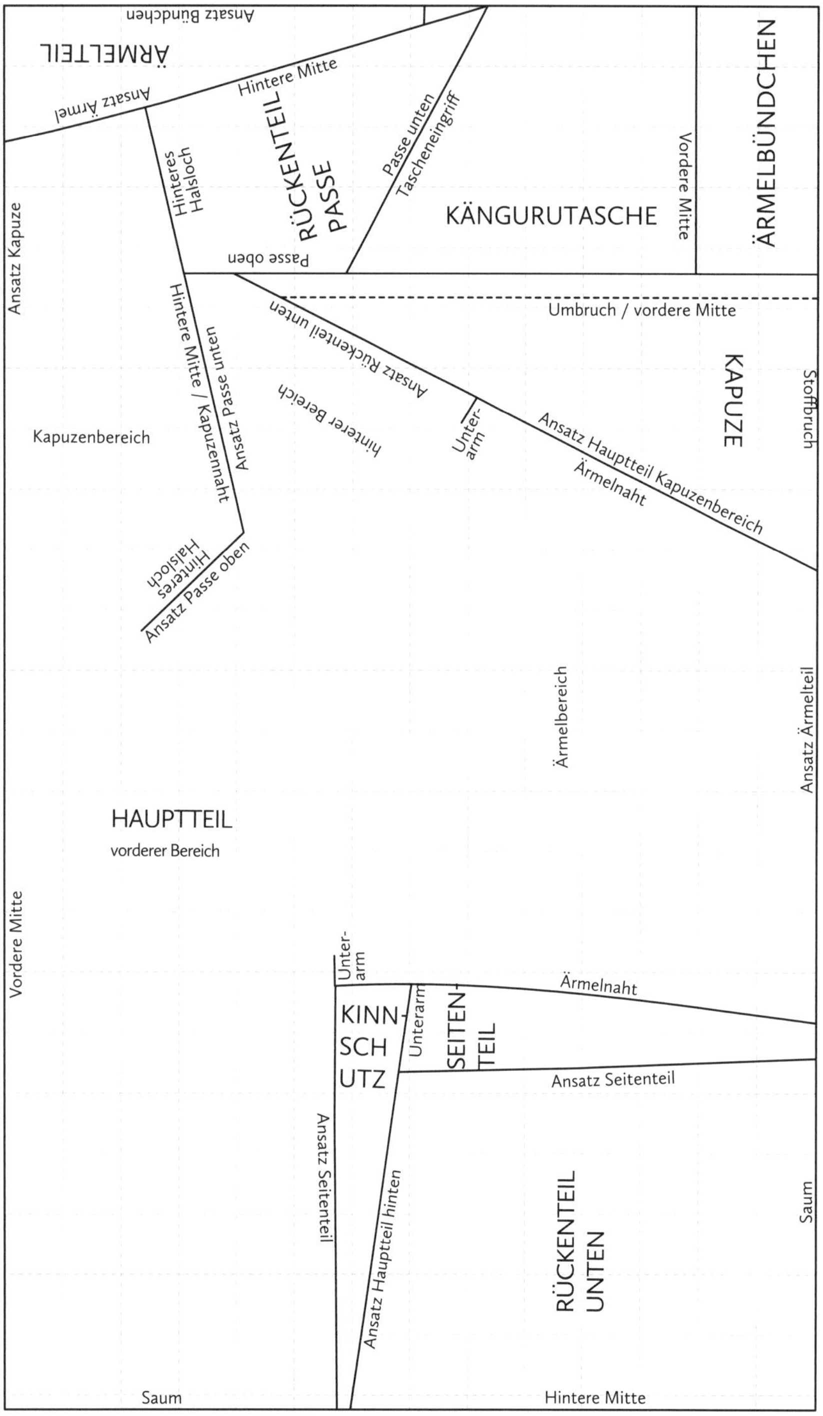

ZUSCHNEIDEPLAN

Ansatz Bündchen
ÄRMELTEIL
Ansatz Ärmel
Hintere Mitte
Hinteres Halsloch
RÜCKENTEIL PASSE
Passe oben
Passe unten / Tascheneingriff
KÄNGURUTASCHE
Vordere Mitte
ÄRMELBÜNDCHEN
Ansatz Kapuze
Umbruch / vordere Mitte
Hintere Mitte / Kapuzennaht
Ansatz Passe unten
Ansatz Rückenteil unten
hinterer Bereich
Kapuzenbereich
Unter-arm
Ansatz Hauptteil Kapuzenbereich
Ärmelnaht
KAPUZE
Stoffbruch
Hinteres Halsloch
Ansatz Passe oben
Ärmelbereich
Ansatz Ärmelteil
HAUPTTEIL
vorderer Bereich
Vordere Mitte
Unter-arm
Ärmelnaht
KINN-SCH UTZ
Unterarm
SEITEN-TEIL
Ansatz Seitenteil
Ansatz Seitenteil
Ansatz Hauptteil hinten
RÜCKENTEIL UNTEN
Saum
Saum
Hintere Mitte

Größe 1 an Brustumfang 88 cm

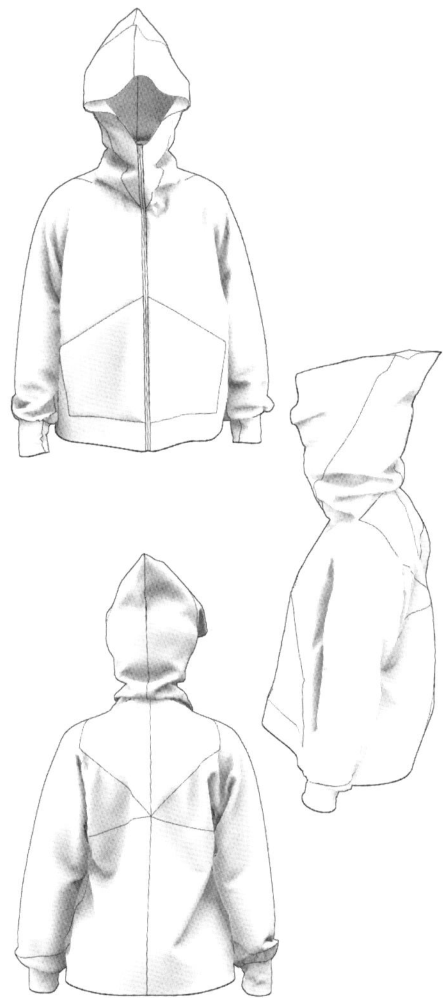

ZUSCHNEIDEPLAN GRÖSSE 1

- Sweatstoff 140 cm breit, 116 cm lang
- Den Stoff zum Zuschnitt auf die Hälfte legen, der Stoffbruch ist auf der rechten Seite.

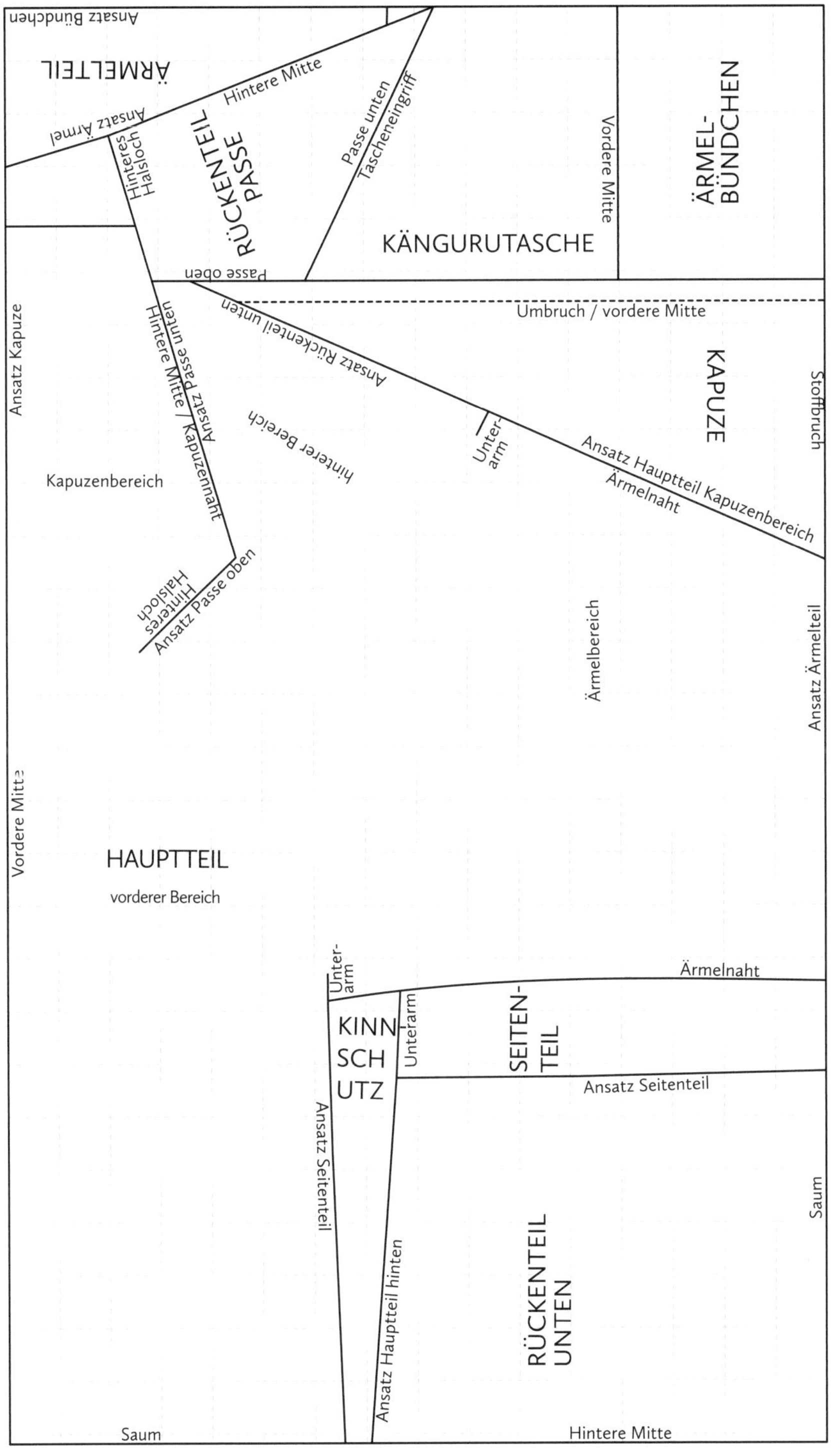

Ansatz Bündchen
ÄRMELTEIL
Ansatz Ärmel
Hintere Mitte
Hinteres Halsloch
RÜCKENTEIL PASSE
Passe unten Tascheneingriff
KÄNGURUTASCHE
Vordere Mitte
ÄRMEL-BÜNDCHEN
Passe oben
Umbruch / vordere Mitte
Ansatz Rückenteil unten
Ansatz Passe unten
Hintere Mitte / Kapuzennaht
KAPUZE
Stoffbruch
Ansatz Kapuze
hinterer Bereich
Unter-arm
Kapuzenbereich
Ansatz Hauptteil Kapuzenbereich
Ärmelnaht
Hinteres Halsloch
Ansatz Passe oben
Ärmelbereich
Ansatz Ärmelteil
Vordere Mitte
HAUPTTEIL
vorderer Bereich
Unter-arm
Ärmelnaht
KINN SCH UTZ
Unterarm
SEITEN-TEIL
Ansatz Seitenteil
Ansatz Seitenteil
Saum
Ansatz Hauptteil hinten
RÜCKENTEIL UNTEN
Saum
Hintere Mitte

Größe 2 an Brustumfang 108cm

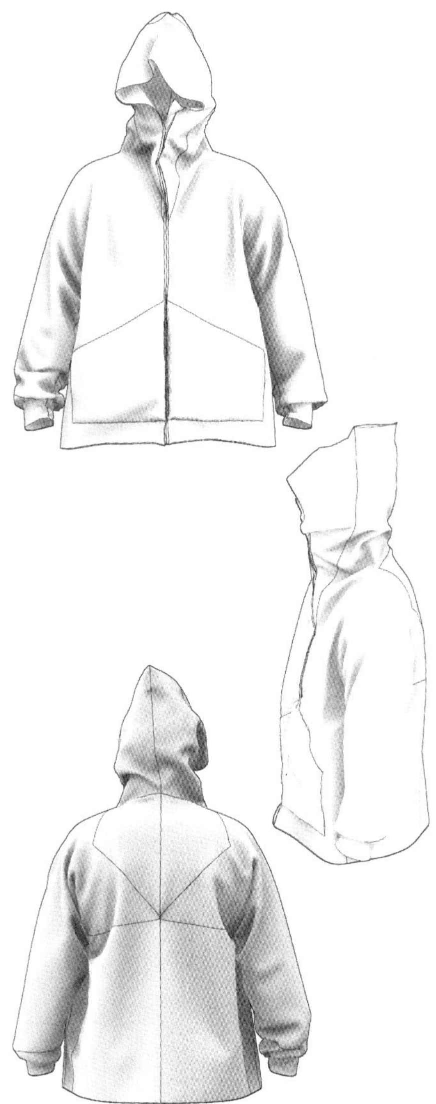

ZUSCHNEIDEPLAN GRÖSSE 2

- Sweatstoff 160 cm breit, 136 cm lang
- Den Stoff zum Zuschnitt auf die Hälfte legen, der Stoffbruch ist auf der rechten Seite.

NÄHEN

1. Sweat kannst du mit der Overlock nähen, doch gibt es hier einige knifflige Stellen, die besser mit der Nähmaschine und einem Stretch- oder Zickzackstich verarbeitet werden.

2. Bügle die Nahtzugaben, wenn möglich, auseinander, dann liegen sie schön flach. Bei Overlocknähten oder Nahtzugaben, die du zusammen versäuberst, bügelst du Nahtzugaben Richtung Rückenteil oder Richtung hintere Mitte.

3. Lege jeweils die Rückenteil-Passe rechts auf rechts auf das obere Rückenteil und stecke die obere und untere Passenkante an das Rückenteil. Nähe die Kanten, nähe vorsichtig um die Ecke und versäubere die Nahtzugaben gemeinsam. Bügle die Nahtzugaben.

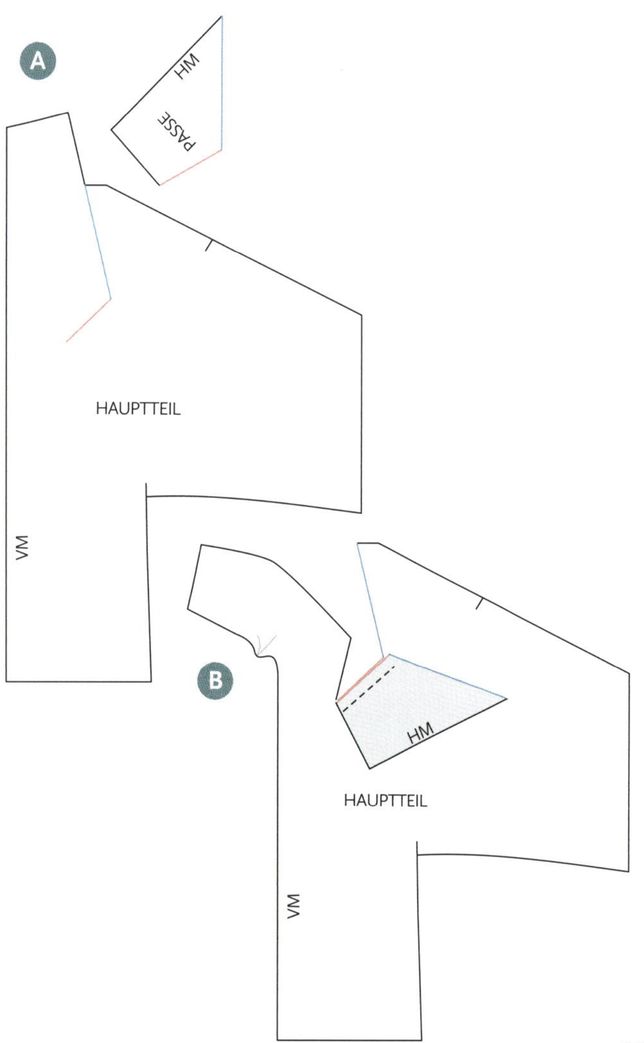

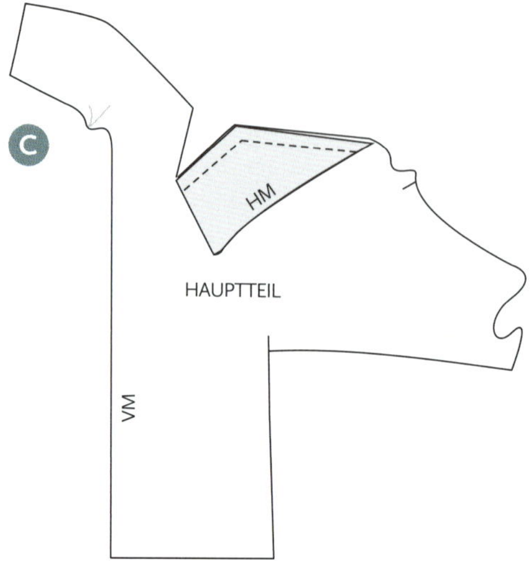

4. Lege das untere Rückenteil jeweils rechts auf rechts auf das obere Rückenteil und nähe die Teile zusammen. Versäubere die Kanten gemeinsam und bügle die Nahtzugaben.

5. Stecke die Rückenteile in der hinteren Mitte rechts auf rechts und nähe die Teile zusammen. Versäubere die Kanten gemeinsam und bügle die Nahtzugaben.

6. Lege beim Hauptteil im Kapuzenbereich die Kanten in der hinteren Mitte und oben rechts auf rechts und nähe sie zusammen. Versäubere die Kanten gemeinsam und bügle die Nahtzugaben.

7. Stecke das Halsloch im Kapuzenbereich und im Rückenteil rechts auf rechts und schließe die Naht.

Versäubere die Kanten gemeinsam und bügle die Nahtzugaben. Fasse das Halsloch mit Schrägband ein, damit es stabil bleibt.

8. Stecke die Ärmelteile jeweils rechts auf rechts an den Ärmelbereich des Hauptteils. Nähe die Teile zusammen und versäubere die Kanten gemeinsam. Bügle die Nahtzugaben.

9. Stecke Seitenteile jeweils rechts auf rechts an die Seitennaht im vorderen Bereich des Hauptteils. Nähe die Teile zusammen und versäubere die Kanten gemeinsam. Bügle die Nahtzugaben.

10. Lege die Ärmelnähte jeweils rechts auf rechts und nähe sie zusammen, beginnend von der Bündchenkante. Nähe weiter direkt das Seitenteil im Unterarm an das Rückenteil, so dass es eine lange Naht gibt, vom Ärmelsaum bis Unterarm. Versäubere die Kanten gemeinsam und bügle die Nahtzugaben.

11. Stecke die Seitenteile jeweils rechts auf rechts an die Seitennaht des Rückenteils und nähe sie zusammen.

12. Stecke die Unterarmnaht jeweils von den Seitenteilen und Ärmeln aufeinander und schließe die Nähte. Versäubere die Kanten gemeinsam und bügle die Nahtzugaben.

13. Schlage bei den Kängurutaschen die obere und untere Kante 1 cm nach links und bügle die Kanten. Klappe die schräge Kante 1 cm nach links und steppe die Naht fest. Platziere die Kängurutaschen auf dem Vorderteil, miss dazu vom Saum 10 cm nach oben und richte die Kanten vorne bündig aus. Stecke die Tasche fest und nähe die oberen und unteren Kanten der Taschen an. Nähe die schräge Kante von unten in der Schräge 8 cm fest und setze einen kleinen Querriegel.

14. Lege die Kapuzenteile 2 jeweils an die Kapuze 1, beginne damit an der oberen Kante. Nähe die Teile zusammen und versäubere die Kanten gemeinsam. Bügle die Nahtzugaben. Bügle den Umbruch im Kapuzenbereich nach innen und lass ihn zum Vorderteil auf 1 cm Nahtzugabe/Umbruch auslaufen.

15. Lege den Kinnschutz rechts auf rechts und nähe die schrägen und kurzen Kanten zusammen. Schneide die Ecken zurück und wende das Teil. Bügle die Kanten flach.

16. Stecke den Reißverschluss, beginnend 3 cm von der Saumkante, an die beiden Seiten der vorderen Kante. Öffne den Reißverschluss und nähe jede Seite jeweils mit dem Reißverschlussfüßchen fest. Miss an der rechten Reißverschlussseite von der Saumkante 63 cm nach oben, das ist die obere Markierung für den Kinnschutz. Stecke und nähe den Kinnschutz von hier nach unten an der Nahtzugabe der rechten Reißverschlussseite fest.

17. Stecke das Schrägband mit einer Kante rechts auf rechts an die Nahtzugabe der gesamten vorderen Kante inklusive Kapuze. Nähe das Schrägband an, bügle und klappe es um die Nahtzugabe. Stecke das Schrägband im Verlauf der vorhin gebügelten Umbruchkante fest und nähe es knappkantig an.

18. Versäubere den Saum und schlage ihn 3 cm nach links. Nähe den Saum fest.

19. Lege die Ärmelbündchen jeweils quer auf die Hälfte, die rechte Seite liegt innen, und nähe die kurzen Kanten zusammen. Bügle die Nahtzugaben. Klappe das Bündchen im Ring auf die Hälfte, rechts ist außen. Stecke das Ärmelbündchen rechts auf rechts auf den Ärmelsaum, dehne das Bündchen dabei und verteile die Mehrweite gleichmäßig. Nähe die Bündchen an und versäubere die Kanten gemeinsam. Bügle die Kanten flach.

Shorts

Die Shorts haben zwar einen Eingriff, der nach Reißverschluss aussieht, aber funktional ist er nicht: Zum An- und Ausziehen dehnt sich der Gummibund, der Eingriff ist nur Fake. Vorne in der Teilungsnaht ist eine kleine Rundung, wie bei den Boxer-Shorts, wir haben sie hier unterlegt, man könnte das aber auch offen lassen. Die Shorts haben in Größe 1 zwei Taschen und viele Schlaufen. In Größe 2 kommen sie mit ein paar weniger Schlaufen und nur einer Tasche aus, die raffiniert zusammengepuzzelt wird. Bei dem Taschenpuzzle in Größe 2 liegt bei einem Dreick die linke Stoffseite oben, daran solltest du bei der Stoffauswahl denken.

MATERIAL UND SCHNITTTEILE

MATERIAL

- Webware, 140 cm breit
  Größe 1: 49,5 cm lang
  Größe 2: 58 cm lang
- Nähgarn
- Gummiband, ca. 4 cm breit
  Größe 1: 75 cm lang
  Größe 2: 95 cm lang
- **nur bei Größe 2:**
  Schrägband, 0,2 m

SCHNITTTEILE

- 2 x Vorderhose
- 2 x Hinterhose
- 2 x Teilungsnaht-Einsatz
- 2 x Bund
- 2 x Hammerschlaufe

Größe 1:

- 2 x Tasche im Stoffbruch
- 2 x Taschenbeleg
- 1 x Riegel im Stoffbruch
- 2 x Stifteschlaufe

Größe 2:

- 1 x Tasche 1 im Stoffbruch
- 2 x Tasche 2

NAHTZUGABEN

Im Schnitt sind 1 cm Nahtzugabe enthalten und 2 cm Saumzugabe. Beim Zuschneiden alle Markierungen auf den Stoff übertragen.

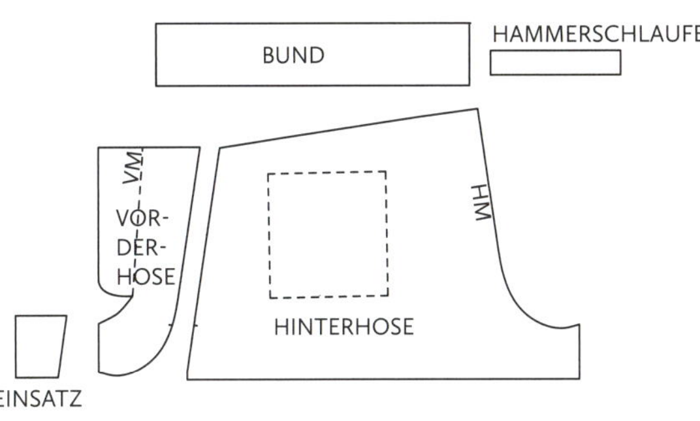

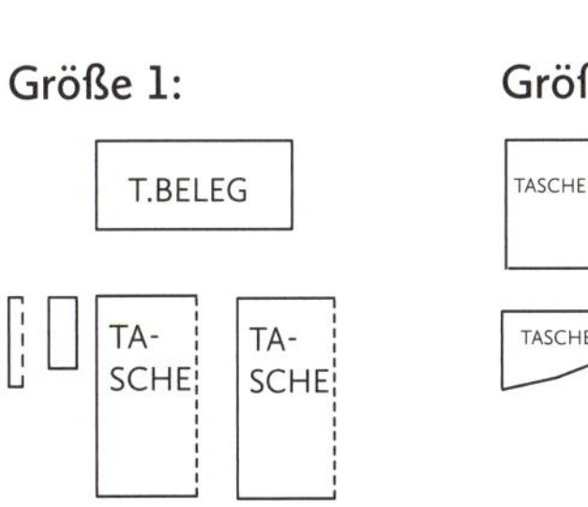

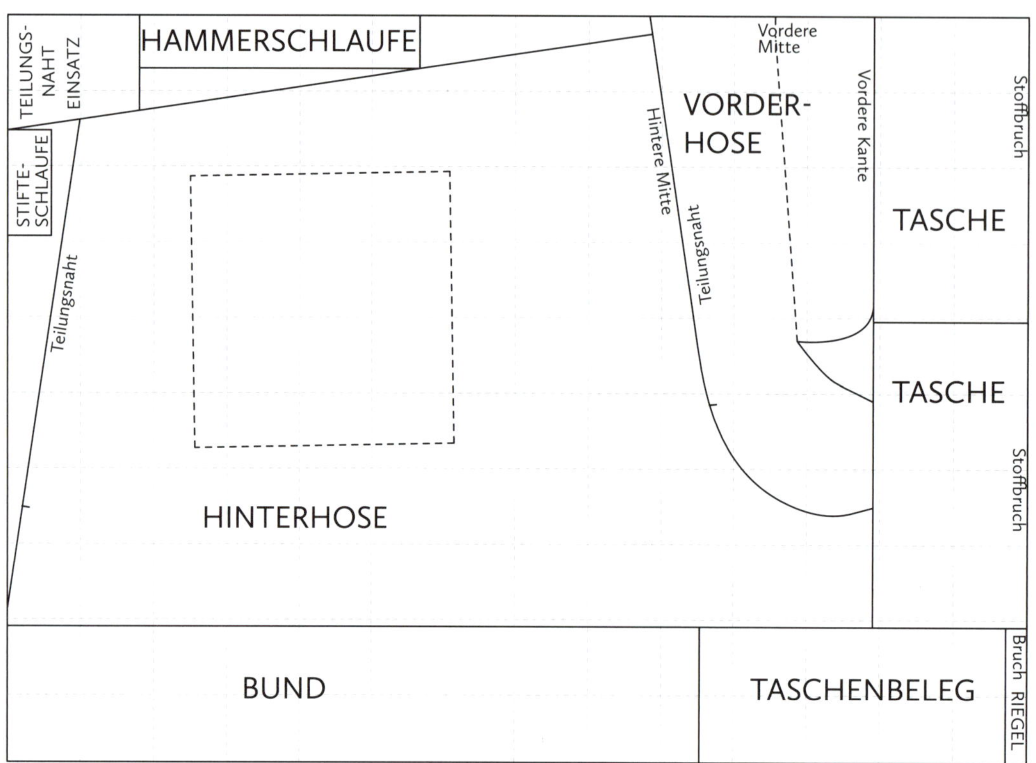

ZUSCHNEIDEPLAN GRÖSSE 1

- Webware 140 cm breit, 49,5 cm lang
- Den Stoff zum Zuschnitt auf die Hälfte legen, der Stoffbruch ist auf der rechten Seite.

Größe 1 an Gesäßumfang 97 cm

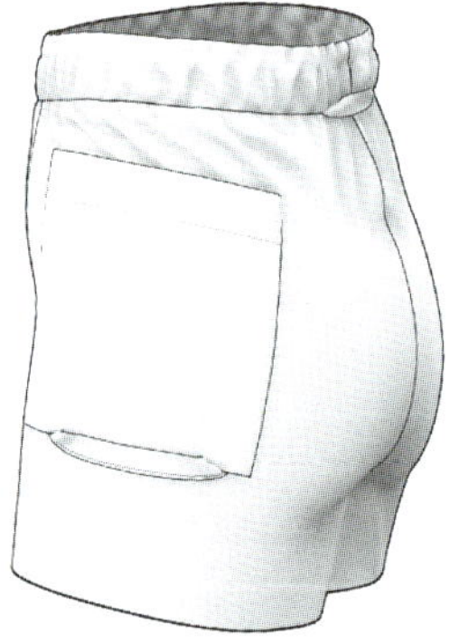

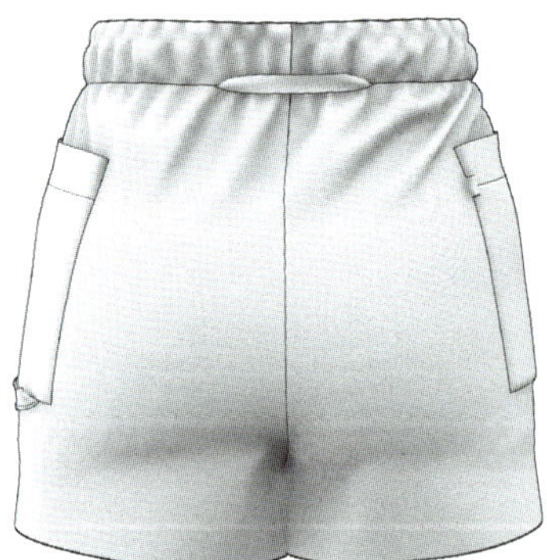

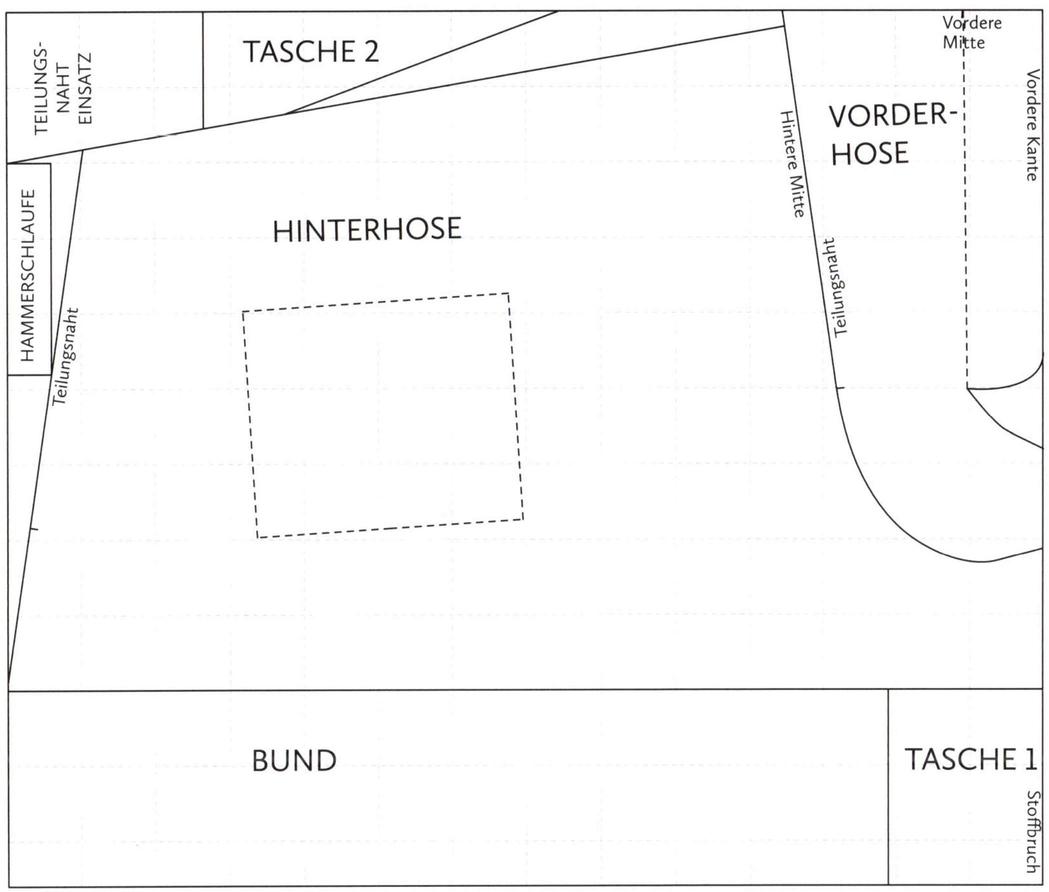

ZUSCHNEIDEPLAN GRÖSSE 2

- Webware 140 cm breit, 58 cm lang
- Den Stoff zum Zuschnitt auf die Hälfte legen, der Stoffbruch ist auf der rechten Seite.

Größe 2 an Gesäßumfang 114 cm

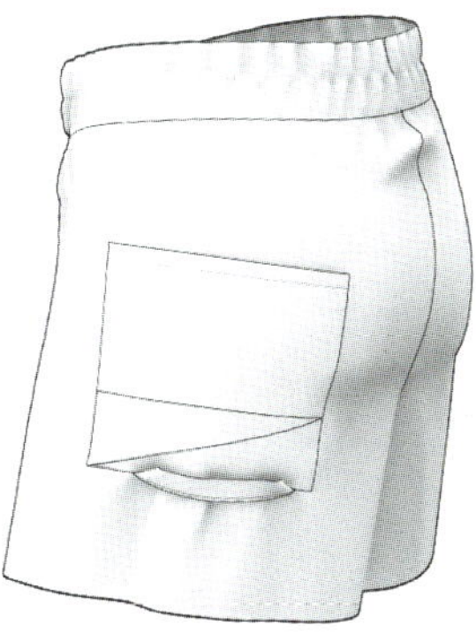

1. Versäubere Vorderhose, Hinterhose und den Einsatz für die Teilungsnaht jeweils rundherum außer an den Bundkanten.

2. **Größe 1:** Lege die Taschenbelege rechts auf rechts auf die Taschen und nähe sie jeweils an der oberen Kante mit 1 cm Nahtzugabe an. Klappe den Beleg auf die linke Seite und bügle die Kante glatt. Schlage den Beleg jeweils 1 cm ein und steppe ihn knappkantig fest. Versäubere die unteren und seitlichen Taschenkanten und bügle die Nahtzugaben auf die linke Seite. Platziere die Taschen jeweils auf den Hinterhosen und stecke sie fest.
Größe 2: Versäubere alle Taschenteile rundherum außer Tasche 1 an der oberen Kante. (A) Lege die Teile von Tasche 2 rechts auf links an der langen diagonalen Kante aufeinander und nähe sie zusammen. Bügle die Nahtzugaben auseinander. (B) Lege Tasche 2 rechts auf rechts auf Tasche 1 und nähe sie zusammen. Bügle die Nahtzugaben auseinander. Nähe an der oberen Kante von Tasche 1 rechts auf rechts eine Kante des Schrägbands an. Bügle die Kante, schlage die Taschenkante auf die linke Seite und lege das Schrägband um die Kante. Steppe das Schrägband knappkantig fest. Bügle die übrigen Nahtzugaben der Taschenkanten nach links. Platziere die Tasche auf der Seite deiner Wahl und stecke sie gut fest.

3. Lege die Hammerschlaufen rechts auf rechts und nähe sie an einer langen Kante zusammen. Wende die Teile, so dass rechts außen liegt. Bügle die genähte Kante. Klappe an der unteren Kante die Nahtzugaben nach links und stecke die Kanten aufeinander. Steppe die Hammerschlaufe an beiden langen Kanten knappkantig ab.

4. Lege die Hammerschlaufe parallel zur unteren Kante der Tasche (bei Größe 1: die linke Tasche) und klappe die Enden so nach oben, dass du sie 2 cm zwischen Tasche und Hose schieben kannst. Stecke die Schlaufenenden gut fest.

5. **Nur Größe 1:** Lege die Stifteschlaufen rechts auf rechts und nähe sie an beiden Kanten zusammen. Wende die Teile, so dass rechts außen liegt. Bügle die Kanten. Lege die Stifteschlaufe auf die Hälfte und stecke sie zwischen der rechten Tasche und Hose an die Taschenkante, die Richtung hintere Mitte zeigt. Lass von oben ca. 3 cm Abstand zur oberen Taschenkante. Es sollten 2 cm (zusammengeklappt) von der Stifteschlaufe sichtbar sein.

6. Steppe die Taschen füßchenbreit fest, verriegle Tascheneingriffe und Schlaufenpunkte gut.

7. Stecke die Hinterhosen rechts auf rechts und nähe die hintere Mitte zusammen. Bügle die Nahtzugaben auseinander.

8. **Nur Größe 1:** Lege den Riegel an der langen Seite auf die Hälfte, die rechte Stoffseite liegt außen, schlage die Nahtzugaben nach innen und stecke die Kanten gut aufeinander. Nähe die Kanten knappkantig aufeinander. Lege den Riegel an die Bundkante, gleichmäßig verteilt rechts und links der hinteren Mitte. Nähe den Riegel wie einen Aufhänger an der Bundkante füßchenbreit fest.

9. Lege die Vorderhosen rechts auf rechts und nähe die vorderen Kanten zusammen. Nähe an der vorderen Mitte ca. 1,5 cm entlang der Umbruchlinie von der Bundkante nach unten. Bügle den Umbruch nach rechts. Stecke den Umbruch entlang der Rundung und steppe die Kante ab.

10. Lege die Vorderhose rechts auf rechts auf die Hinterhosen und stecke jeweils die Teilungsnaht bis zur Markierung. Nähe diese Strecken und bügle die Nahtzugaben auseinander. Bügle auch die restlichen Nahtzugaben im Verlauf bis zum Saum nach innen.

11. Lege die Einsätze für die Teilungsnaht unter die offenen Stücke der Teilungsnähte bündig zum Saum. Stecke die Teile und steppe sie füßchenbreit fest.

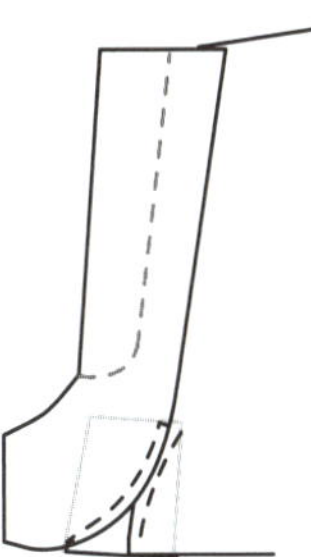

12. Schlage die Hosensäume 2 cm auf die linke Seite und steppe die Säume fest.

13. Lege den Bund rechts auf rechts und nähe ihn an den kurzen Seiten zusammen. Bügle die Nahtzugaben auseinander und lege den Ring auf die Hälfte, die rechte Stoffseite liegt außen.

14. Lege das Gummiband um deinen Bund und überprüfe die Länge. Das Gummiband sollte etwas auf Zug sein. Lege die Gummibandenden übereinander und nähe sie zusammen: Nähe dazu ein paar Mal mit einem Zickzackstich hin und her. Schiebe den Gummiring in den Bund, bis ganz nach oben an die gebügelte Kante. Nähe unten die offenen Bundkanten füßchenbreit zusammen. Dehne den Bund mit dem Gummi ein paar Mal und lass ihn wieder zusammenschnurren, so verteilt sich die Weite gleichmäßig. Stecke den Gummi am Bund punktuell fest.

15. Stecke den Bundring rechts auf rechts an die obere Hosenkante. Nähe den Bund an und versäubere die Kanten zusammen. Bügle die Nahtzugaben Richtung Hose.

16. Steppe das Gummiband häppchenweise im Bund fest, entweder mehr an der Bundkante oder in der Mitte. Dehne dazu immer ein kleines Stück Bund mit Gummi und steppe in gedehntem Zustand drüber.

Longshirt

Angelehnt an einen Pulli komplett aus Dreiecken von Yoshiki Hishinuma besteht dieses Raglanshirt aus Drei- und Vierecken. Die Ausschnitts-Dreieckspitze im Vorderteil wird nach innen geklappt, die unteren seitlichen Ecken sind Teile vom Rückenteil. Die Ärmel sind leicht spiralig und mit Einsätzen gearbeitet. Das Shirt ist länger, du kannst es aber mit dem Saumbündchen regulieren. Das Saumbündchen kannst du eher stramm annähen, um das Shirt zu schoppen, oder legerer, dann wirkt es noch länger.

MATERIAL UND SCHNITTTEILE

MATERIAL

- Jersey, 140 cm breit
  Größe 1: 84 cm lang
  Größe 2: 105 cm lang
- Nähgarn
- Jerseynadel
- Zwillingsnadel (optional)

SCHNITTTEILE

- 1 x Vorderteil im Stoffbruch
- 2 x Rückenteil
- 2 x Ärmel 1
- 2 x Ärmel 2
- 2 x Saumbündchen 1
- 1 x Saumbündchen 2 (nur Größe 1)

NAHTZUGABEN

Im Schnitt ist 1 cm Nahtzugabe enthalten. Beim Zuschneiden alle Markierungen auf den Stoff übertragen.

Beachte zum Nähen, Versäubern und Bügeln die Jersey-Tipps auf S. 10 (s. Stoffkunde). Wir beschreiben die Schritte hier ohne separates Versäubern.

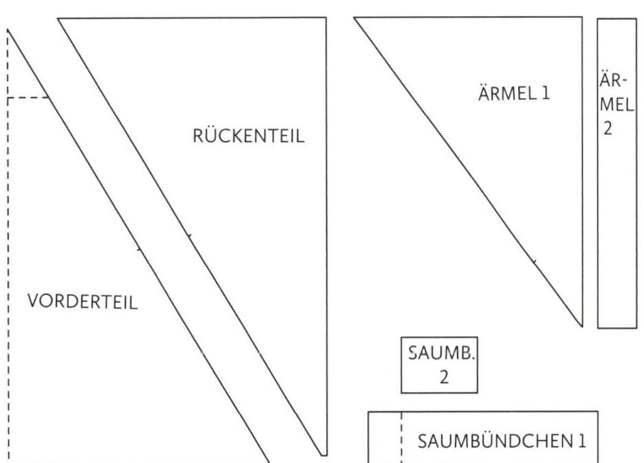

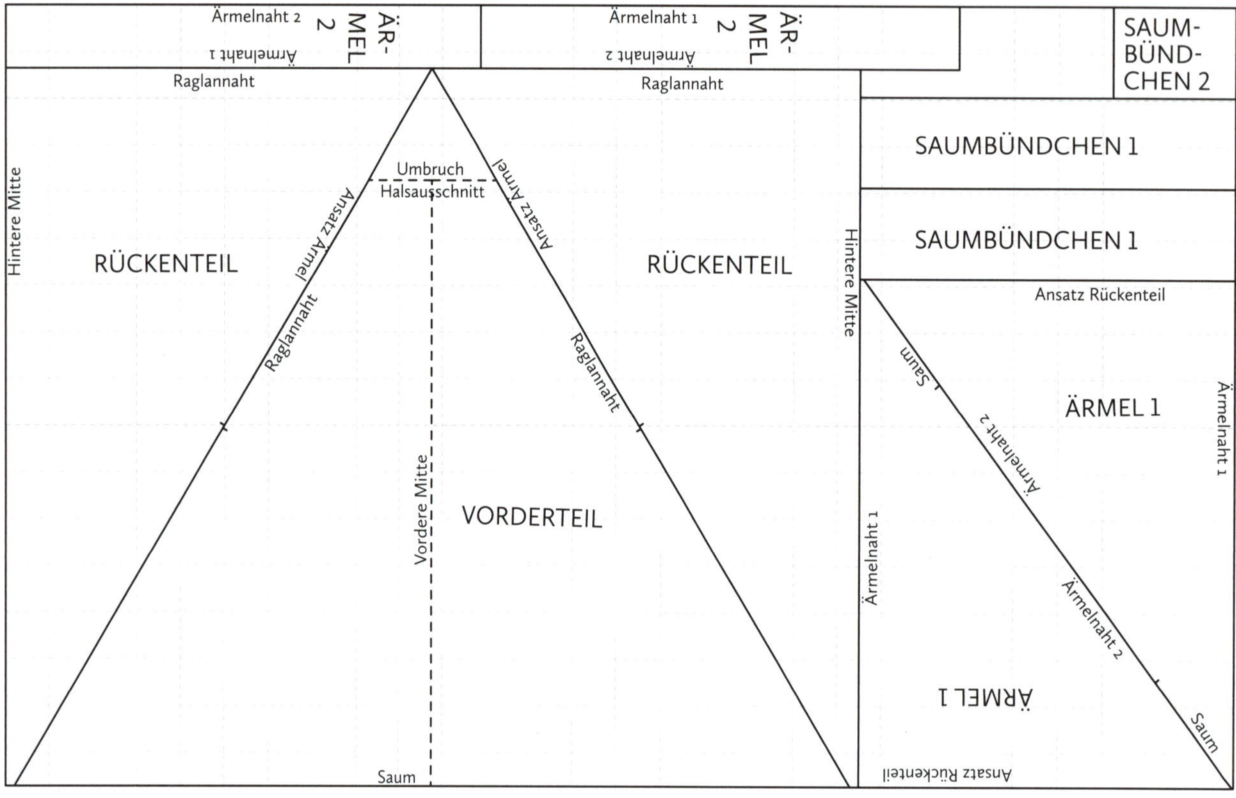

ZUSCHNEIDEPLAN GRÖSSE 1

- Jersey 140 cm breit, 84 cm lang
- Den Stoff zum Zuschnitt offen auslegen.

Größe 1 an Brustumfang 88 cm

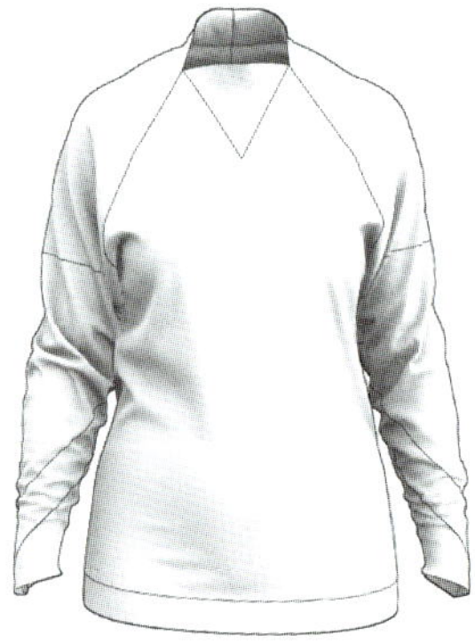

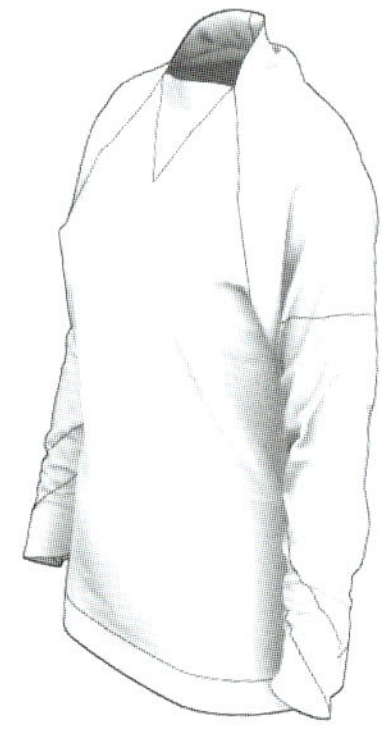

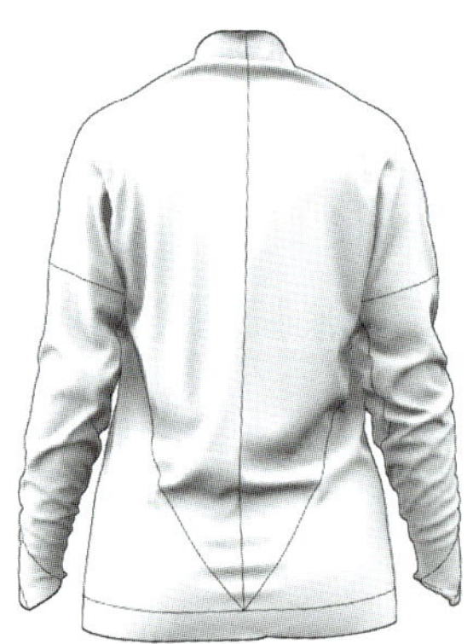

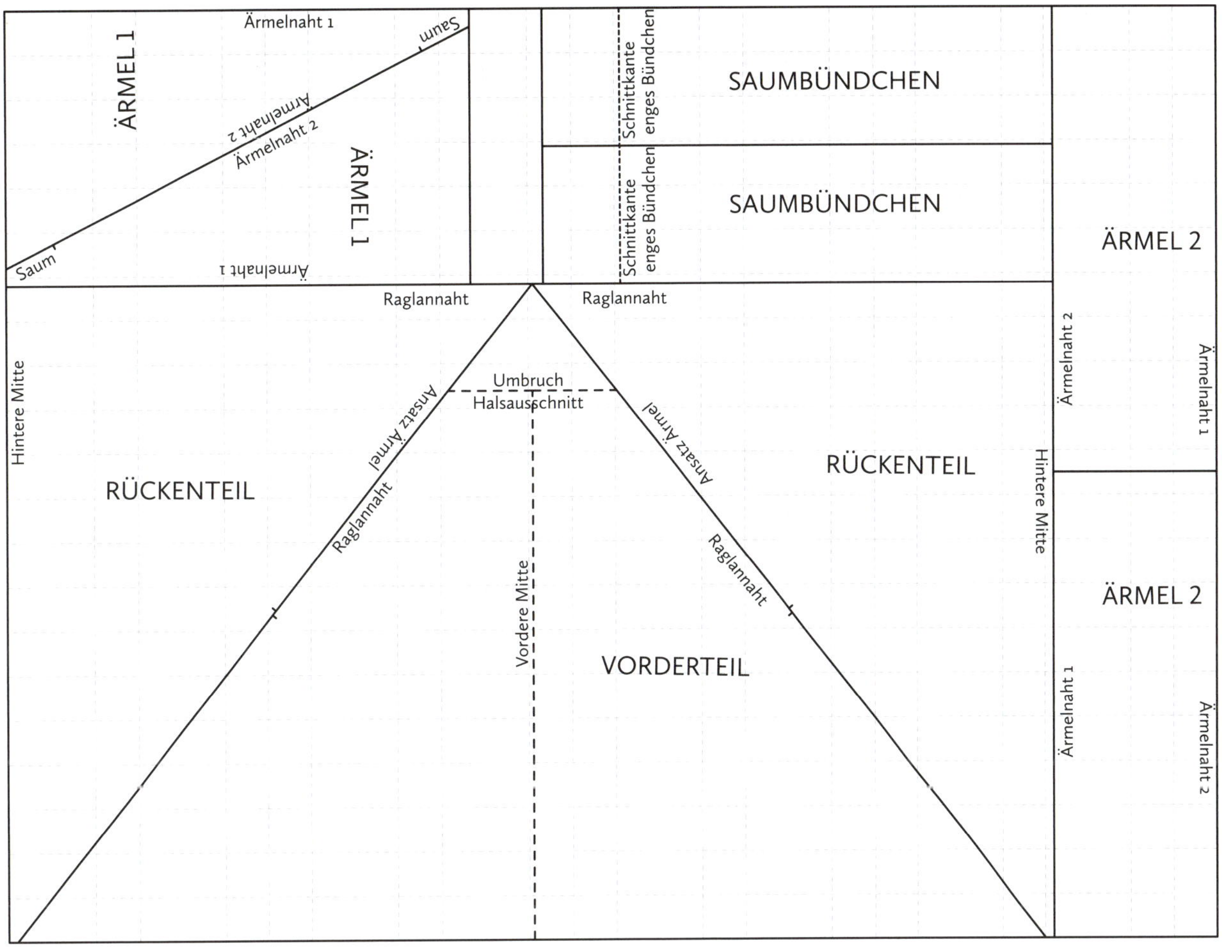

ÄRMEL 1
Ärmelnaht 1
Saum
Ärmelnaht 2
Ärmelnaht 2
ÄRMEL 1
Saum
Ärmelnaht 1
Schnittkante enges Bündchen
SAUMBÜNDCHEN
Schnittkante enges Bündchen
SAUMBÜNDCHEN
ÄRMEL 2
Raglannaht
Raglannaht
Hintere Mitte
Umbruch
Halsausschnitt
Ansatz Ärmel
Ansatz Ärmel
RÜCKENTEIL
RÜCKENTEIL
Ärmelnaht 2
Ärmelnaht 1
Hintere Mitte
Raglannaht
Raglannaht
Vordere Mitte
VORDERTEIL
ÄRMEL 2
Ärmelnaht 1
Ärmelnaht 2

ZUSCHNEIDEPLAN GRÖSSE 2

- Webware 140 cm breit, 105 cm lang
- Den Stoff zum Zuschnitt offen auslegen.

Größe 2 an Brustumfang 108 cm

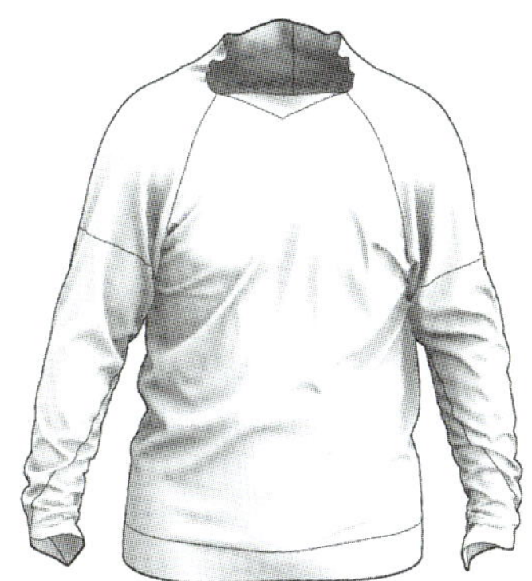

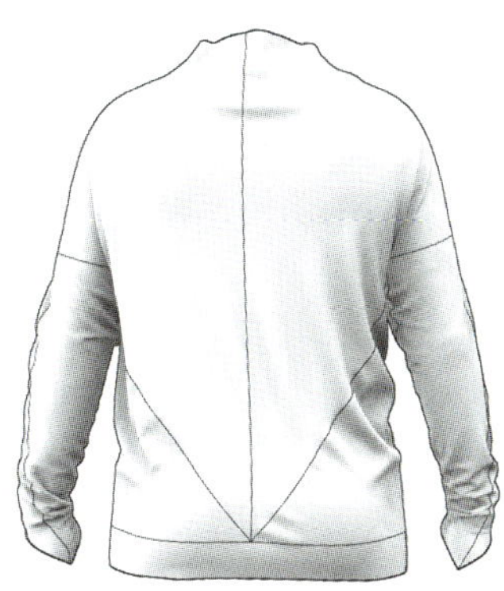

NÄHEN

1. Lege die Rückenteile rechts auf rechts und nähe sie in der hinteren Mitte zusammen. Bügle die Nahtzugaben.

2. Schlage im Vorderteil den oberen Umbruch nach links und steppe das Dreieck fest. Das kannst du mit der Zwillingsnadel oder einem Zickzackstich machen.

3. Lege das Vorderteil rechts auf rechts auf das Rückenteil und schlage die Raglankanten des Rückenteils nach vorne. Stecke die Raglannähte von Vorder- und Rückenteil zusammen, beginne dabei unter dem Arm an der Markierung, damit ergibt sich die Ausschnittlänge im Rückenteil. Nähe die Raglannaht und bügle sie. Die Ausschnittkante vom Rückenteil kannst du nun offenkantig lassen oder nach links schlagen und mit der Zwillingsnadel oder einem Zickzackstich feststeppen.

4. Lege das Rückenteil rechts auf rechts auf das Vorderteil, schlage die Seitenkanten des Vorderteils zum Rückenteil und stecke die Seitennähte zusammen. Die Seitennähte verlaufen unter dem Arm schräg nach hinten und treffen sich in der hinteren Mitte. Nähe die Seitennähte jeweils zusammen und bügle die Nähte.

5. Lege die Saumbündchen rechts auf rechts und nähe sie an den kurzen Seiten zusammen, so dass du sie zum Ring schließt. Bügle die Nahtzugaben und lege das Saumbündchen längs auf die Hälfte, die rechte Seite liegt dabei außen. Markiere dir die Viertel des Saumbündchens und der Saumkante des Shirts.

6. Stecke das Saumbündchen rechts auf rechts auf das Oberteil, dabei treffen die Viertelmarkierungen aufeinander. Nähe das Saumbündchen an und bügle die Nahtzugaben nach oben.

7. Lege jeweils einen Ärmel 1 und 2 rechts auf rechts und stecke die beiden Ärmelnähte zusammen. Dabei bleibt bei der Ärmelnaht 2 ein Stück der Strecke übrig, die dann in den Ärmelsaum übergeht. Bügle die Nähte.

8. Stecke die Ärmel rechts auf rechts an die Armlöcher im Oberteil. Ob du die Teilungsnähte eher vorne oder hinten platzierst, bleibt deinem Geschmack überlassen. Nähe die Ärmel ein und bügle die Nahtzugaben Richtung Ärmel. Schlage den Saum im Ärmel 1 cm nach innen und steppe die Kante fest. Das kannst du mit der Zwillingsnadel oder einem Zickzackstich machen.

Parka

Kapuzenparka aus Oilskin mit großen aufgesetzten Taschen, je nach Größe mit ein bis zwei Innentaschen und verschiedenen Riegeln. Einige Kanten sind mit Kontrast-Schrägband gearbeitet. Oilskin ist ein wunderbares Material, aber bei warmen Temperaturen solltest du keine Kleidung aus empfindlichen oder saugfähigen Stoffe direkt darunterziehen: Die Wachsbeschichtung kann bei höheren Temperaturen »abfärben« und Flecken verursachen.

MATERIAL UND SCHNITTTEILE

MATERIAL

- Oilskin/Webware, 145 cm breit
  Größe 1: 194 cm lang
  Größe 2: 252 cm lang
- Nähgarn
- Gummiband, 1 cm breit, 50 cm lang
- Teilbarer Reißverschluss 65 cm lang
- Steckschnalle 35 mm und 1 Stegschnalle
- D-Ringe, 3 cm, 2 x
- Schrägband, 4,2 m
- kleine Sicherheitsnadel

SCHNITTTEILE

Größe 1

- 2 x Vorderteil Mitte innen
- 2 x Vorderteil Mitte außen
- 2 x Vorderteil Seite
- 1 x Rückenteil im Stoffbruch
- 2 x Ärmel
- 2 x Kapuze
- 2 x Tasche im Stoffbruch
- 1 x Innentasche im Stoffbruch
- 2 x Zwickel
- 2 x Blende Riegel
- 2 x Taille Riegel links
- 2 x Taille Riegel rechts

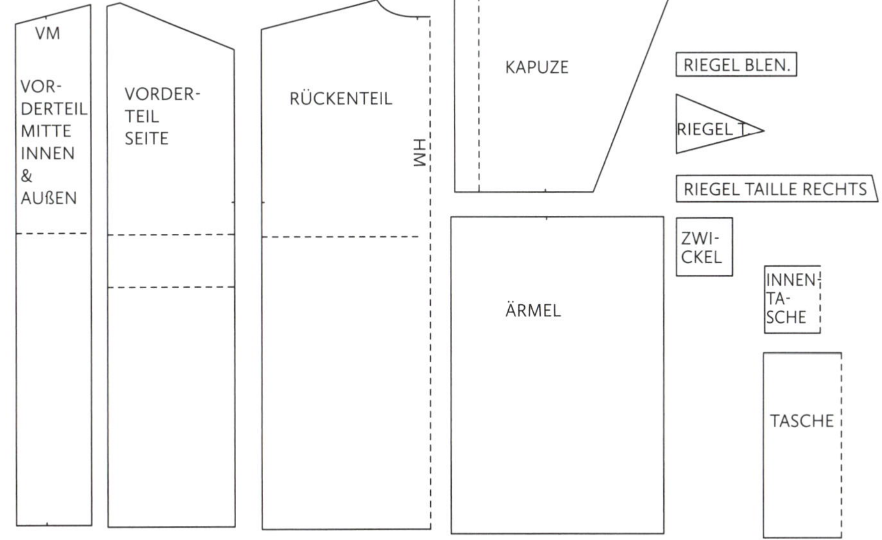

Größe 2

- 2 x Vorderteil Mitte
- 2 x Vorderteil Mitte innen oben
- 2 x Vorderteil Mitte innen unten
- 2 x Vorderteil Seite
- 1 x Rückenteil Mitte im Stoffbruch
- 2 x Rückenteil Seite
- 2 x Ärmel
- 2 x Kapuze
- 2 x Tasche
- 1 x Innentasche breit im Stoffbruch
- 2 x Innentasche hoch
- 2 x Zwickel
- 2 x Blende Riegel
- 2 x Taille Riegel links
- 2 x Taille Riegel rechts

NAHTZUGABEN

Im Schnitt sind 1 cm Naht-, 4 cm Saumzugabe sowie 3 cm Ärmelsaumzugabe enthalten. Beim Zuschneiden alle Markierungen auf den Stoff übertragen.

Wenn wir bei den Schnittteilen von rechts und links sprechen, ist es immer so gemeint, wie es später angezogen wird. Das bedeutet, dass alle vorderen Teile spiegelverkehrt vor uns liegen.

Der Verschluss beim Parka wird links über rechts gearbeitet, also die Herren-Verschluss-Variante. Wenn du es anders schließen möchtest, vertausche die Seiten beim Anbringen der Taillenriegel und des Reißverschlusses.

Zwei wichtige Punkte:

Oilskin solltest du im sichtbaren Bereich nicht mit Stecknadeln fixieren (Löcher!), es ist besser, ihn zu klammern oder zu kleben. In der Anleitung steht zum besseren Lesefluss weiterhin »stecken«. Außerdem sollte man Oilskin nicht mit einem warmen oder heißen Bügeleisen bügeln, da schmilzt das Wachs nur so dahin. Du kannst die Nahtzugaben mit den Fingern oder einem kalten Bügeleisen auseinanderstreichen- oder drücken. Dieser Schritt wird dennoch mit »bügeln« beschrieben.

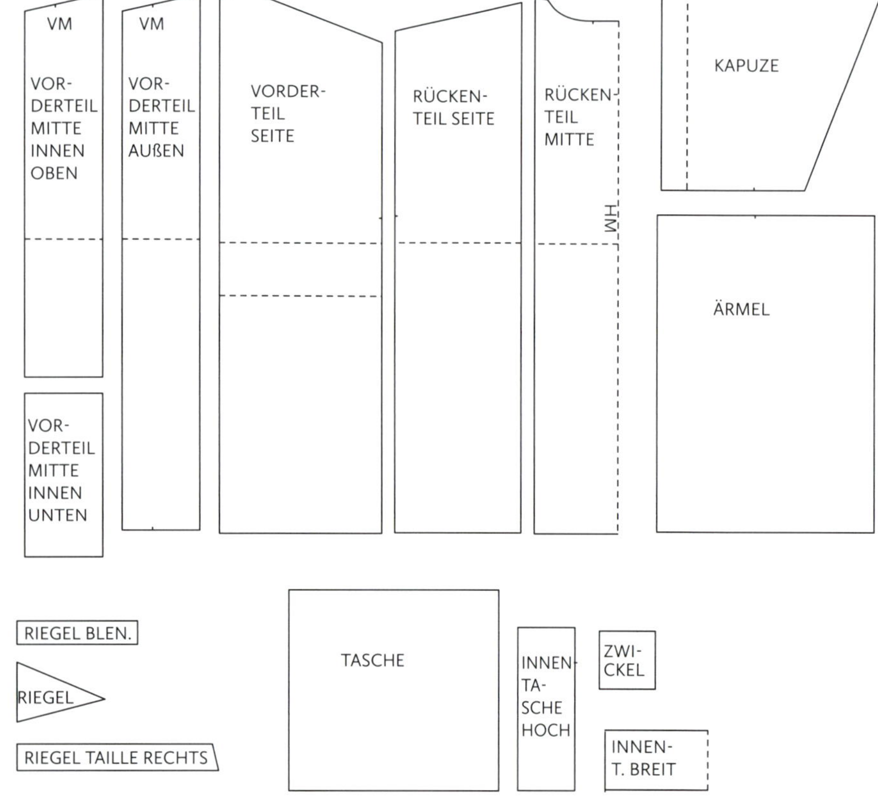

Die Plotdateien findest du unter stefaniekroth.de/zerowaste

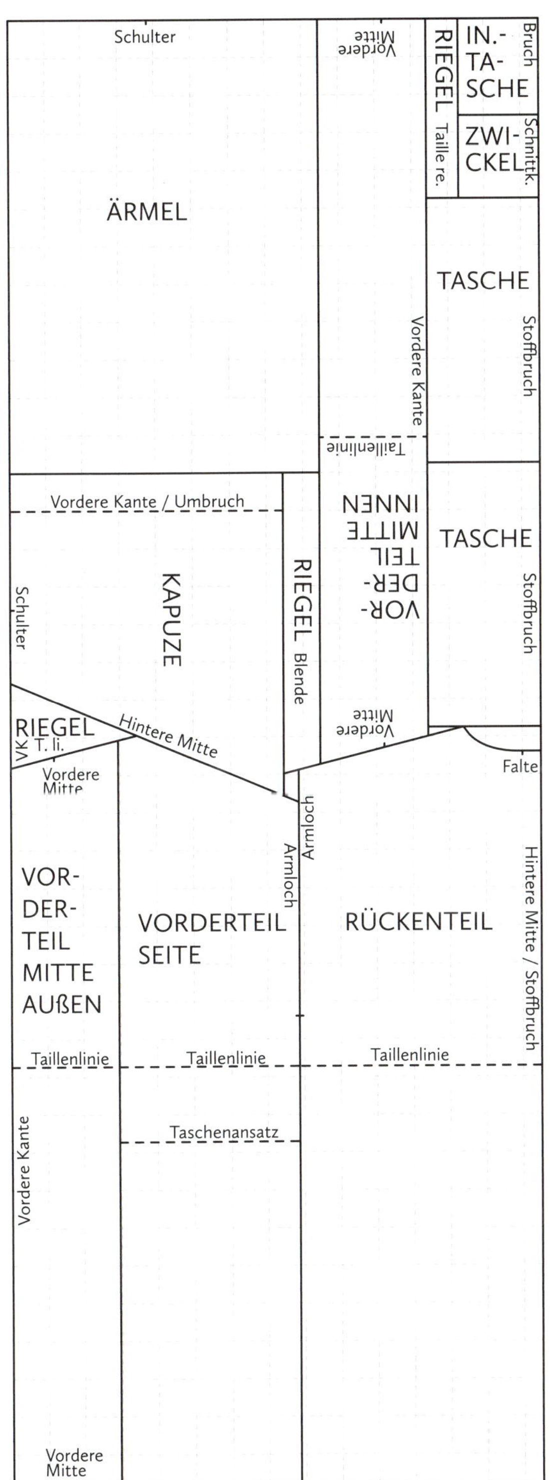

Größe 1 an Brustumfang 88 cm und Gesäßumfang 97 cm

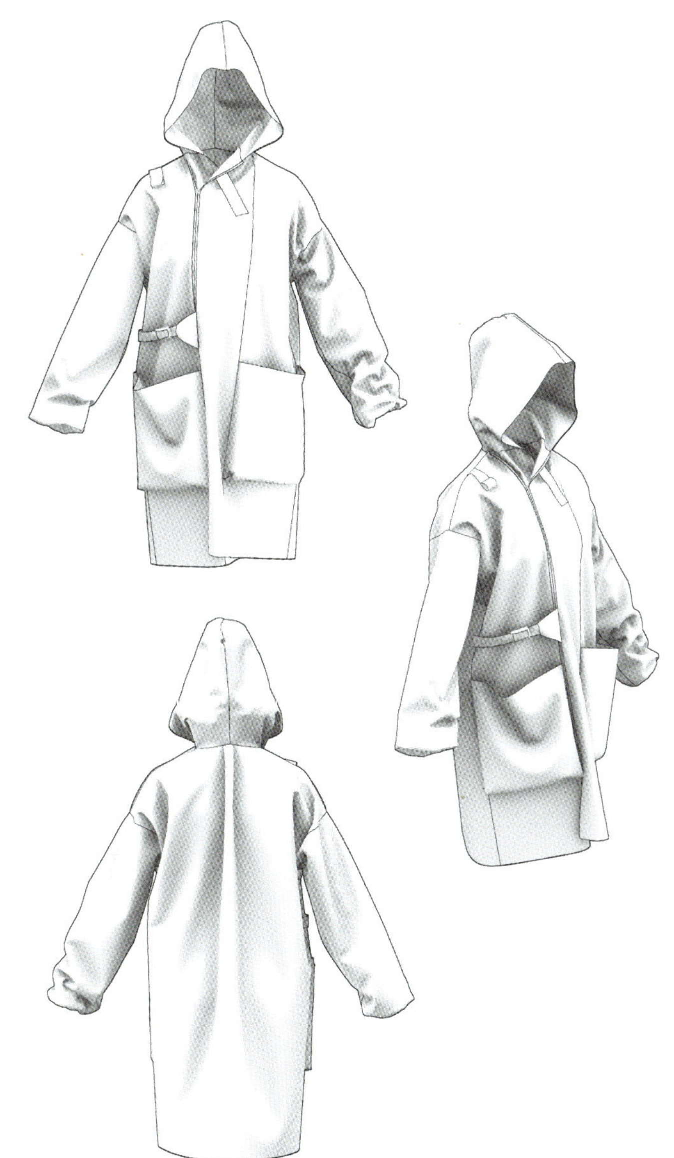

ZUSCHNEIDEPLAN GRÖSSE 1

- Oilskin/Webware 145 cm breit, 194 cm lang
- Den Stoff zum Zuschnitt auf die Hälfte legen, der Stoffbruch ist auf der rechten Seite.

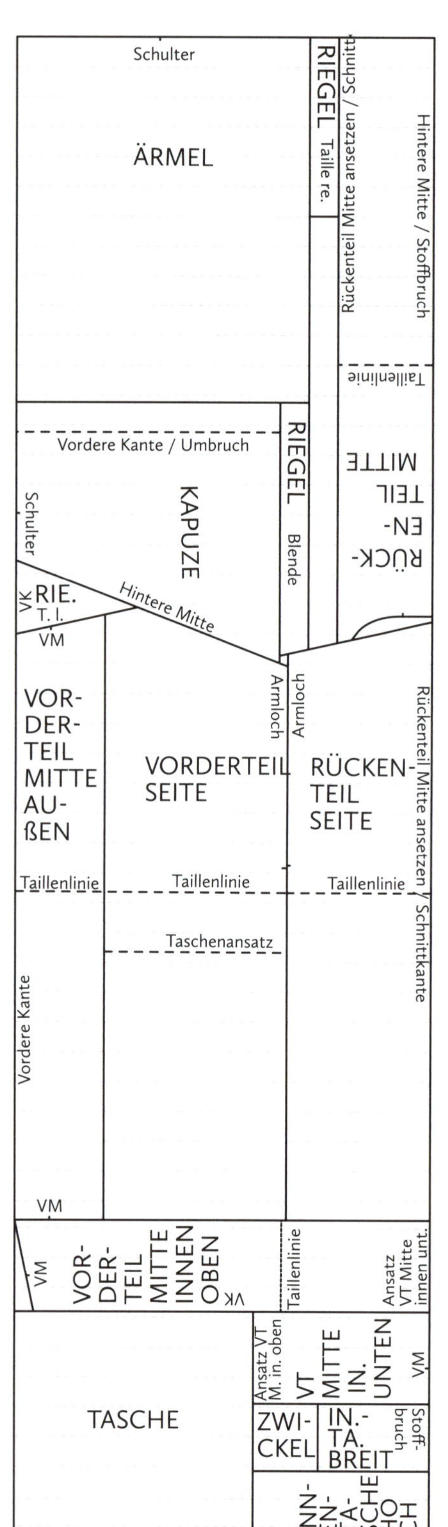

Größe 2 an Brustumfang 108 cm und Gesäßumfang 114 cm

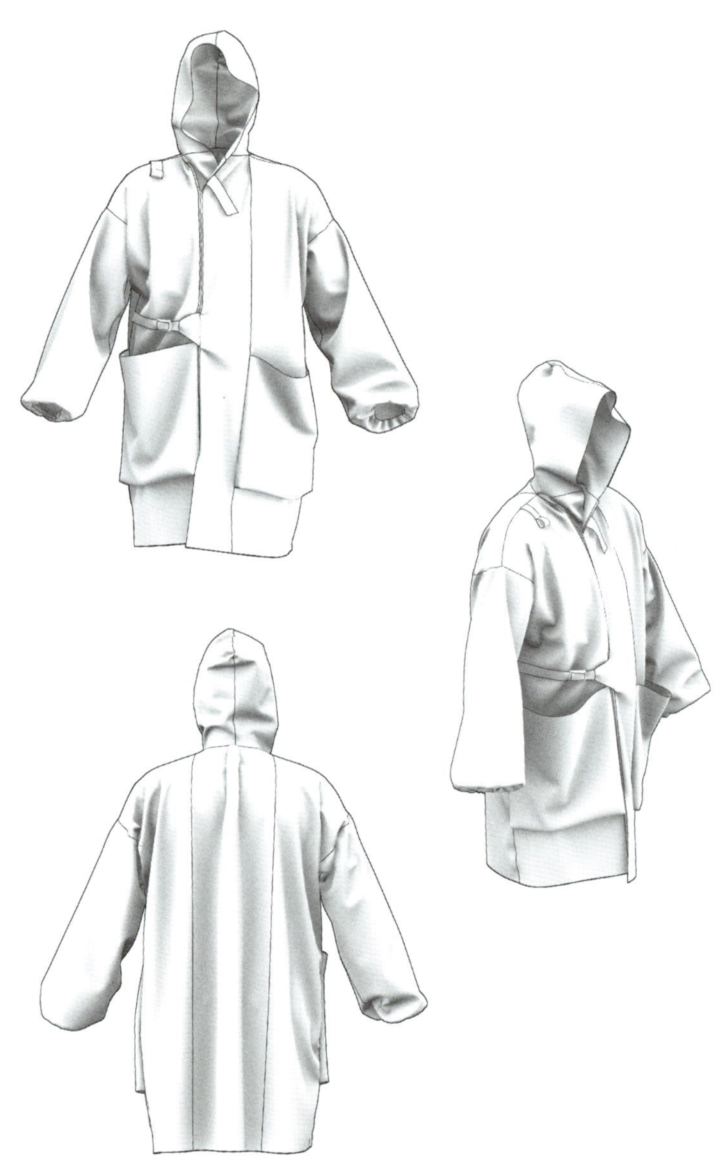

ZUSCHNEIDEPLAN GRÖSSE 2

- Oilskin/Webware 145 cm breit, 252 cm lang
- Den Stoff zum Zuschnitt auf die Hälfte legen, der Stoffbruch ist auf der rechten Seite.

NÄHEN

1. Stecke die Riegelteile für die Blenden und für die rechte Taille jeweils rechts auf rechts und nähe alle Kanten, außer einer kurzen Kante, zusammen. Stecke die Riegelteile für die linke Taille rechts auf rechts und nähe die Schrägen zu einer Spitze zusammen, lasse somit die vordere Kante offen. Schneide die Ecken zurück und wende die Riegel. Bügle die Kanten gut aus.

2. Befestige die Steckschnalle (Verschluss) am rechten Taillenriegel am spitzen Ende, klappe diese um und verriegle sie. Den linken Taillenriegel fädelst du so durch die Steckschnalle mit dem Schubteil und der Stegschnalle, dass sich der Verschluss regulieren lässt. Klappe die genähte Kante um die Steckschnalle und nähe sie fest.

3. Stecke den linken Taillenriegel rechts auf rechts an die vordere Kante des linken, mittleren, äußeren Vorderteils auf Höhe der Taillenlinie. Lege die Kanten bündig und nähe den Riegel füßchenbreit fest. Stecke den linken Taillenriegel rechts auf rechts an die Seitennaht des rechten seitlichen Vorderteils auf Höhe der Taillenlinie. Lege die Kanten bündig und nähe den Riegel füßchenbreit fest. Du kannst die Nähte mit einem Reißverschlussfüßchen nähen, dann gelangst du näher an die Verschlüsse.

4. Schneide vom Blendenriegel von der offenen Kante gemessen 15 cm ab. Fädle dieses abgeschnittene Teil durch die D-Ringe und schlage die Kante 2-mal ein.

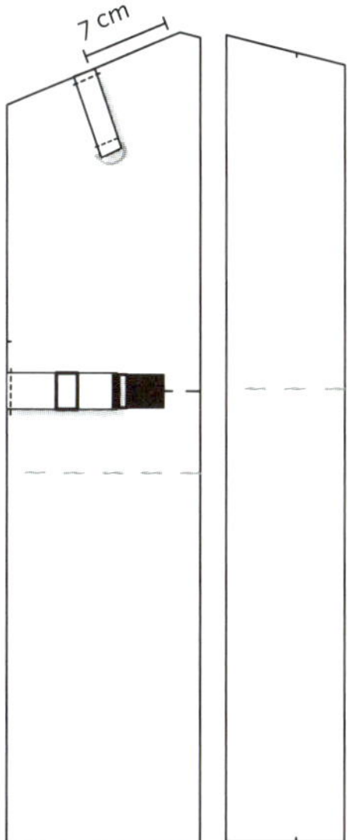

Steppe die Kante fest. Stecke das Blendenteil mit den D-Ringen links auf rechts an die Schulterkante des rechten seitlichen Vorderteils. Miss dazu von der Teilungsnaht, also dem höheren Punkt, 7 cm ab und platziere das Blendenteil mittig. Nähe den Riegel füßchenbreit fest.

5. Miss an der vorderen Kante des linken, mittleren, äußeren Vorderteils (an dem auch schon der Taillenriegel befestigt ist) 5 cm vom Halsloch nach unten. Stecke das übrige Blenden-Riegelteil rechts auf rechts mittig an diesen Punkt, so dass die offenen Kanten bündig liegen. Nähe den Riegel füßchenbreit fest.

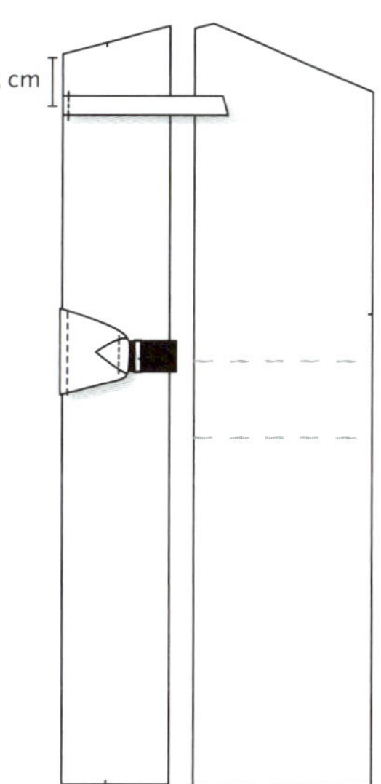

6. Nur Größe 2: Lege die Innentasche hochkant rechts auf rechts und nähe sie an einer langen Kante zusammen. Versäubere die Kante und bügle die Nahtzugaben zu einer Seite. Schlage an der oberen Kante 2-mal 1 cm nach innen und steppe die Kante ab. Schlage die untere und seitlichen Kanten 1 cm nach innen und bügle alle Kanten.

7. Schlage bei der Innentasche (Größe 2: Innentasche breit) an der oberen Kante 2-mal 1 cm nach innen und steppe die Kante ab. Schlage die untere und seitlichen Kanten 1 cm nach innen und bügle alle Kanten.

8. Stecke die Innentasche/n links auf links auf die seitlichen Vorderteil/e. Platziere die Taschen mittig an der Taschenansatzlinie und steppe sie an der unteren und den seitlichen Kanten fest. Du kannst 1–2 Längsnähte für Taschenabtrennungen auf die Tasche setzen.

9. Schlage bei den Außentaschen an der oberen Kante 2-mal 4 cm ein und steppe den Umbruch knappkantig fest. Lege die Taschen jeweils mit der linken Stoffseite vor dich und schlage den Stoff an den seitlichen Kanten jeweils 4 cm (Größe 1) / 6 cm (Größe 2) nach innen. Nähe die Ecken ab: Beginne am Umbruch mit 0,5 cm Nahtzugabe und nähe nach unten an die Kante, so dass noch 1 cm Nahtzugabe für die Seitennaht stehen bleibt. Schneide die Ecken ein und steppe sie knappkantig von rechts ab. Klappe die Nahtzugabe an der unteren Kante nach links und bügle die Kante.

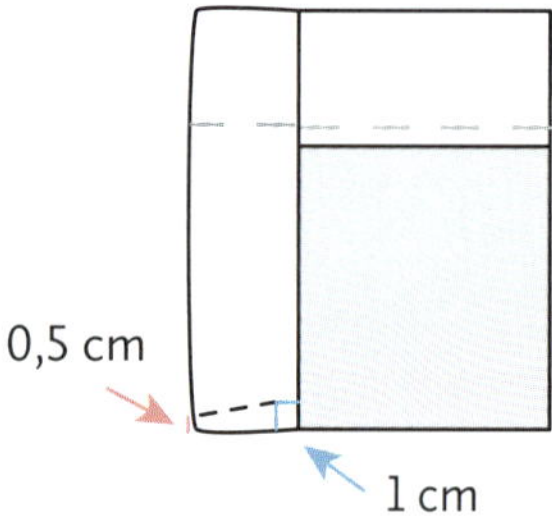

10. Platziere die Taschen links auf rechts auf den mittleren Vorderteilen. Nähe die seitlichen Kanten füßchenbreit fest und die unteren Kanten knappkantig.

11. Stecke eine Seite des Reißverschlusses rechts auf rechts an die vordere Kante des rechten, mittleren, äußeren Vorderteils. Achte beim Stecken darauf, dass die Raupe oben 1 cm unter der Kante beginnt, nach unten bleiben ca. 30 cm offen. Nähe den Teil des Reißverschlusses mit einem Reißverschlussfüßchen und 1 cm Nahtzugabe an. Die zweite Hälfte des Reißverschlusses nähen wir später fest.

12. Lege jeweils die seitlichen auf die äußeren mittleren Vorderteile und stecke sie an der Teilungsnaht fest. Nähe die Teile zusammen und bügle die Nahtzugaben Richtung vordere Kante.

13. **Nur Größe 2:** Stecke jeweils das obere und untere mittlere Vorderteil rechts auf rechts und nähe die Teile zusammen. Bügle die Nahtzugaben auseinander.

14. Stecke jeweils die inneren mittleren Vorderteile rechts auf rechts auf die äußeren und nähe sie an der vorderen Kante zusammen. Bügle die Kante glatt aus. Fasse die offenen Kanten der inneren Vorderteile mit einem Schrägband ein. Nähe den zweiten Teil des Reißverschlusses an das linke, innere, mittlere Vorderteil, 2 cm von der inneren Kante entfernt, an.

15. **Nur Größe 2:** Stecke die seitlichen Rückenteile rechts auf rechts auf das mittlere Rückenteil und nähe sie an den Ansatznähten zusammen. Versäubere die Nahtzugaben zusammen und bügle sie Richtung hintere Mitte.

16. Lege das Rückenteil längs auf die Hälfte und nähe in der hinteren Mitte an der Faltenmarkierung ca. 5 cm nach unten. Verteile den Falteninhalt gleichmäßig auf beide Seiten und bügle die Quetschfalte. Nähe die Falte im Halsloch füßchenbreit fest.

17. Nähe einen Aufhänger, indem du einen 10 cm langen Schrägbandstreifen mit eingeklappten Nahtzugaben an den Kanten aufeinanderlegst und zusammennähst. Stecke den Aufhänger gleichmäßig verteilt in der hinteren Mitte des Halslochs auf die linke Stoffseite und nähe ihn füßchenbreit fest.

18. Versäubere die Schulterkanten und Seitennähte inklusive Armlöcher von Vorder- und Rückenteil. Stecke die Vorderteile rechts auf rechts auf das Rückenteil und nähe die Schulternähte zusammen. Stecke die Seitennähte bis zur Armlochmarkierung. Nähe die Teile von der Armlochmarkierung bis zum Saum zusammen. Bügle jeweils die Nahtzugaben auseinander.

19. Lege die Kapuzenteile rechts auf rechts und nähe die hintere Mitte und obere Kante zusammen. Versäubere die Nahtzugaben gemeinsam und bügle sie auf eine Seite. Lege an der Kapuzenspitze die Nähte rechts auf rechts und miss 11 cm nach unten. Nähe die Kapuze auf dieser Höhe quer ab. Versäubere die Kanten gemeinsam und bügle sie auf eine Seite.

20. Fasse die vordere Kante der Kapuze mit einem Schrägband ein. Lege die Kapuze am Umbruch nach innen und steppe die Kante ab.

21. Lege die mittleren Vorderteile rechts auf rechts. Stecke die Kapuze rechts auf rechts auf das Halsloch. Dabei trifft die Kapuzenumbruchkante genau auf die vordere Kante der mittleren Vorderteile, die Kapuze liegt zwischen innerem und äußerem Vorderteil. Nähe die Kapuze an das Halsloch und bügle die Nahtzugaben nach unten. Fasse die Halslochkante im Rückenteil mit einem Schrägband ein.

22. Stecke die mittleren inneren Vorderteile des Oberteils gut an die Teilungsnaht und steppe sie im Nahtschatten fest.

23. Versäubere die Ärmel an der oberen und den seitlichen Kanten. Schließe die Ärmelnaht jeweils bis 9 cm vor dem oberen Ende und bügle die Nahtzugaben auseinander. Lege die Zwickel diagonal auf die Hälfte, die rechte Stoffseite liegt innen. Stecke nun einen diagonalen Endpunkt an das obere Nahtende der Ärmelnaht, jeweils eine Seite des Zwickels an eine Ärmelnaht und jeweils die andere Seite des Zwickels an die andere Seite. Nähe den Zwickel an.

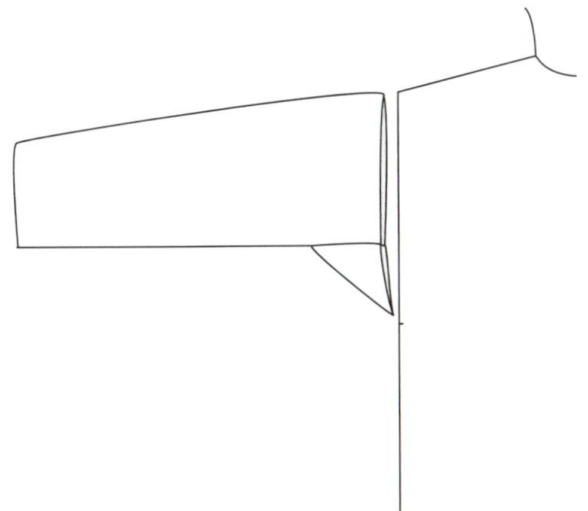

24. Schlage den Ärmelsaum 2-mal 1,5 cm ein und steppe ihn fest, bis auf eine kleine Öffnung für den Gummi. Lege das Gummiband um dein Handgelenk und miss die Länge ab. Das Gummiband sollte etwas auf Zug sein. Ziehe das Gummiband mit Hilfe der Sicherheitsnadel durch den Ärmelsaumtunnel und achte darauf, dass es sich nicht verdreht. Lege die Gummibandenden übereinander und nähe sie zusammen. Schließe die kleine Öffnung im Ärmelsaum.

25. Stecke den Ärmel rechts auf rechts in das Armloch und achte dabei auf die Markierungen. Der Zwickel wird in der Seitennaht analog zur Ärmelnaht genäht, der Diagonalenendpunkt trifft auf den oberen Seitennaht-Endpunkt. Nähe die Ärmel ein und bügle die Nahtzugaben Richtung Ärmel.

26. Fasse die Saumkante mit Schrägband ein, schlage den Saum 4 cm nach innen und steppe die Kante fest.

Hose

An der Hose ist oben ein Gummiband, seitlich sind Eingriffstaschen und hinten ist eine Passe. Die Hose ist sehr hoch geschnitten. Wenn du sie in der Höhe etwas kürzen möchtest: Das ist kein Problem, die Taschen werden lediglich etwas kleiner. Wenn du die Länge kürzen möchtest, ist es besser, den Saum etwas weiter umzunähen.

MATERIAL UND SCHNITTTEILE

MATERIAL

- Webware, 140 cm breit
  Größe 1: 105 cm lang
  Größe 2: 135 cm lang
- Nähgarn
- Gummiband, ca. 4 cm breit
  Größe 1: 75 cm lang
  Größe 2: 95 cm lang

SCHNITTTEILE

Größe 1:

- 2 x Vorderhose
- 2 x Hinterhose
- 2 x Passe
- 2 x Taschenbeutel
- 1 x Bund im Stoffbruch
- 2 x Saumbeleg
- 1 x Saumbeleg 2 im Stoffbruch

Größe 2:

- 2 x Vorderhose
- 2 x Hinterhose
- 2 x Passe
- 2 x Taschenbeutel
- 2 x Seitliche Hinterhose im Stoffbruch
- 2 x Bund
- 2 x Bund 2

NAHTZUGABEN

Im Schnitt sind 1 cm Nahtzugabe enthalten und 4 cm Saumzugabe. Beim Zuschneiden alle Markierungen auf den Stoff übertragen.

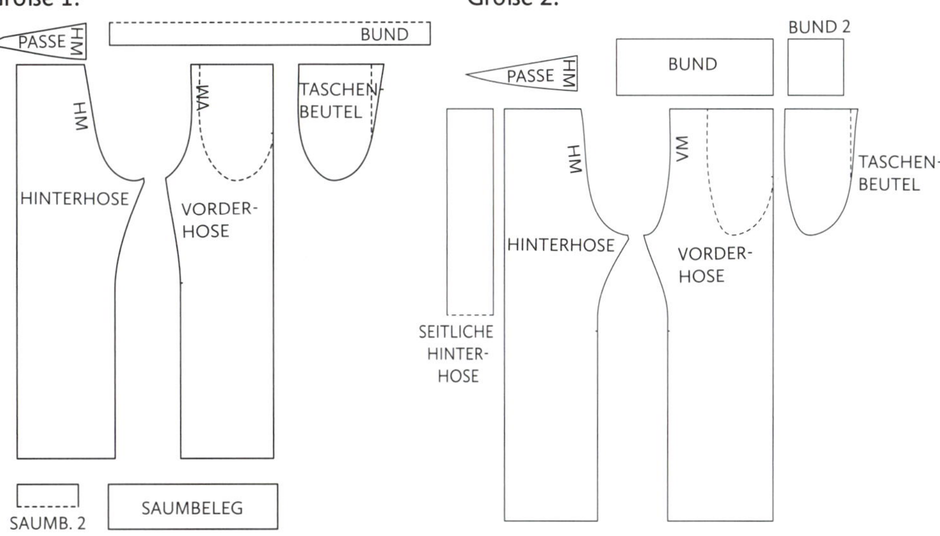

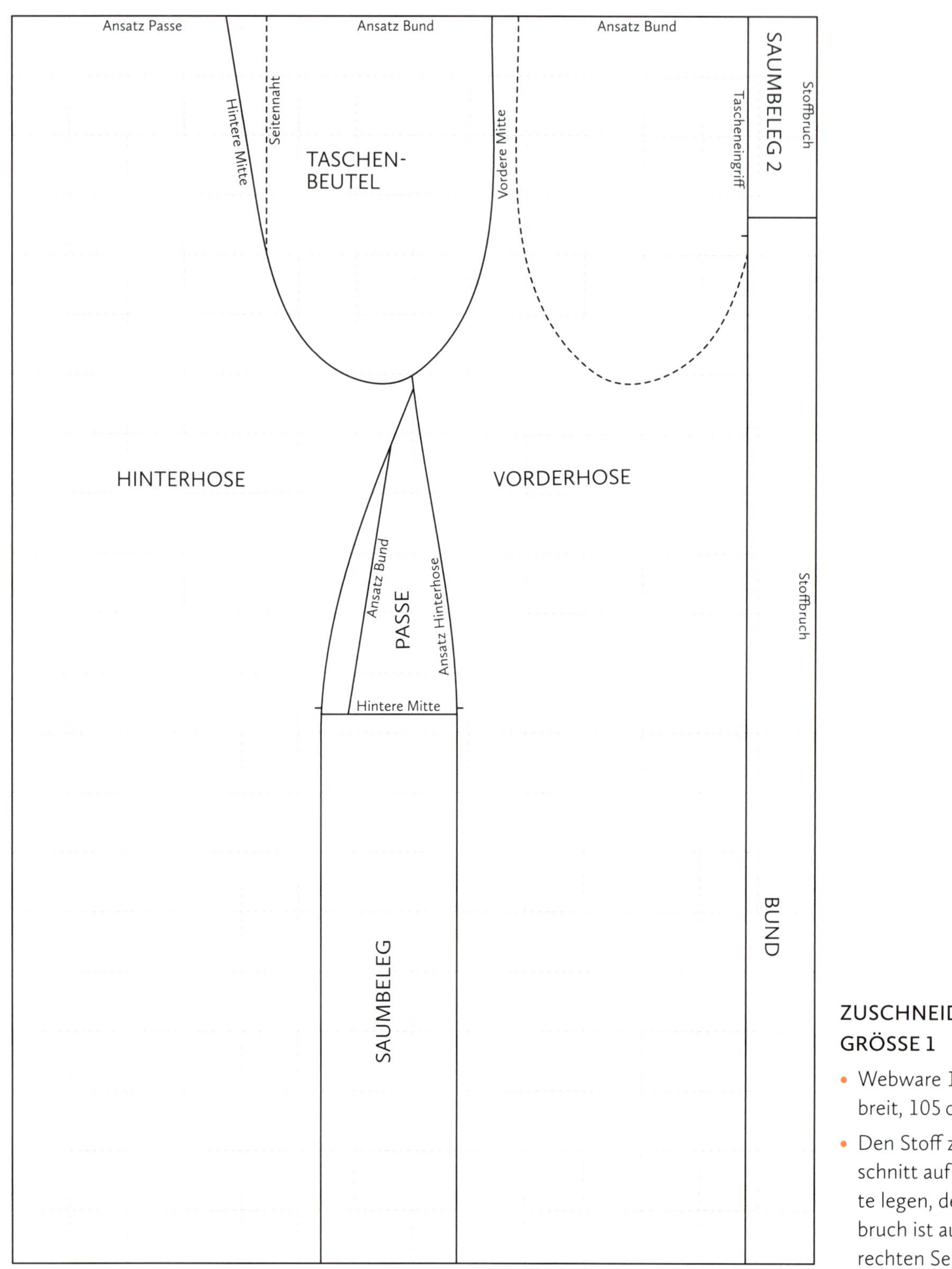

ZUSCHNEIDEPLAN GRÖSSE 1

- Webware 140 cm breit, 105 cm lang
- Den Stoff zum Zuschnitt auf die Hälfte legen, der Stoffbruch ist auf der rechten Seite.

Größe 1 an Gesäßumfang 97 cm

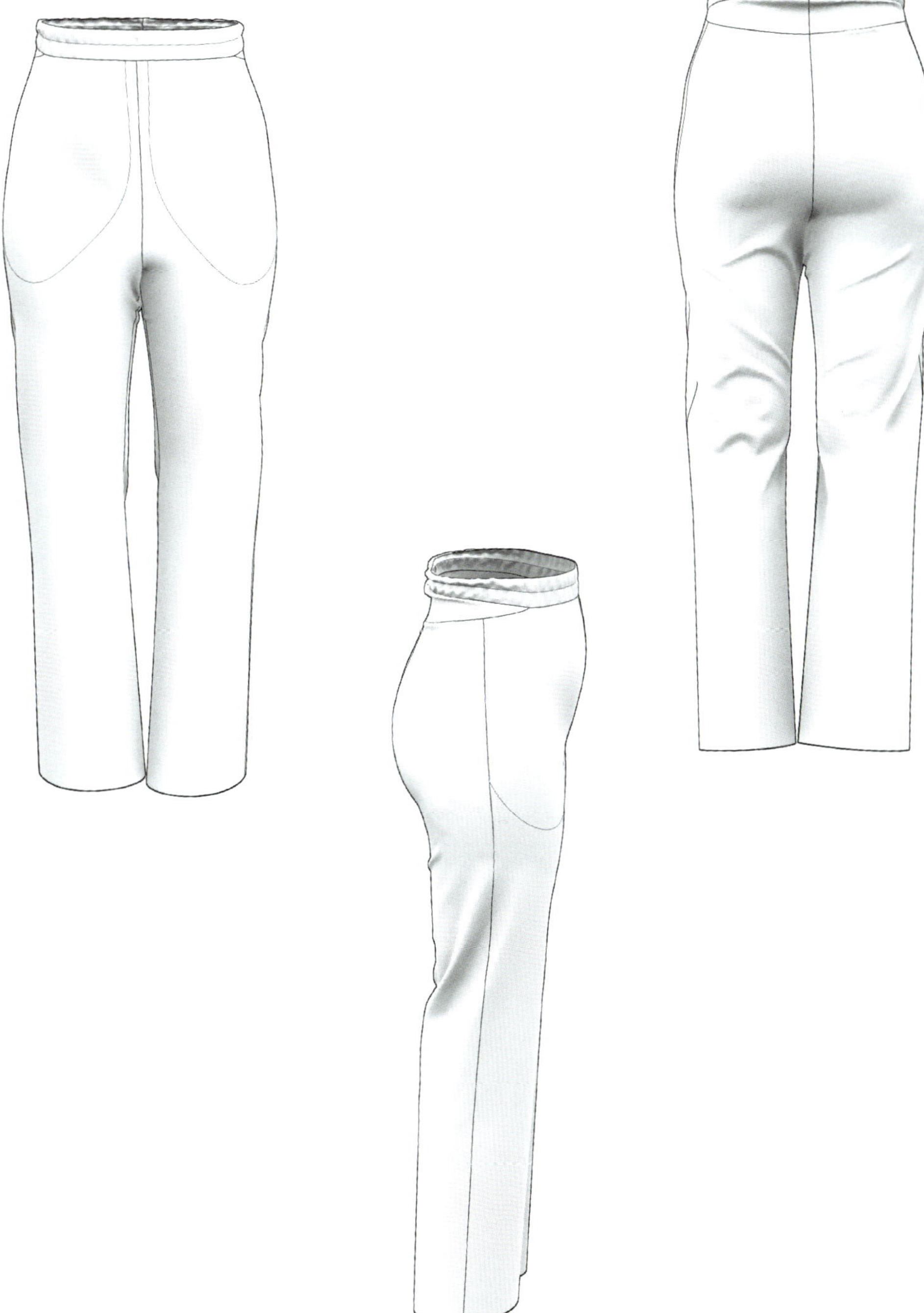

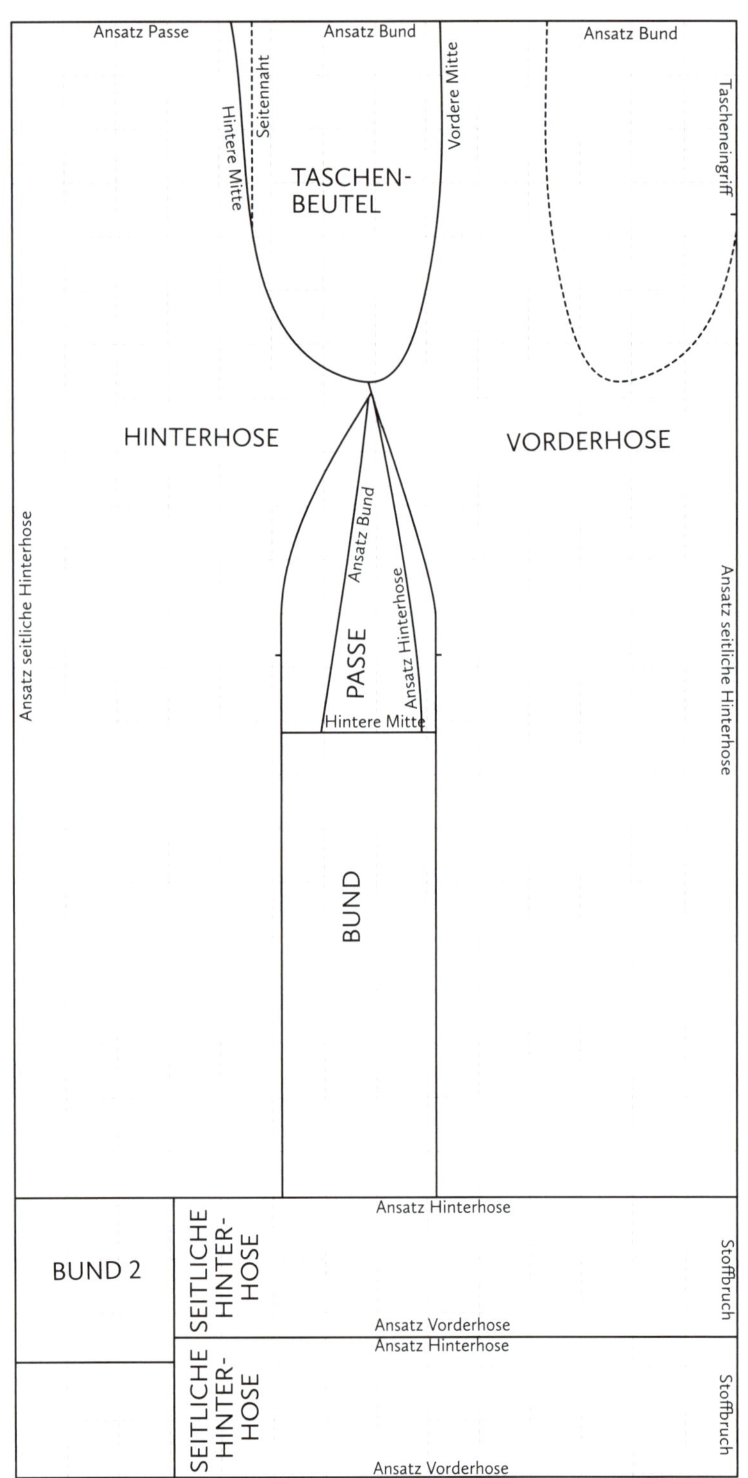

ZUSCHNEIDEPLAN GRÖSSE 2

- Webware 140 cm breit, 135 cm lang
- Den Stoff zum Zuschnitt auf die Hälfte legen, der Stoffbruch ist auf der rechten Seite.

Größe 2 an Gesäßumfang 114 cm

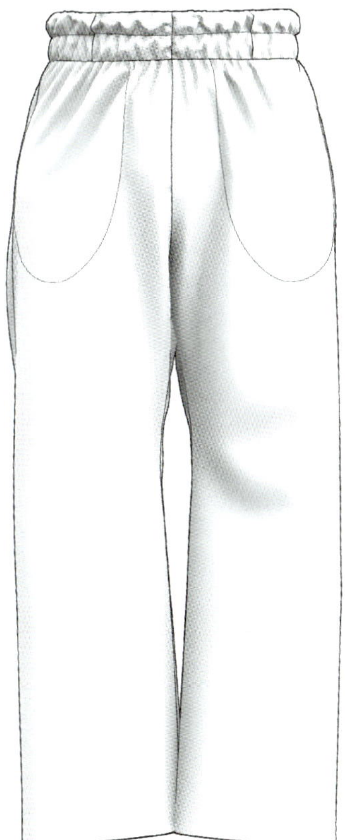

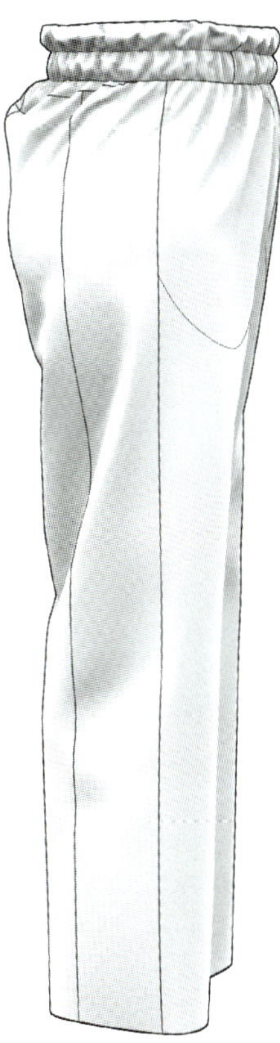

NÄHEN

1. Versäubere Vorderhose, Taschenbeutel und Passe rundherum außer an den Bundkanten.

2. Nur Größe 2: Lege die seitliche Hinterhose jeweils rechts auf rechts auf die Hinterhose und stecke sie an der langen Kante zusammen. Nähe die Hosenteile mit 1 cm Nahtzugabe zusammen, versäubere sie gemeinsam und bügle die Nahtzugaben Richtung Hinterhose.

3. Lege die Hinterhosenteile rechts auf rechts und nähe die hintere Mitte zusammen. Das ist die gebogene Kante. Versäubere die Nahtzugaben zusammen und bügle sie nach links.

4. Versäubere die Hinterhose rundherum außer an der oberen Kante.

5. Stecke die Taschenbeutel jeweils rechts auf rechts an die Seitennaht der Hinterhose. Dabei liegt die Markierung »Seitennaht« des Taschenbeutels an der Seitennaht der Hinterhose. Nähe den Taschenbeutel an.

6. Lege die Vorderhosen jeweils rechts auf rechts und und nähe die vordere Mitte zusammen. Das ist die gebogene Kante. Versäubere die Nahtzugaben zusammen und bügle sie nach links.

7. Lege die Vorderhose auf die Hinterhose und stecke sie an der Seitennaht bis zur Taschenmarkierung zusammen. Schließe die Seitennaht bis zur Markierung. Bügle die Nahtzugaben an der Seitennaht auseinander und die Nahtzugabe im oberen Bereich der Vorderhose im Verlauf nach innen. Steppe die Nahtzugabe fest und setze am Tascheneingriff unten einen Querriegel.

8. Stecke den Taschenbeutel jeweils an die Vorderhose, dabei ist die Bundkante bündig. Nähe den Taschenbeutel fest.

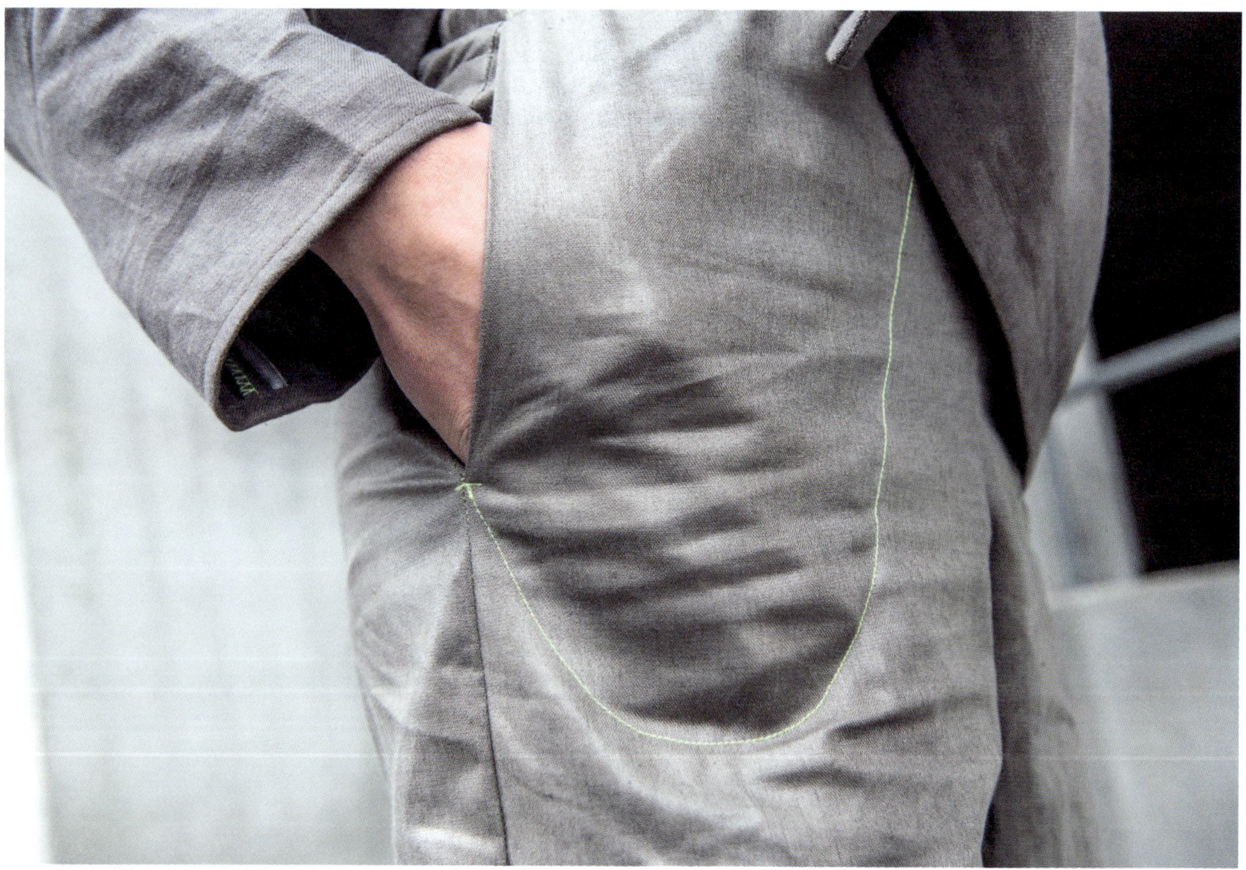

9. Lege die Passe jeweils rechts auf rechts und nähe sie in der hinteren Mitte zusammen. Bügle die Nahtzugaben nach links. Stecke die Passe, ausgehend von der hinteren Mitte, rechts auf rechts auf Hinterhose und Seitenteil (nur Größe 2) und ein Stück auf die Vorderhose. Nähe die Passe an, versäubere die Kanten gemeinsam und bügle sie nach unten.

10. **Nur Größe 2:** Lege ein kurzes Bundstück jeweils rechts auf rechts auf ein langes Bundstück und nähe es an einer kurzen Kante zusammen. Bügle die Nahtzugaben auseinander.

11. Lege den Bund rechts auf rechts und nähe ihn an den kurzen Seiten zusammen. Bügle die Nahtzugaben auseinander und lege den Ring auf die Hälfte, die rechte Stoffseite liegt außen.

12. Lege das Gummiband um deinen Bund und überprüfe die Länge. Das Gummiband sollte etwas auf Zug sein. Lege die Gummibandenden übereinander und nähe sie mit einem Zickzackstich zusammen: Nähe dazu ein paar Mal hin und her. Schiebe den Gummiring in den Bund, bis ganz nach oben an die gebügelte Kante. Nähe unten die offenen Bundkanten füßchenbreit zusammen. Dehne den Bund mit dem Gummi ein paar Mal und lass ihn wieder zusammenschnurren, so verteilt sich die Weite gleichmäßig. Stecke den Gummi am Bund punktuell fest.

13. Stecke den Bundring rechts auf rechts an die obere Hosenkante. Nähe den Bund an und versäubere die Kanten zusammen. Bügle die Nahtzugaben Richtung Hose.

14. Steppe das Gummiband häppchenweise in der Mitte des Bundes mit einer Längsnaht fest. Dehne dazu immer ein kleines Stück Bund mit Gummi und steppe in gedehntem Zustand drüber.

15. Lege die Hosenteile wieder rechts auf rechts und stecke sie in der Schrittnaht zusammen. Dabei treffen die vordere und hintere Mitte sowie die Markierungen an den Nähten jeweils aufeinander. Nähe die Teile zusammen und bügle die Nahtzugaben auseinander.

16. **Nur Größe 1:** Bereite den Saumbeleg vor: Halbiere den Saumbeleg 2 und nähe je eine Hälfte auf den Saumbeleg 1. Dazu die Teile rechts auf rechts stecken und an den kurzen Kanten (aus Sicht von Saumbeleg 1) zu einem Ring schließen. Bügle die Nahtzugaben auseinander und versäubere jeweils eine der Ringkanten. Stecke den Ring jeweils rechts auf rechts auf ein Hosenbein, die unversäuberte Kante liegt dabei bündig mit dem Hosensaum. Nähe den Saumbeleg auf den Hosensaum und bügle die Nahtzugaben auseinander.

17. Stecke den Hosensaum nach innen und nähe ihn knappkantig fest. Bügle die Kante.

Hemd

Das lockere, langärmlige Hemd kommt ohne Knöpfe oder komplizierte Verarbeitungstechniken aus. Es ist das ideale Einsteigerhemd, passt Mann wie Frau, und wenn du durchschaut hast, wie das Prinzip funktioniert, werden dir noch viele Abwandlungen einfallen. Für die Brusttasche werden die Dreiecke so verstürzt, dass die rechte und linke Stoffseite bei der Tasche nach außen zeigen. Genauso wird beim Ausschnitt am Umbruch der Stoff auf die rechte Seite geklappt, so dass die linke Seite sichtbar ist. Daran solltest du bei der Stoffwahl denken.

MATERIAL UND SCHNITTTEILE

MATERIAL

- Webware, 140 cm breit
  Größe 1: 108 cm lang
  Größe 2: 119 cm lang
- Nähgarn
- Schrägband, 0,5 m
- Vlieseline ((aufbügelbar)):
  2 Streifen, ca. 35 x 4 cm,
  1 Streifen, ca. 15 x 4 cm,
  2 Quadrate, ca. 1,5 cm

SCHNITTTEILE

- 1 x Hauptteil im Stoffbruch
- 2 x Ärmelteil
- 2 x Tasche
- 2 x Aufhänger

NAHTZUGABEN

Im Schnitt sind 1 cm Naht- und 2–5 cm Saumzugabe enthalten. Beim Zuschneiden alle Markierungen auf den Stoff übertragen.

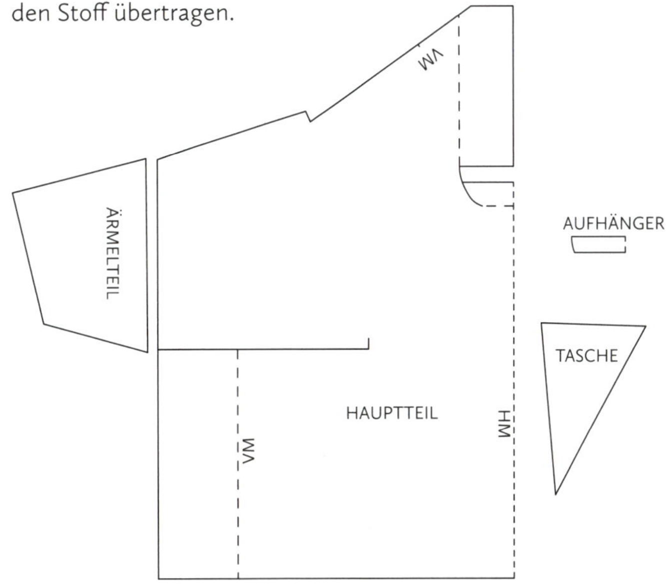

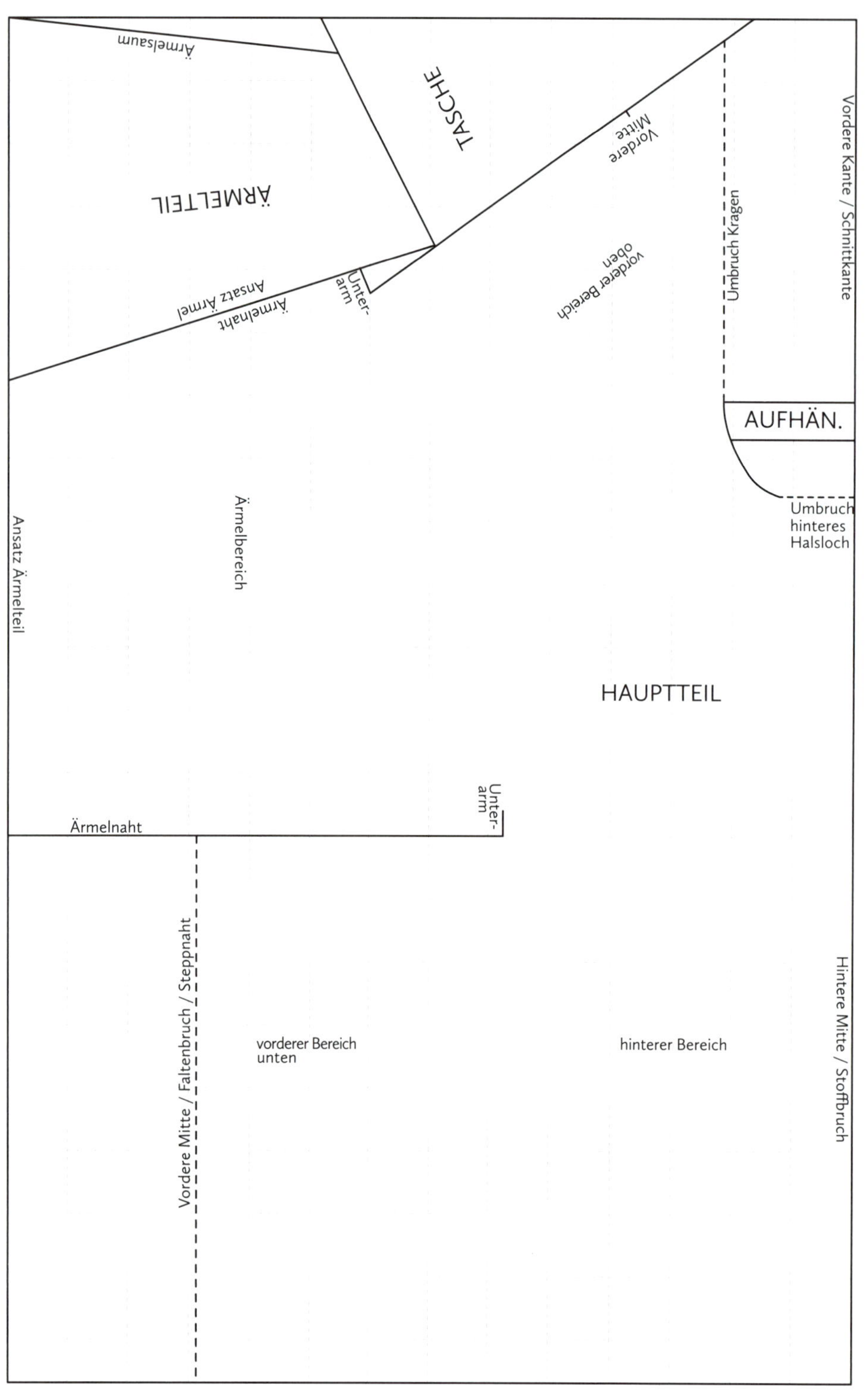

ZUSCHNEIDEPLAN GRÖSSE 1

- Webware 140 cm breit, 108 cm lang
- Den Stoff zum Zuschnitt auf die Hälfte legen, der Stoffbruch ist auf der rechten Seite.

Größe 1 an Brustumfang 88 cm

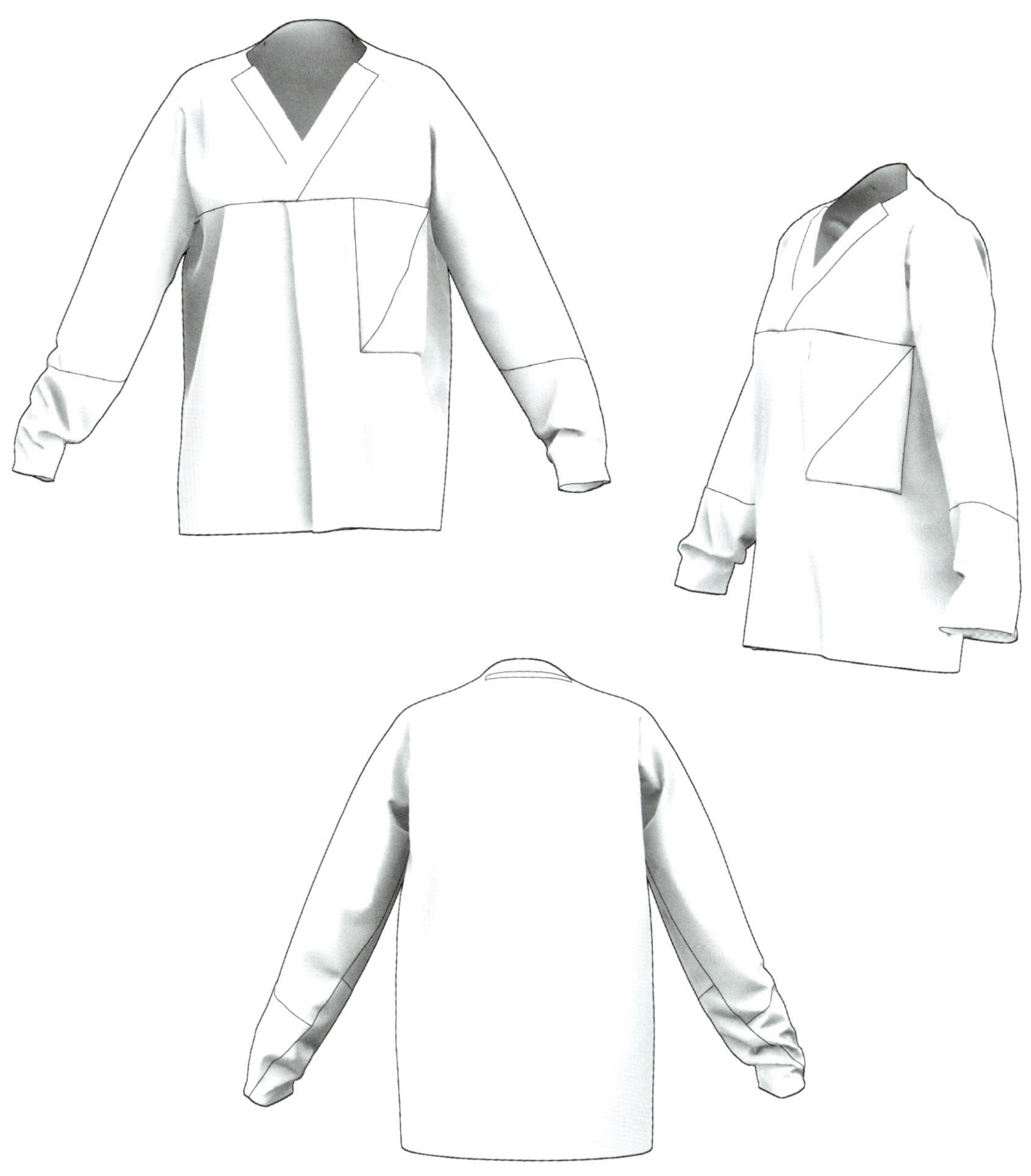

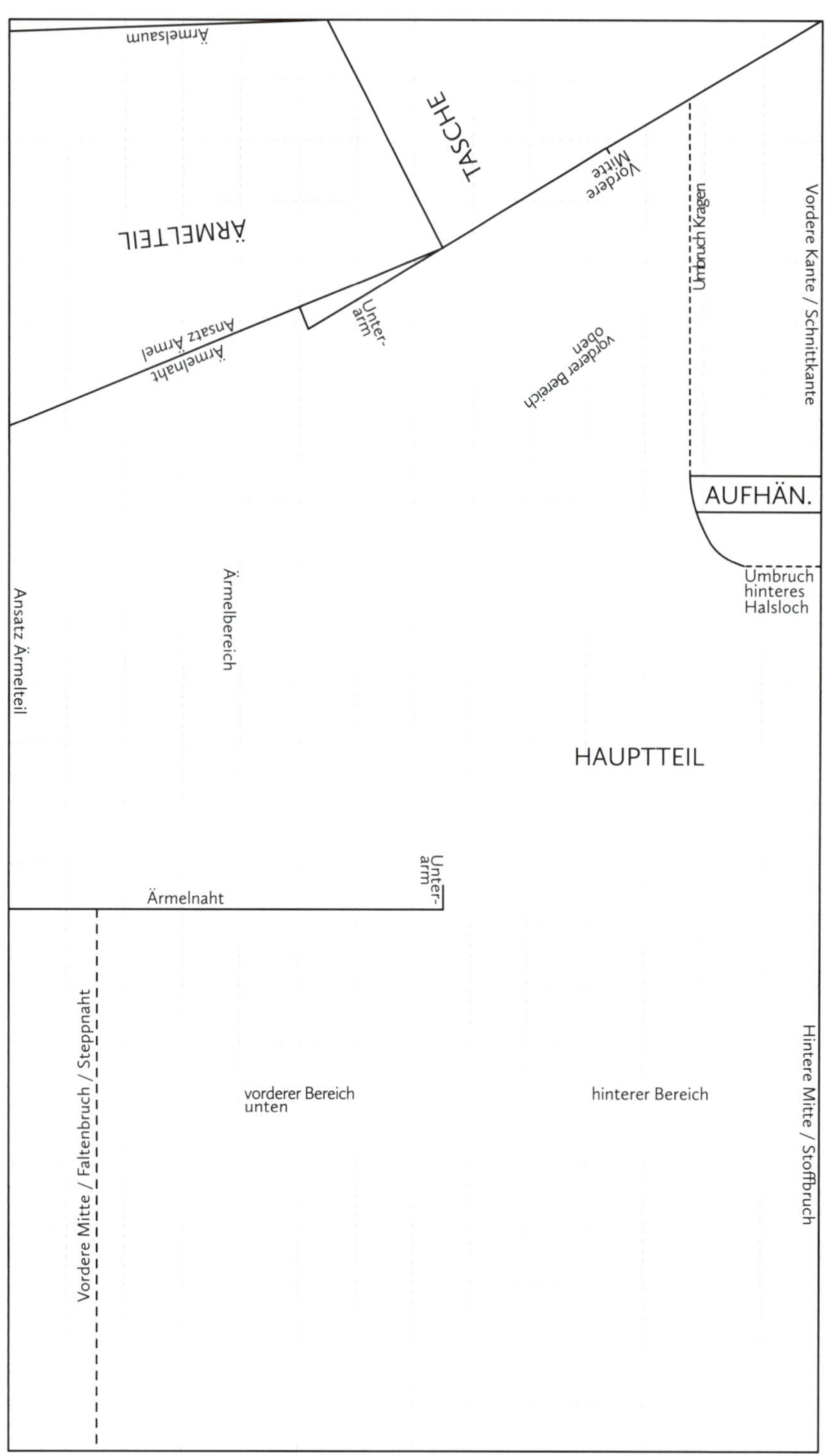

ZUSCHNEIDEPLAN GRÖSSE 2

- Webware 140 cm breit, 119 cm lang
- Den Stoff zum Zuschnitt auf die Hälfte legen, der Stoffbruch ist auf der rechten Seite.

Größe 2 an Brustumfang 108 cm

1. Stecke die Ärmelteile jeweils rechts auf rechts an die Ansatz-Ärmelteilnaht des Hauptteils und nähe sie mit 1 cm Nahtzugabe fest. Versäubere die Kanten zusammen und bügle sie Richtung Hauptteil.

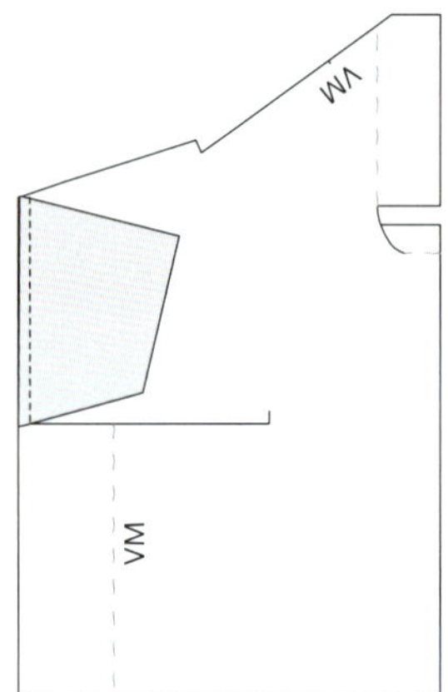

2. Versäubere die Ärmelnähte, die obere Kante des unteren vorderen Bereichs und die vordere Kante/ Schnittkante des oberen vorderen Bereichs.

3. Bügle jeweils einen Vlieseline-Streifen auf die rechte Stoffseite an die vordere Kante des oberen vorderen Bereichs. Schlage den Stoff an der Umbruchkante auf die rechte Stoffseite, und noch ein weiteres Mal nach innen, so dass sich eine Art Kragen- oder Reverskante ergibt. Stecke die Umbrüche an der unteren Kante fest und schneide die Überstände ab. Versäubere die untere Kante des oberen vorderen Bereichs mit umgeklappten Umbrüchen.

4. Lasse die oberen vorderen Bereiche so überlappen, dass die Markierungen für die vordere Mitte aufeinandertreffen. Dabei liegt bei Herren links über rechts und bei Damen rechts über links im angezogenen Zustand. Wenn die Vorderteile vor dir liegen, ist es genau spiegelverkehrt. Fixiere die Teile an der unteren Kante und nähe sie füßchenbreit zusammen.

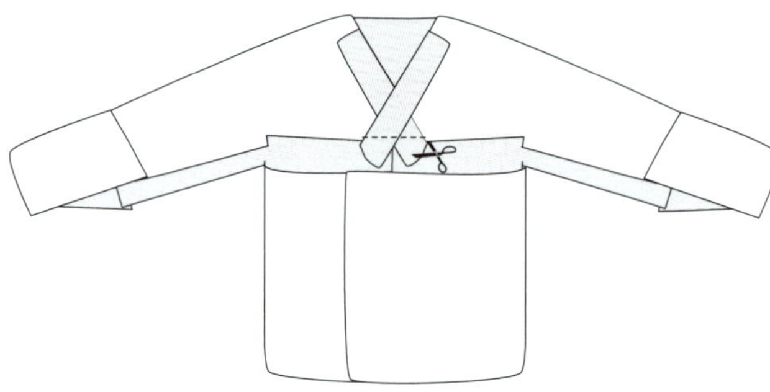

5. Lege jeweils die Ärmelbereiche auf die Hälfte, rechts auf rechts, und stecke die Ärmelnähte zusammen. Nähe die Ärmelnähte und bügle die Nahtzugaben auseinander.

6. Lege die vorderen Kanten des unteren vorderen Bereichs rechts auf rechts und verstürze die Teile. Versäubere die Kanten zusammen. Wende das Teil und bügle die Kante aus.

7. Schlage den Saum 2 cm nach links und steppe ihn knappkantig fest.

8. Lege die untere vordere Kante mit rechts nach außen und steppe die Markierung der vorderen Mitte ab. Wenn das untere Vorderteil mit rechts nach oben vor dir liegt, lege den abgesteppten Teil nach links (Herren) oder rechts (Damen) und fixiere es an der oberen Kante.

9. Lege den oberen vorderen Bereich rechts auf rechts auf den unteren vorderen Bereich und stecke die Teile aufeinander, beginnend in der vorderen Mitte. Im Bereich der Unterarmecke musst du dazu die Nahtzugabe einschneiden. Bügle an der Einschneidestelle vorher die Vlieseline-Quadrate auf. Nähe die Teile zusammen und bügle die Nahtzugaben nach unten.

10. Klappe im Rückenteil am Halsloch den Umbruch auf die linke Stoffseite. Schlage die Kanten 0,5 cm nach innen ein und stecke den Umbruch an das Rückenteil. Nähe den Umbruch knappkantig fest.

11. Fasse den gesamten Halsausschnitt mit Schrägband ein, klappe beim Nähen an den Enden ein Stück vom Schrägband nach innen, damit die Ecken sauber sind.

12. Klappe die Kragenumbrüche nach außen und fixiere die Ecken mit ein paar Stichen.

13. Stecke die Aufhänger rechts auf rechts und nähe die beiden Längsseiten zusammen. Wende den Aufhänger und bügle die Kanten. Schlage die äußeren Ecken des Aufhängers nach innen und nähe den Aufhänger mittig im Rückenteil im Halslochbereich auf dem umgeklappten Umbruch fest.

14. Lege die Taschendreiecke an der diagonalen, schrägen Kante rechts auf links und nähe die Kante mit 1 cm Nahtzugabe zusammen. Versäubere die Kanten zusammen und bügle die Nahtzugaben zu einer Seite. Nun hast du ein Rechteck vor dir liegen, leg es hochkant vor dich mit der linken Stoffseite nach oben. Bügle einen Streifen Vlieseline an die obere Kante und versäubere alle 4 Seiten. Schlage die Kante mit der Vlieseline 4 cm nach links und steppe die Kante fest. Klappe die übrigen drei Kanten 1 cm nach links und bügle sie.

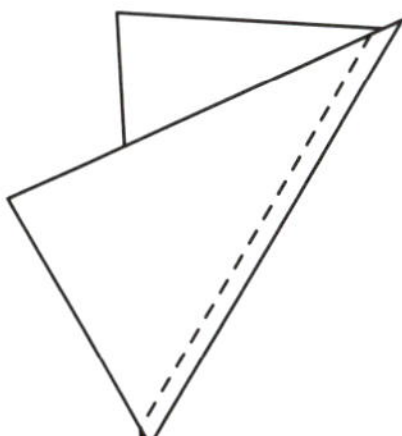

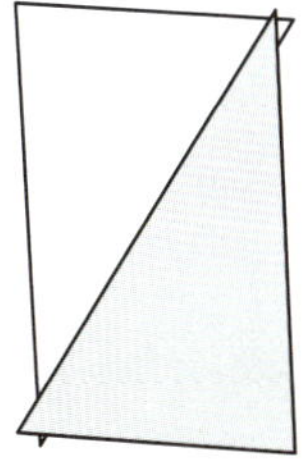

15. Platziere die Tasche vorne auf der linken Seite, bündig mit der Teilungsnaht und 7 cm von der vorderen Mitte nach außen. Nähe die Tasche fest. Verriegle die Ecken oben.

16. Schlage die Ärmelsäume 2-mal 1 bzw. 5 cm (bei Größe 2) nach links und steppe den Saum knappkantig fest. Bügle die Kante.

17. Du kannst den vorderen Ausschnitt noch sichern: Stecke die oberen Vorderteile an der Überlappung an der oberen Kante zusammen, soweit außen, wie es geht. Klappe den oben liegenden Kragenumbruch nach oben und nähe von innen das unten liegende Vorderteil mit ein paar Stichen fest.

Weste

Die Weste ist mit einer Innentasche und zwei äußeren Eingriffstaschen ausgestattet. Der Halsausschnitt wird mit Bündchenware eingefasst, das ist schön kuschelig. Du könntest den Halsausschnitt aber auch mit Schrägband einfassen. Wir haben die Saumkante und Reißverschlusskante aus optischen Gründen mit Schrägband eingefasst. Wenn du diese Kanten auch nur versäubern magst, kannst du den Posten »Schrägband« von deiner Einkaufsliste streichen.

MATERIAL UND SCHNITTTEILE

MATERIAL

- Webware, 140 cm breit
  Größe 1 und 2: 68 cm lang
- Bündchen
  Größe 1: 50 cm x 8 cm
  Größe 2: 52 cm x 8 cm
- Nähgarn
- Reißverschluss, teilbar, 50 cm
- optional: Schrägband, 2,5 m
- optional: Vlieselinestreifen,
  2 x 1 cm x 60 cm für die Reißverschlusskante
  2 x 3 cm x 20 cm für die Taschenumbrüche

SCHNITTTEILE

- 2 x Vorderteil/Rückenteil
- 2 x Tasche
- 2 x Saumbeleg vorne
- 2 x Saumbeleg hinten
- 1 x Innentasche im Stoffbruch
- 2 x Aufhänger

NAHTZUGABEN

Im Schnitt ist 1 cm Nahtzugabe enthalten. Beim Zuschneiden alle Markierungen auf den Stoff übertragen.

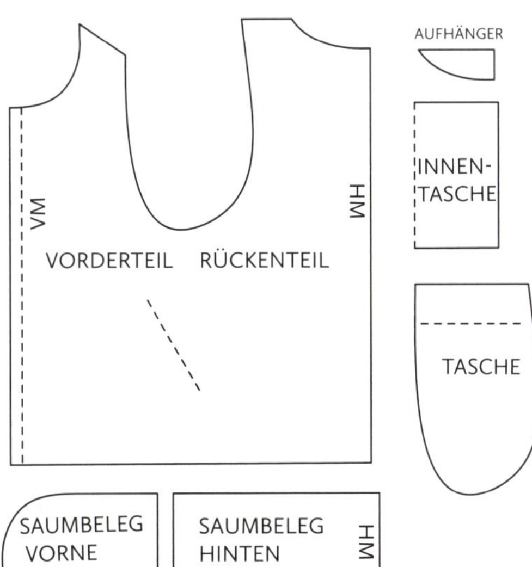

ZUSCHNEIDEPLAN

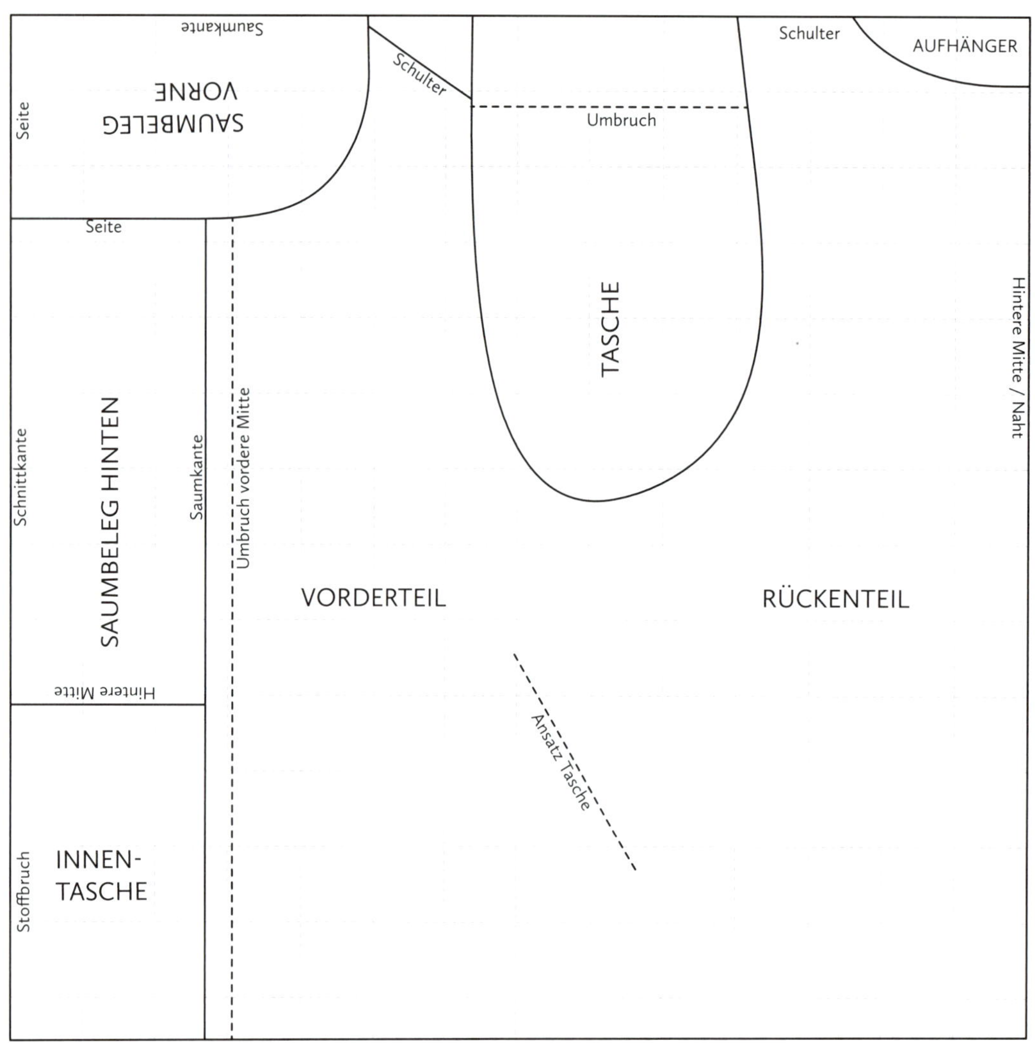

ZUSCHNEIDEPLAN GRÖSSE 1

- Webware 140 cm breit, 68 cm lang
- Den Stoff zum Zuschnitt auf die Hälfte legen, der Stoffbruch ist auf der linken Seite.

Größe 1 an Brustumfang 88 cm

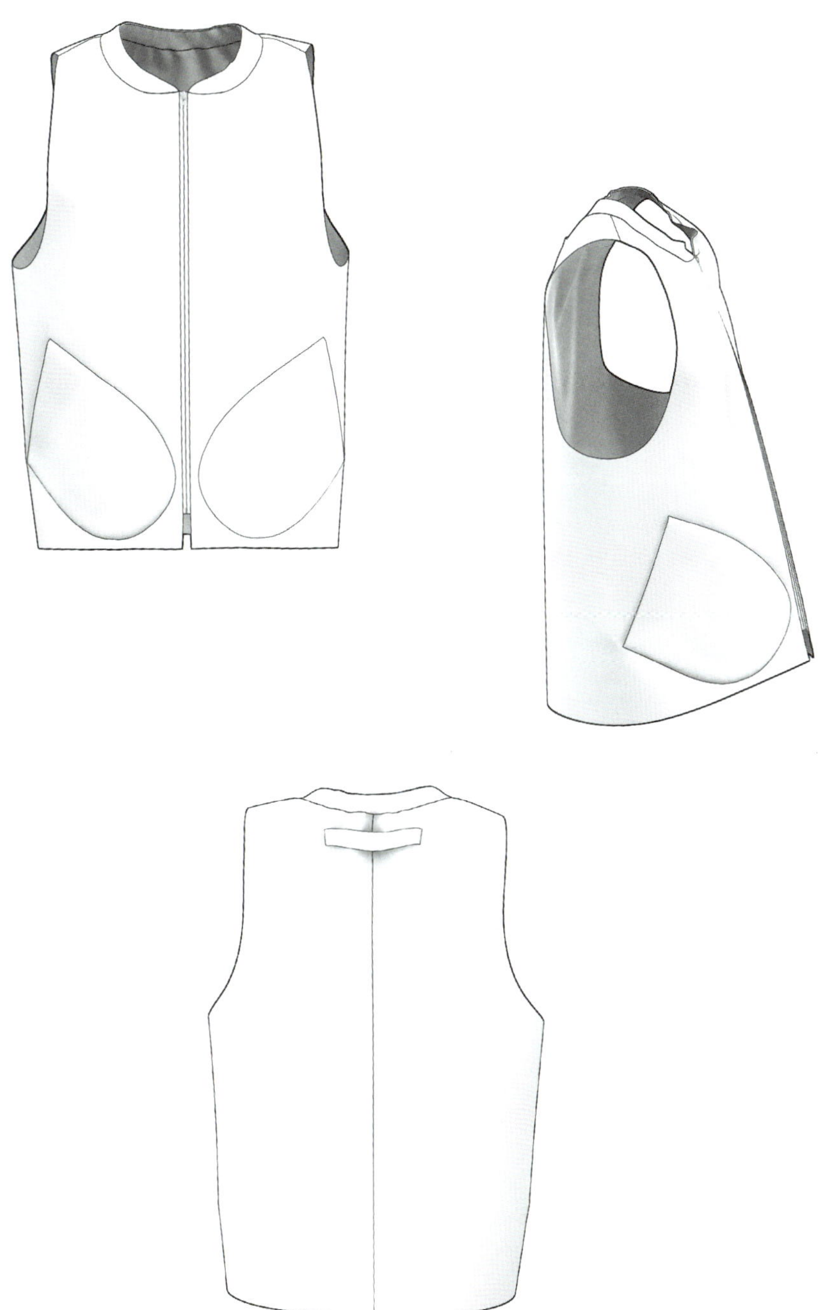

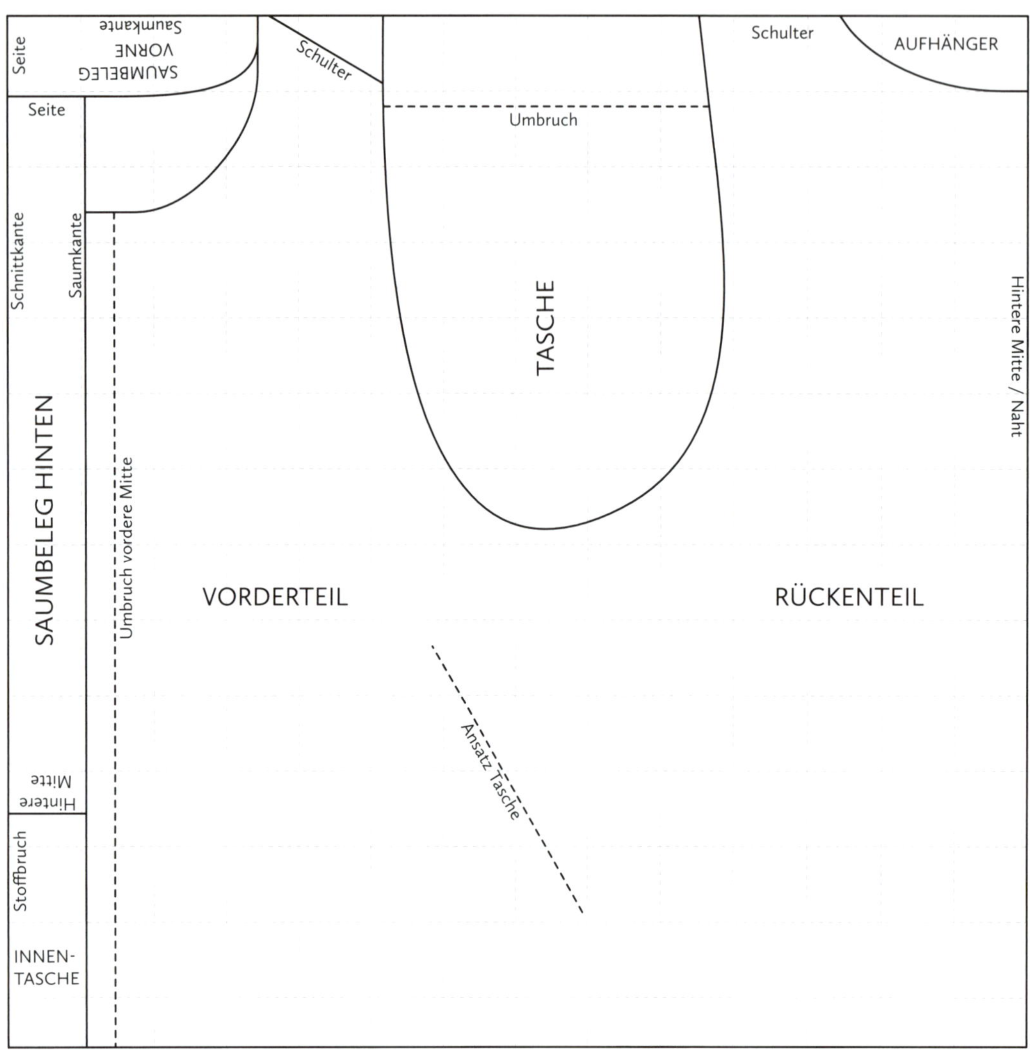

ZUSCHNEIDEPLAN GRÖSSE 2

- Webware 140 cm breit, 68 cm lang
- Den Stoff zum Zuschnitt auf die Hälfte legen, der Stoffbruch ist auf der linken Seite.

Größe 2 an Brustumfang 108 cm

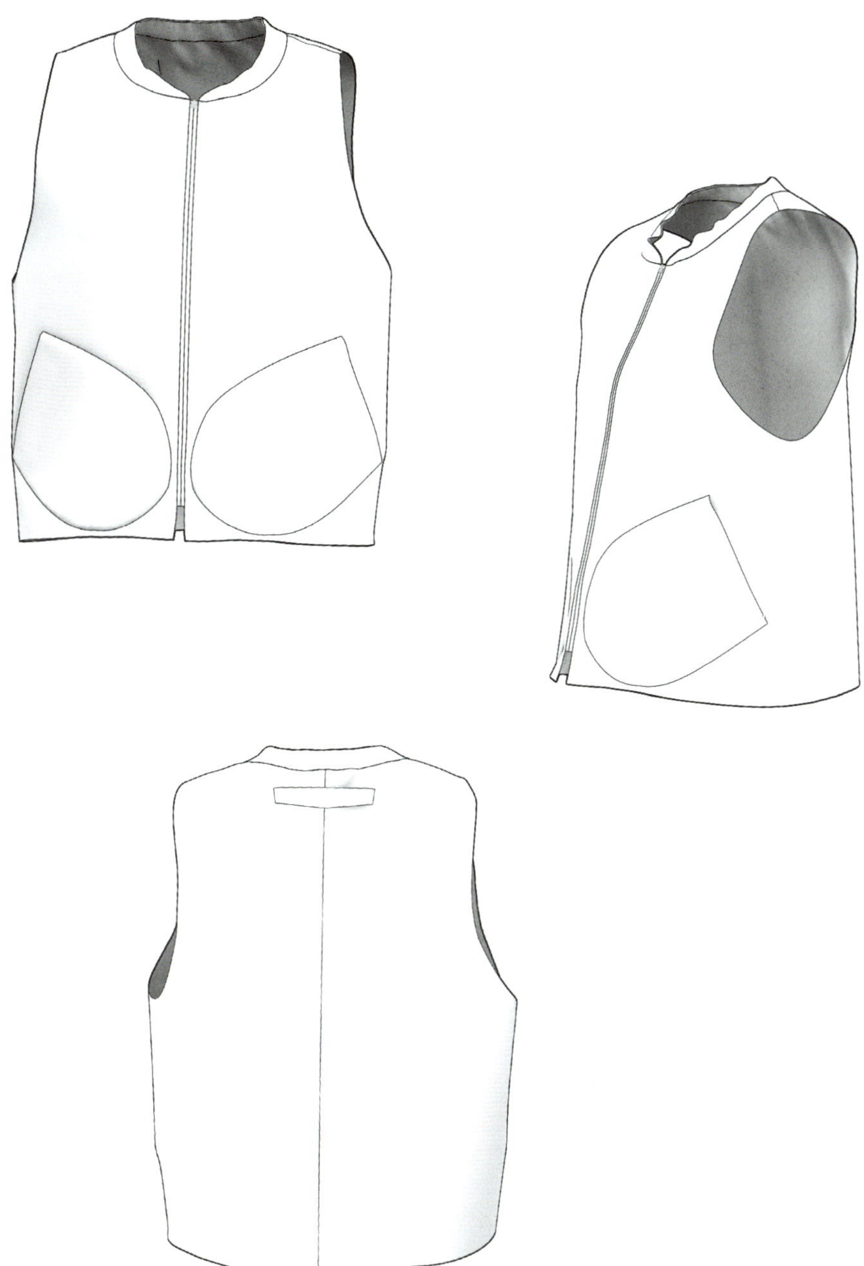

NÄHEN

1. Versäubere die Oberteile jeweils in der hinteren Mitte, den Schulternähten und Armlöchern.

2. Lege die Oberteile rechts auf rechts und nähe sie in der hinteren Mitte zusammen. Bügle die Nahtzugaben auseinander.

3. Stecke die Schultern jeweils rechts auf rechts und nähe sie zusammen. Bügle die Nahtzugaben auseinander.

4. Schlage beim Armloch 1 cm nach innen und stecke die Nahtzugabe fest. Nähe die Nahtzugabe fest und bügle die Kanten jeweils glatt.

5. Schneide aus den Aufhänger-Schnittteilen 8 x 3 cm große Stücke aus. Schlage an den langen Kanten jeweils 1 cm nach innen und befestige die obere Kante mittig mit einem großen Zickzackstich. Du kannst einen der Aufhänger klassisch innen in der hinteren Mitte befestigen. Den anderen Aufhänger kannst du hinten außen anbringen, oder an eine Stelle deiner Wahl.

6. Schlage die Innentasche an der oberen Kante 2-mal 2 cm ein und steppe sie knappkantig fest. Versäubere die übrigen Kanten und bügle sie 1 cm nach innen. Platziere die Innentasche auf der linken Jackenseite auf der Höhe deiner Wahl (entweder als Brusttasche oder tiefer) und steppe die Tasche knappkantig fest.

7. Versäubere die Seitennähte der vorderen Saumbelege und des hinteren Saumbelegs. Stecke die vorderen Saumbelege rechts auf rechts an den hinteren Saumbeleg und nähe die Seitennähte zusammen. Bügle die Nähte auseinander.

8. Fasse die obere Kante des Saumbelegs und die Kanten mit der Rundung mit einem Schrägband ein.

9. Fasse die vorderen Kanten jeweils mit einem Schrägband ein.

10. Nähe den Saumbeleg mit der offenen Kante rechts auf rechts auf den Saum. Dabei reicht der Saumbeleg bis zur Umbruchlinie im Vorderteil. Bügle die Nahtzugaben erst auseinander, dann den Saumbeleg nach oben.

11. Stecke den Reißverschluss jeweils an der rechten und linken vorderen Mitte/Umbruchlinie rechts auf rechts auf das Vorderteil, dabei liegt der Beginn der Raupe des Reißverschlusses 1 cm unterhalb der Halslochkante. Falls der Reißverschluss etwas kürzer ist: Beginne oben mit dem Feststecken, unten bleibt etwas von der Kante offen. Nähe den Reißverschluss mit einem Reißverschlussfüßchen fest. Klappe den Reißverschluss nach rechts und bügle die Kante. Steppe die Nahtzugaben füßchenbreit fest.

12. Stecke den Saumbeleg auf der linken Seite fest. Nähe den Saumbeleg im Rundungsverlauf knapp neben dem Schrägband an.

13. Falte das Halsbündchen längs auf die Hälfte, rechts liegt außen, und schneide beim Halsbündchen die Ecken gerundet ab. Stecke die offenen Kanten ans Halsloch und nähe das Halsbündchen fest. Versäubere die Nahtzugaben zusammen. Schlag das Bündchen nach oben und bügle die Naht. Steppe die Kante füßchenbreit ab.

14. Versäubere die Kanten der Taschen. Schlage die Taschen am Umbruch nach rechts und verstürze die Kanten mit 1 cm Nahtzugabe. Schneide die Ecken zurück und wende den Umbruch. Bügle die Kanten und schlage bei den Taschen 1 cm Nahtzugabe nach links.

TIPP:

Damit die Rundungen bei beiden Taschen gleich werden, kannst du dir vorher eine Bügelschablone aus Pappe zuschneiden, die die Form der beiden Taschen, exklusive Nahtzugabe hat.

15. Platziere die Taschen auf der Weste, dabei kannst du den Eingriff an der Markierung auf der Weste ausrichten. Stecke die Tasche fest und nähe sie knappkantig auf.

Mantel

Der oversized Mantel kommt daher wie eine lässig übergeworfene Sofadecke und bietet viel Wohnraum, sowohl innen als auch außen in den großen aufgesetzten Taschen. Der Walkloden wird nicht versäubert, die Belegkanten, das hintere Halsloch und die Taschenkanten sind als Blickfang mit leuchtend pinkem Schrägband eingefasst. Die Saumkanten und Ärmelsäume enden mit sogenannten »rough edges«, also unversäubert und ungesäumt. Wenn du einen Stoff verwendest, der stark ausfranst, vergiss nicht, ihn unbedingt zu versäubern. Der Walkloden ist extrem stabil, und Kragen und Beleg sind ohne Einlage gearbeitet. Verwende bei normalen Wollstoffen unbedingt Klebeeinlage für die Schnittteile.

MATERIAL UND SCHNITTTEILE

MATERIAL

- Webware, **Größe Onesize**, Walkloden, 140 x 242 cm
- Nähgarn
- Schrägband 3,3 m

SCHNITTTEILE

- 2 x Vorderteil
- 1 x Rückenteil im Stoffbruch
- 2 x Ärmel
- 2 x Beleg oben
- 2 x Beleg unten
- 2 x Kragen
- 2 x Taschen

NAHTZUGABEN

Im Schnitt ist 1 cm Nahtzugabe enthalten. Beim Zuschneiden alle Markierungen auf den Stoff übertragen.

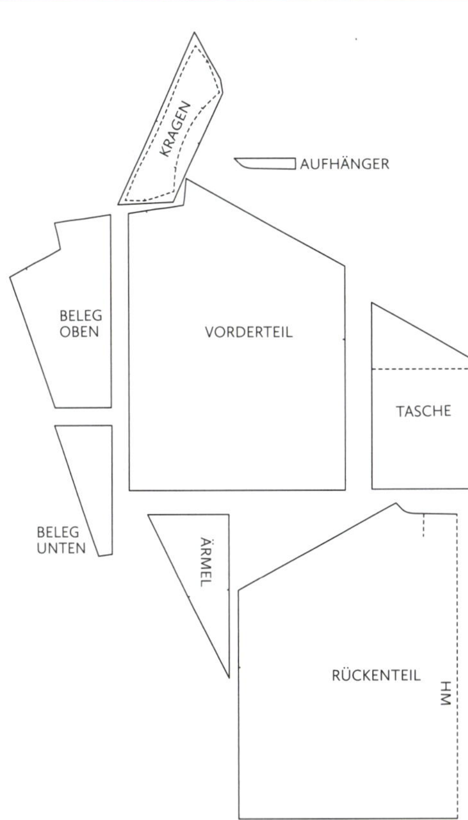

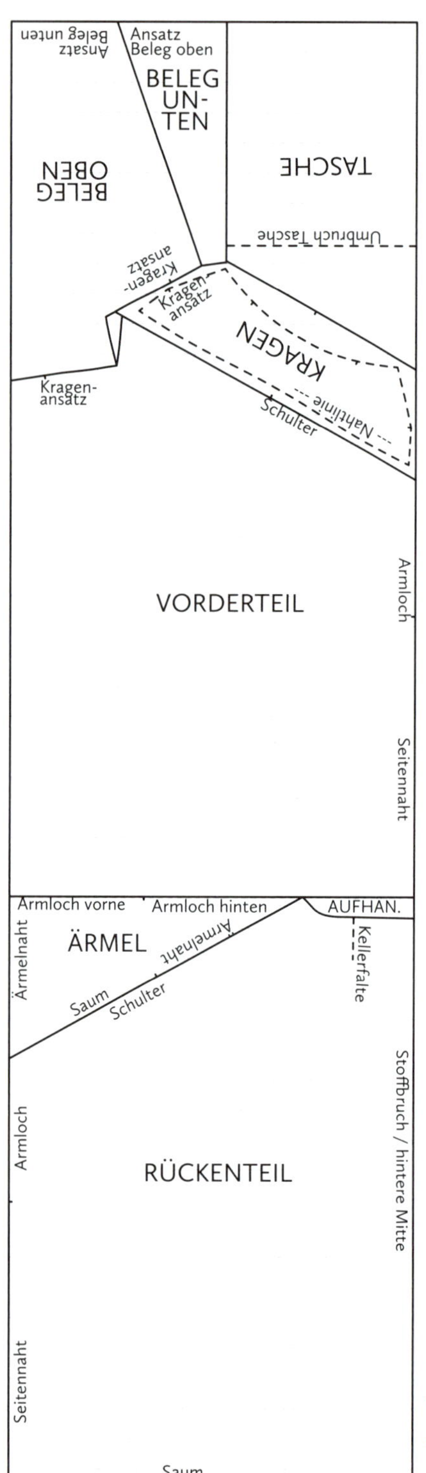

Größe Onesize an Brustumfang 88 cm, Gesäßumfang 97 cm

ZUSCHNEIDEPLAN

- Webware 140 cm breit, 242 cm lang
- Den Stoff zum Zuschnitt auf die Hälfte legen, der Stoffbruch ist auf der rechten Seite.

NÄHEN

1. Stecke jeweils den oberen und unteren Beleg an der Ansatzkante rechts auf rechts zusammen. Nähe die Kante und bügle die Nahtzugaben auseinander.

2. Lege das Rückenteil längs auf die Hälfte und nähe in der hinteren Mitte an der Faltenmarkierung ca. 7 cm nach unten. Verteile den Falteninhalt gleichmäßig auf beide Seiten und bügle die Kellerfalte. Nähe die Falte in der Nahtzugabe am Halsloch füßchenbreit fest.

3. Lege die Vorderteile rechts auf rechts auf das Rückenteil und stecke die Schulternähte und Seitennähte bis zur Armlochmarkierung zusammen. Nähe die Kanten und bügle die Nahtzugaben auseinander.

4. Stecke die Belege rechts auf rechts auf die Vorderteile und nähe sie an der vorderen Kante und der Reversecke bis zur Markierung an. Schneide die Ecke zurück und bügle die Kante gut aus.

5. Erstelle dir eine Kragenschablone: Pause dir den gestrichtelten Kragenumriss samt den Markierungen aus dem Schnitt heraus und klebe ihn am besten auf einen Karton. Kragenschablone ausschneiden und auf die Stoffstücke legen und Kragen anzeichnen. An der unteren Kante zeichnest du einmal 1 cm (Unterkragen) parallel an, beim anderen 1,5 cm (Oberkragen), dieses ist die Nahtzugabe. Die Kragenteile rechts auf rechts legen und an der oberen und den seitlichen Kanten bis zur Markierung zusammennähen, dabei an den kurzen Seiten an der Halslochkante einen Zentimeter offen lassen (= Nahtzugabe der Halslochkante). Sonst entsteht in der Kragenecke später ein ungewollter Zug. Die Ecken zurückschneiden und die Kragenkanten gut ausbügeln. An der offenen Kante, unterhalb der angezeichneten Nahtzugabe, den Stoff abschneiden.

6. Stecke zuerst den (kleineren) Unterkragen rechts auf rechts auf das Halsloch in Vorder- und Rückenteil, die

seitlichen Kanten des Kragens an die Reverskanten des Vorderteils. Die Reversnaht trifft genau auf die Kragennaht. Ziel ist es, genau bis zu dieser Stelle zu nähen, ohne die Nahtzugaben mitzufassen (einfach hochklappen beim Nähen). Nähe nun den Kragen an. Um die Reversecke am Vorderteil gut nähen zu können, schneidest du während des Nähens an der Ecke vorsichtig ein (lass die Nadel beim Drehen im Stoff stecken). Du kannst bei dicken Stoffen auch einen Reißverschlussfuß für diese Naht verwenden, dann kommst du besser in die Reversecke. Bügle die Nahtzugaben auseinander.

7. Stecke jeweils den Beleg an den Oberkragen. Nähe den Kragen von der Reversecke bis zur Schulter zusammen. Hierbei achtest du auf die gleichen Dinge wie beim Unterkragen. Wichtig ist, dass die Reversecke sauber genäht ist und kein Loch entsteht. Das restliche Stück des Kragens im Rückenteilbereich fasst du mit einem Schrägband ein. Bügle die Nahtzugaben auseinander. Die eingefasste Nahtzugabe im Rückenteil bügelst du nach unten.

8. Greife zwischen Beleg und Vorderteil die Nahtzugaben, die du nach unten gebügelt hast, und nähe sie zusammen.

9. Nähe einen Aufhänger, indem du den Streifen mit eingeklappten Nahtzugaben auf ein Stück Schrägband aufnähst. Kürze den Aufhänger auf ca. 16 cm und befestige ihn innen im Rückenteil, in der Nahtzugabe der unteren Kragennaht.

10. Stecke den Oberkragen im hinteren Halsloch in der Kragennaht fest und nähe ihn an.

11. Fasse die offene Belegkante mit einem Schrägband ein. Nähe den Beleg in der Schulter an der Nahtzugabe fest. Am Saum nähst du Vorderteil und Beleg füßchenbreit zusammen.

12. Lege die Ärmel jeweils so, dass rechts innen liegt, und stecke die Ärmelnähte zusammen. Fange an der Schulter an. Die restliche Kante der längeren Seite bleibt offen und bildet den Saum.

13. Stecke die Ärmel rechts auf rechts in das Oberteil, achte dabei auf die Markierungen. Nähe den Ärmel ein, beginne unten in der Seitennaht und lass die Nahtzugaben der Seitennähte hochgeklappt und nähe sie nicht mit.

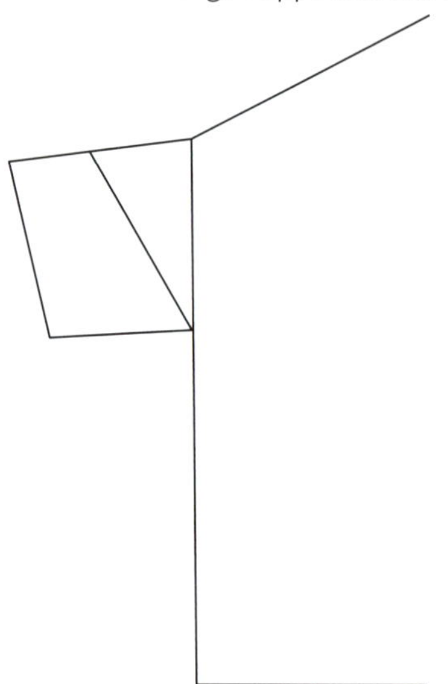

14. Verstürze die schräge Taschenkante mit einem Schrägband. Schlage den Umbruch auf die rechte Seite und nähe den Umbruch an den Seiten fest. Schneide die Ecken zurück und wende den Umbruch.

15. Bügle den Taschenumbruch und die seitlichen Kanten aus. Bügle bei den seitlichen Kanten im Verlauf die Nahtzugabe auf die linke Seite, auch die Nahtzugabe an der unteren Kante. Miss jeweils von der vorderen Kante 5 cm nach innen und von der Saumkante 12 cm nach oben, platziere hier die unteren Kanten der Taschen. Nähe die Taschen knappkantig auf, sichere die oberen Taschenecken mit kleinen Dreiecken.

Tuberock

Der Schlauchrock bekommt genügend Geh- und Beinfreiheit durch einen langen, verdeckten Schlitz in der hinteren Mitte. In der Taille ist ein breiter Gummizug und vorne interessante Eingrifftaschen.

MATERIAL UND SCHNITTTEILE

MATERIAL

- Webware,
  Größe 1: 140 x 84 cm
  Größe 2: 130 x 105 cm
- Nähgarn
- Gummiband, ca. 4 cm breit
  Größe 1: 75 cm lang
  Größe 2: 95 cm lang
- Einlage, z. B. H200, 4 Streifen, 5 x 25 cm
- Sicherheitsnadel

SCHNITTTEILE

- 1 x Rockteil
- 1 x Schlitzbeleg
- 2 x Taschenbeutel oben
- 2 x Taschenbeutel unten

NAHTZUGABEN

Im Schnitt sind 1 cm Nahtzugabe enthalten und 5 cm Zugabe für den Saum. Beim Zuschneiden alle Markierungen auf den Stoff übertragen.

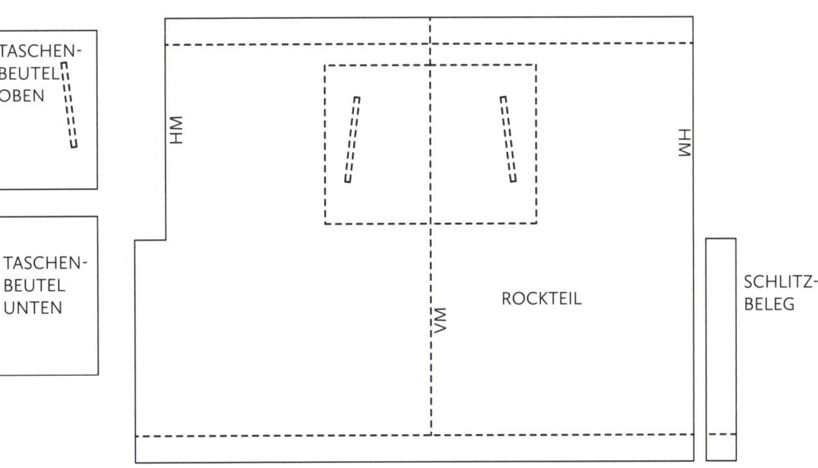

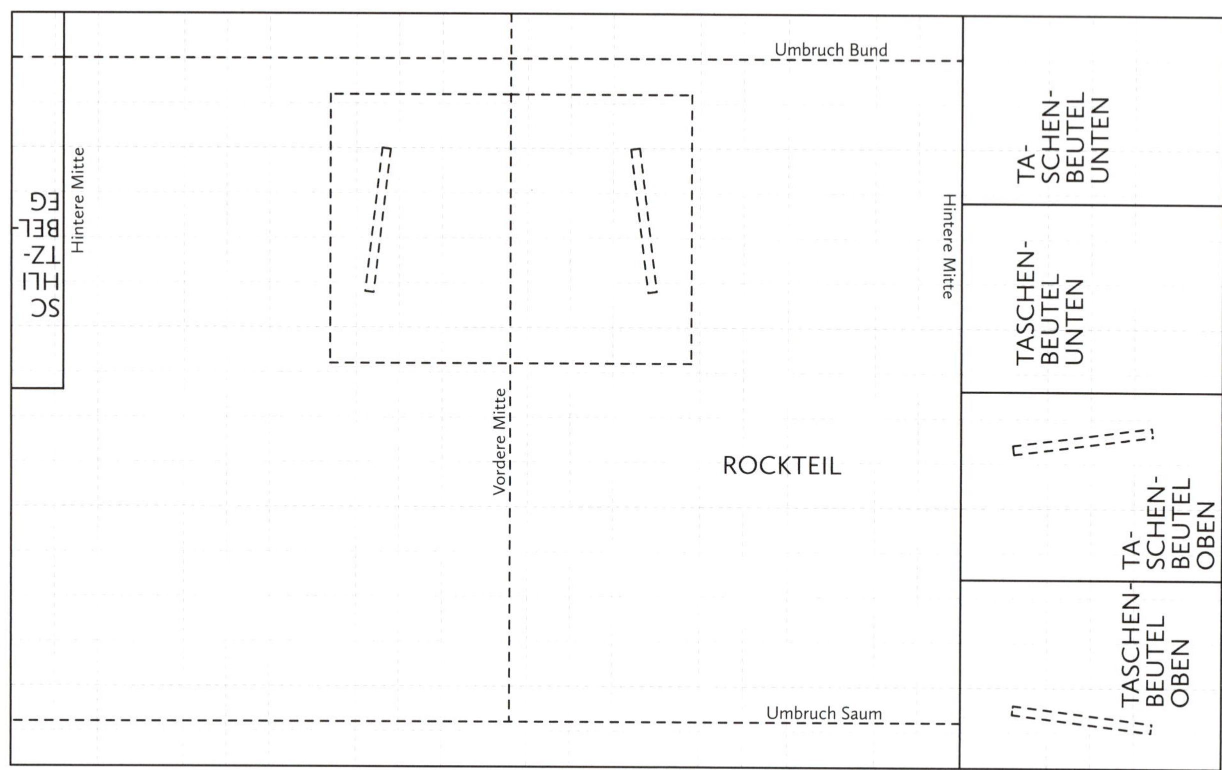

ZUSCHNEIDEPLAN GRÖSSE 1

- Webware 140 cm breit, 84 cm lang
- Der Stoff liegt offen.

Größe 1 an Gesäßumfang 97 cm

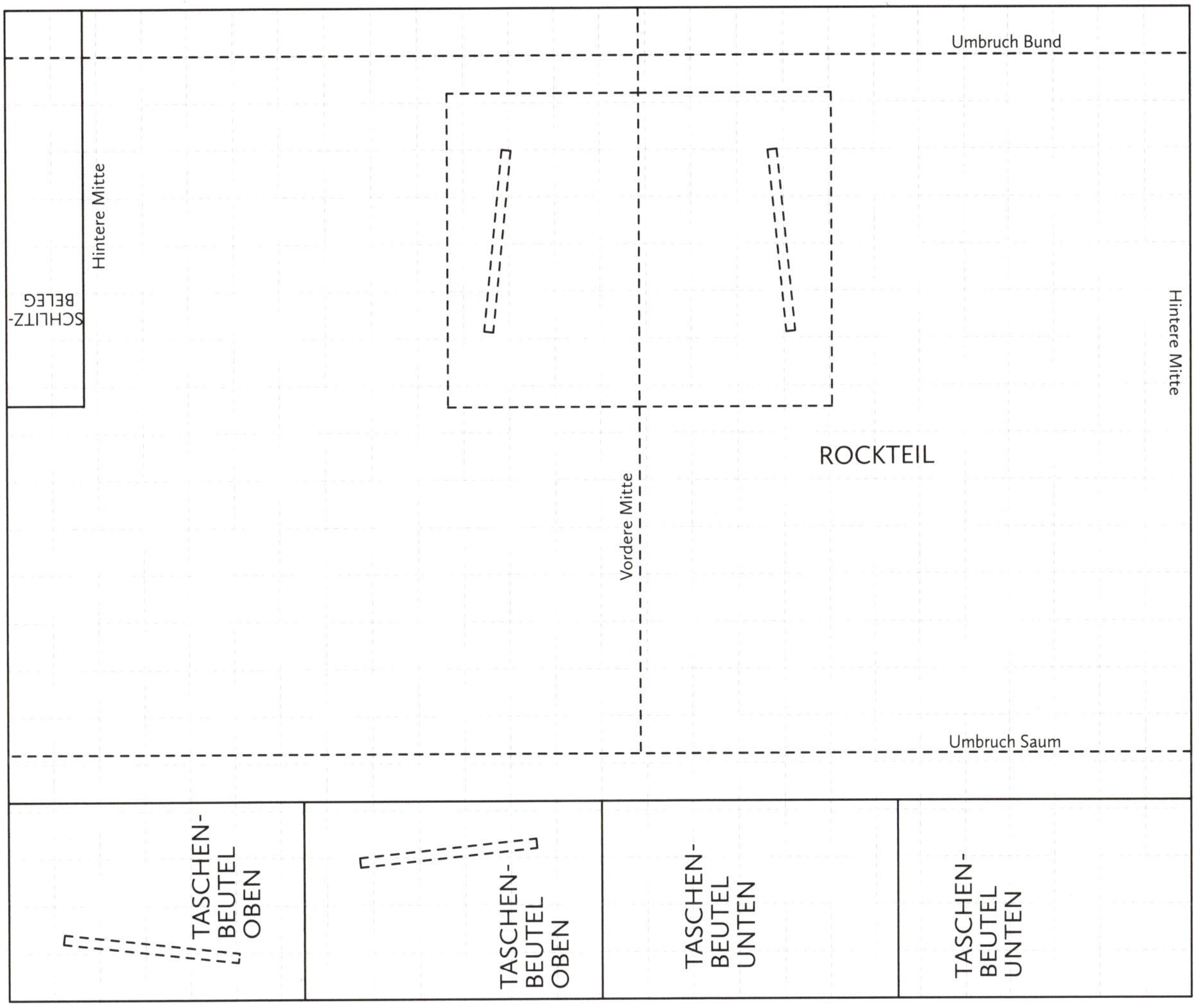

Umbruch Bund

Hintere Mitte

SCHLITZ-
BELEG

Hintere Mitte

Vordere Mitte

ROCKTEIL

Umbruch Saum

TASCHEN-
BEUTEL
OBEN

TASCHEN-
BEUTEL
OBEN

TASCHEN-
BEUTEL
UNTEN

TASCHEN-
BEUTEL
UNTEN

ZUSCHNEIDEPLAN GRÖSSE 2

- Webware 130 cm breit, 105 cm lang
- Der Stoff liegt offen.

Größe 2 an Gesäßumfang 114 cm

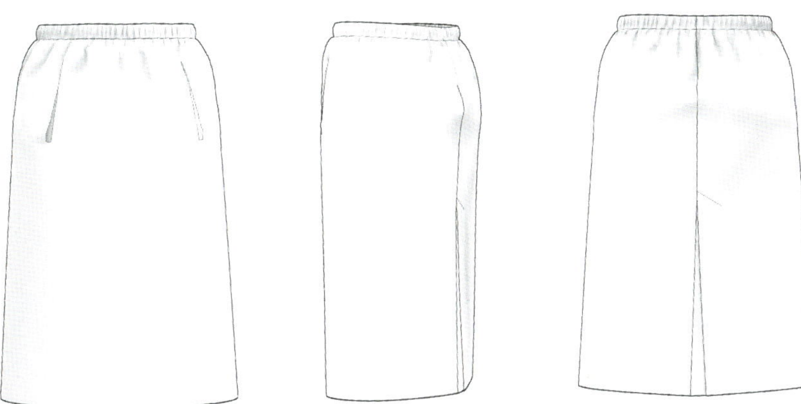

1. Lege den Schlitzbeleg rechts auf rechts auf die rechte Kante des Rockteils. Stecke den Schlitzbeleg von unten beginnend fest. Nähe die Teile mit 1 cm Nahtzugabe zusammen und bügle beide Nahtzugaben Richtung Schlitzbeleg und steppe sie knappkantig fest.

2. Schlage die linke Kante des Rockteils nur im unteren Bereich (bis zum Knick) 2-mal 0,5 cm ein und steppe die Kante fest.

3. Versäubere die äußeren Kanten des Rockteils/Schlitzbelegs.

4. Bügle auf den Taschenmarkierungen die Einlage auf: jeweils auf die linke Stoffseite der oberen Taschenbeutel und des Rockteils.

5. Lege die oberen Taschenbeutel markierungsgemäß rechts auf rechts auf das Rockteil und stecke sie gut fest. Nähe die Rechtecke für die Tascheneingriffe. Schneide den Tascheneingriff an den schmalen Seiten V-förmig in die Ecken ein und längs in der Mitte des Rechtecks ein (wie bei einer Paspeltasche). Wende die oberen Taschenbeutel durch den Tascheneingriff auf die linke Stoffseite und bügle die Kanten des Tascheneingriffs gut aus.

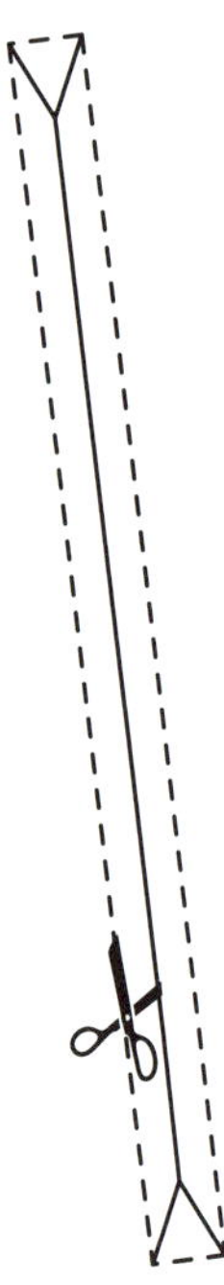

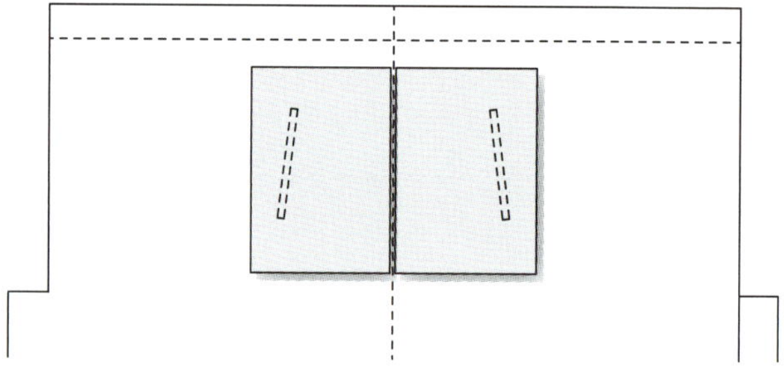

6. Stecke den unteren Taschenbeutel rechts auf rechts auf den oberen Taschenbeutel und nähe die Teile an den äußeren Kanten zusammen. Versäubere die äußeren Kanten an der Seite und unten.

7. Bügle den Umbruch an Bund und Saum auf die linke Stoffseite. Das geht leichter, wenn der Rock noch offen liegt.

8. Lege die hinteren Mitten des Rockteils rechts auf rechts und nähe von oben bis 2 cm über den Knick. Nähe auch die kurze Seite des Schlitzes zusammen. Achte darauf, dass du mit der Naht auf die Ansatznaht vom Schlitzbeleg triffst. Bügle die Nahtzugaben auseinander. Im Knickbereich musst du dazu eine Ecke einschneiden.

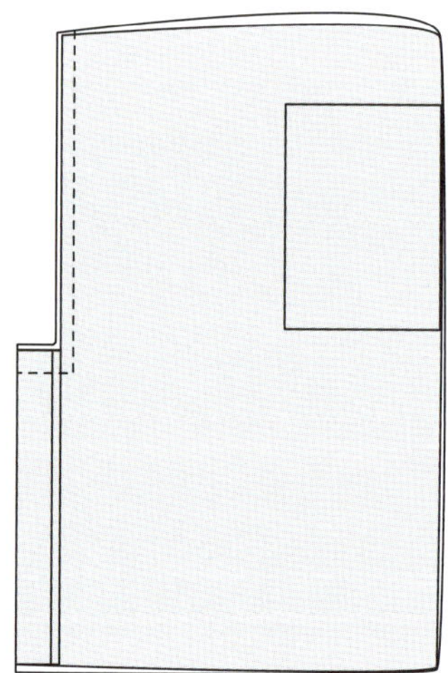

9. Lege den Rock mit der rechten Stoffseite nach außen und bügle den Schlitz nach links. Stecke den Schlitzbeleg innen fest und nähe die Kante knappkantig an. Riegle oben am Schlitz schräg ab, damit das Schlitzende gesichert ist.

10. Steppe den Saum knappkantig ab. Bügle die Kante.

11. Klappe den Bund am Umbruch nach links, schlage die Nahtzugabe nach innen und stecke sie an den Rock. Nähe den Bund knappkantig fest, lasse eine Öffnung für das Gummiband.

12. Lege das Gummiband um deinen Bund und überprüfe die Länge. Das Gummiband sollte etwas auf Zug sein. Ziehe das Gummiband mit Hilfe der Sicherheitsnadel in den Bundtunnel. Achte darauf, dass sich das Gummiband nicht verdreht. Lege die Gummibandenden übereinander und nähe sie zusammen: Nähe dazu ein paar Mal mit einem Zickzackstich hin und her. Dehne den Bund mit dem Gummi ein paar Mal und lass ihn wieder zusammenschnurren, so verteilt sich die Weite gleichmäßig. Schließe die Öffnung, die du für das Gummiband gelassen hattest.

Wickelbluse

Mit der ärmellosen Bluse ist man nicht nur an heißen Tagen gut angezogen: In kühlen Zeiten zieht man ein Shirt drunter oder eine Strickjacke drüber. Die innere Wickelung im Vorderteil kann in Größe 1 fest angenäht werden, in Größe 2 ist es komfortabler, wenn ein kleines Stück Gummi beim Anziehen für zusätzliche Dehnbarkeit sorgt. Außen ist ein Bindeband, das geknotet werden kann oder z. B. mit einem Kordelstopper reguliert werden könnte. Im Rückenteil wird im Saum ein Gummi eingezogen, und im Vorderteil oben werden Falten gelegt.

MATERIAL UND SCHNITTTEILE

MATERIAL

- Webware, 140 cm breit
  Größe 1: 52 cm lang
  Größe 2: 68 cm lang
- Nähgarn
- Schrägband
  Größe 1: 1,3 m
  Größe 2: 1,6 m
- Gummiband, ca. 1 cm breit
  Größe 1: 35 cm lang
  (30 cm Saum, 5 cm Seitennaht)
  Größe 2: 50 cm lang
  (45 cm Saum, 5 cm Seitennaht)
- Kleine Sicherheitsnadel

SCHNITTTEILE

- 2 x Vorderteil
- 1 x Rückenteil im Stoffbruch

NAHTZUGABEN

Im Schnitt sind 1 cm Naht- und 2–2,5 cm Saumzugabe enthalten. Beim Zuschneiden alle Markierungen auf den Stoff übertragen.

Wenn wir bei den Schnittteilen von rechts und links sprechen, ist es immer so gemeint, wie es angezogen ist. Das bedeutet, dass alle vorderen Teile spiegelverkehrt vor uns liegen.

Größe 1:

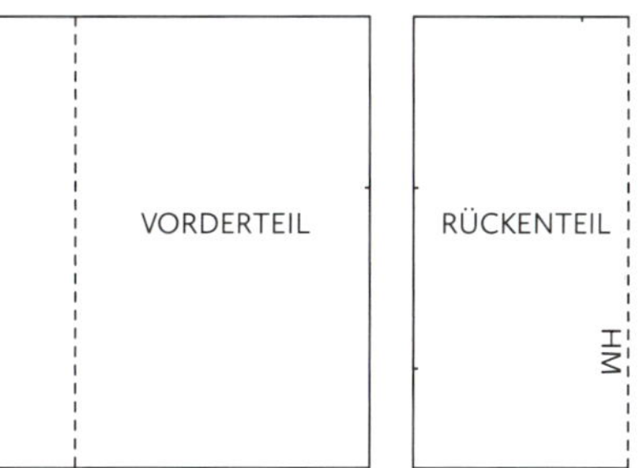

Größe 2:

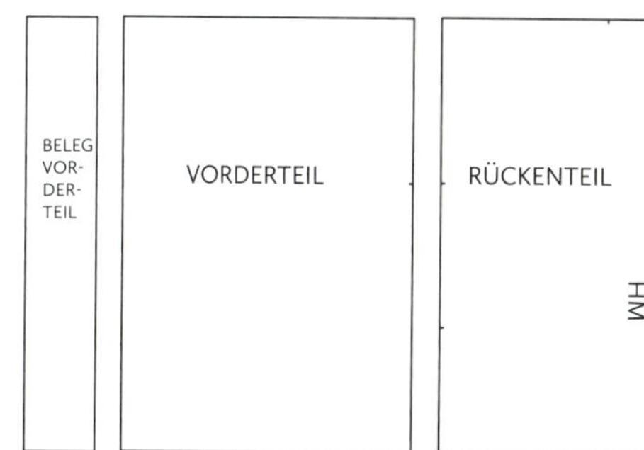

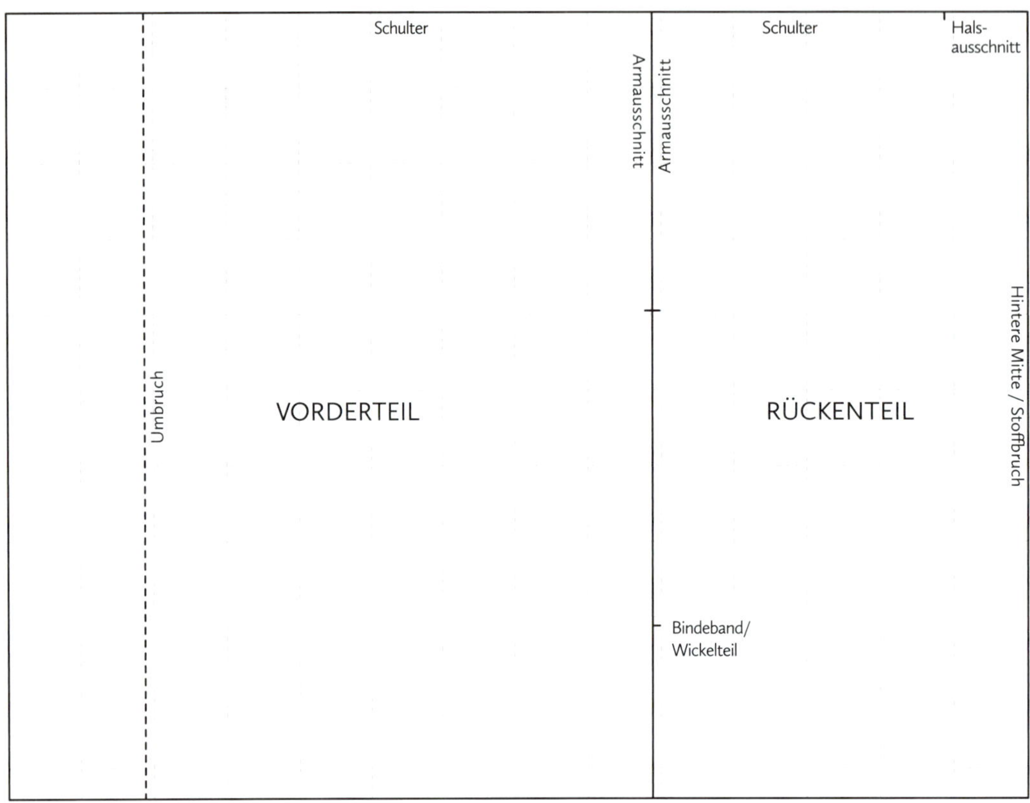

ZUSCHNEIDEPLAN GRÖSSE 1

- Webware 140 cm breit, 52 cm lang
- Den Stoff zum Zuschnitt auf die Hälfte legen, der Stoffbruch ist auf der rechten Seite.

Größe 1 an Brustumfang 88 cm

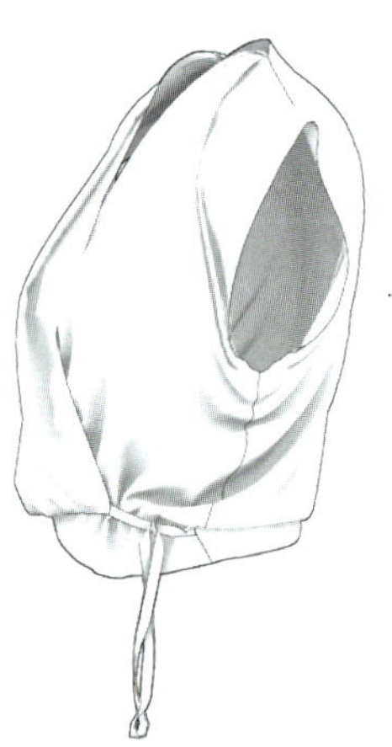

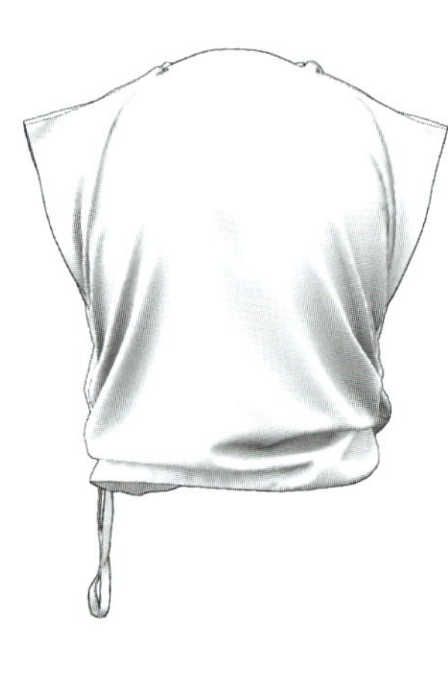

Schulter
Schulter
Hals-
ausschnitt
Armausschnitt
Armausschnitt
VORDERTEIL
RÜCKENTEIL
Ansatz Beleg Vorderteil
Hintere Mitte / Stoffbruch
Bindeband/
Wickelteil
Schulter
BELEG
VORDER-
TEIL

ZUSCHNEIDEPLAN GRÖSSE 2

- Webware 140 cm breit, 68 cm lang
- Den Stoff zum Zuschnitt auf die Hälfte legen, der Stoffbruch ist auf der rechten Seite.

Größe 2 an Brustumfang 106 cm

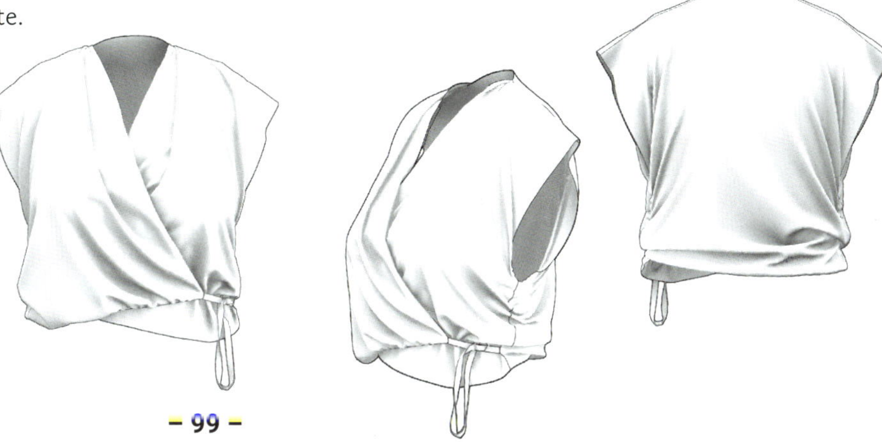

1. Versäubere im Rückenteil und in den Vorderteilen die Seitennähte bis zum Armausschnitt.

2. **Nur Größe 2:** Lege jeweils den Vorderteil-Beleg rechts auf rechts an die vordere Kante des Vorderteils und nähe die Teile mit 1 cm Nahtzugabe zusammen. Versäubere die Kanten zusammen, wende das Teil und bügle die Kante.

3. Schlage an der vorderen Kante des Vorderteils (bei Größe 1) oder des vorderen Belegs (bei Größe 2) 2-mal 1 cm nach links und steppe sie knappkantig fest. Bügle die Kante. Klappe das Vorderteil an der Umbruchkante bzw. Belegnaht auf die linke Seite und stecke den umgeklappten Teil an der Schulterkante fest. Nähe den Umbruch oben füßchenbreit an.

4. Lege die Vorderteile rechts auf rechts auf das Rückenteil und stecke sie jeweils an den Schultern zusammen. Dabei trifft die Umbruchkante im Vorderteil auf die Halslochmarkierung des Rückenteils, stecke hier zunächst die Umbruchkante fest. Beginne dann die Schulternaht von außen von der Armlochseite festzustecken und verteile den überschüssigen Stoff des Vorderteils auf 1–2 Falten, die du so nah wie möglich an der Umbruchkante legst. Nähe die Vorderteile an das Rückenteil. Versäubere die Nahtzugaben der beiden Kanten zusammen und auch gleich das Stück Rückenteil zwischen den Vorderteilen. Bügle die Nahtzugaben Richtung Rückenteil.

5. Schlage die Nahtzugabe im Halsausschnitt im Rückenteil nach links und nähe sie knappkantig fest.

6. Schlage für das Bindeband im Saum beim Schrägband die Nahtzugaben nach innen, klappe es auf die Hälfte und steppe die Kante zusammen, so dass du ein langes Band erhältst. Du kannst es in einem Stück lassen.

7. Lege die Vorderteile rechts auf rechts auf das Rückenteil und stecke die Seitennähte bis zur Armausschnittmarkierung. Schiebe, vor dir liegend, links in die Seitennaht zwischen Vorder- und Rückenteil ein Ende des Bindebandes und stecke es auf Höhe der Markierung fest. Nähe die Seitennähte zusammen und bügle die Nahtzugaben auseinander.

8. Schlage die Nahtzugaben im Bereich der Armausschnitte 2-mal 0,5 cm nach links und stecke die Kante fest. Nähe den Saum knappkantig fest und bügle die Kante.

9. Lege den Umbruch im Saum vom rechten Vorderteil nach innen und nähe ihn füßchenbreit fest. Der Umbruch vom linken Vorderteil bleibt im Saum offen. Schlage den Saum 2-mal 1,25 cm ein (also etwas breiter als das Gummiband) und steppe ihn knappkantig fest. Lass dabei im Bereich der Seitennähte ca. 2 cm große Öffnungen, um Gummiband und Schrägband einzuziehen.

10. Ziehe mit Hilfe der Sicherheitsnadel im Saumbereich des Rückenteils das Gummiband ein und fixiere die Gummibandenden ca. 2 cm von der Seitennaht, Richtung Rückenteil, versetzt mit ein paar Stichen.

11. Lege Vorderteile und Rückenteil rechts auf rechts. Lege das Vorderteil, welches auf deiner linken Seite vor dir liegt, über das andere und klappe den Umbruch auf. Nähe die Ecke direkt an der Markierung in der Seitennaht fest. Oder befestige für mehr Spielraum das kleine Gummistück mit einem Ende in der Seitennaht auf Höhe der Markierung und mit dem anderen Ende an der aufgeklappten unteren Ecke des Vorderteils (vordere Kante/Saum).

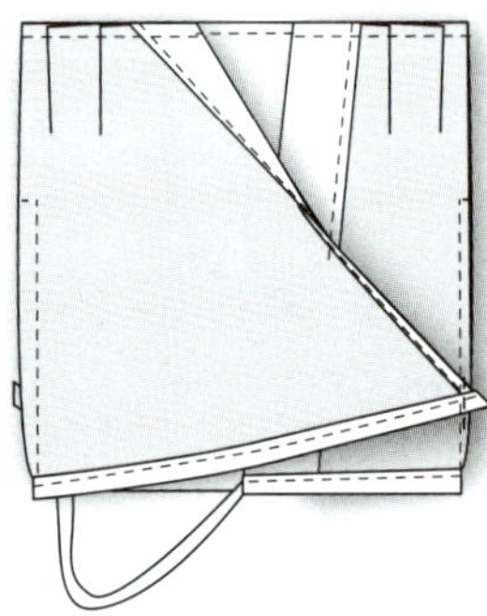

12. Lege die Bluse vor dich, dabei liegt rechts außen, und die Vorderteile liegen oben. Ziehe mit Hilfe der Sicherheitsnadel das lose Schrägbandende in den losen Vorderteilsaum bis zur Seitennaht. Befestige das Schrägband mit ein paar Stichen.

13. Nähe die Öffnungen im Saum zu.

Longvest

Eine Longvest ist zum Einkuscheln genau das Richtige, mit überschnittenen Schultern, großen Taschen und Bindebändern. Der Kragen liegt hier sichtbar außen, du könntest ihn aber auch innen liegend verarbeiten. Die Außenkanten werden mit Schrägband eingefasst, dafür könntest du auch Bündchenware verwenden. Die Umbruchkanten der Taschen sowie das Halsloch im Rückenteil sind auch mit Schrägband eingefasst. Du kannst die Weste aus Strickstoffen, French Terry, Romanit oder Sweat nähen.

MATERIAL UND SCHNITTTEILE

MATERIAL

- Strickstoff, 140 cm breit
  Größe 1: 1 m lang
  Größe 2: 1,35 m lang
- Schrägband: ca. 3,5 m
- Nähgarn
- optional: Jerseynadel
- optional: Zwillingsnadel für die Säume

SCHNITTTEILE

Größe 1:

- 2 x Vorderteil
- 2 x Rückenteil
- 2 x Kragen
- 2 x Tasche im Stoffbruch
- 1 x Saumblende Rückenteil
- 1 x Bindebänder (Schnittteil wird in zwei Teile geschnitten)

Größe 2:

- 2 x Vorderteil
- 1 x Rückenteil im Stoffbruch
- 2 x Kragen
- 2 x Tasche
- 2 x Bindebänder im Stoffbruch

NAHTZUGABEN

Im Schnitt ist 1 cm Nahtzugabe enthalten. Der Saumumbruch ist markiert. Beim Zuschneiden alle Markierungen auf den Stoff übertragen.

Beachte zum Nähen, Versäubern und Bügeln die Jersey-Tipps auf S. 10 (s. Stoffkunde). Wir beschreiben die Schritte hier mit Versäubern.

Größe 1:

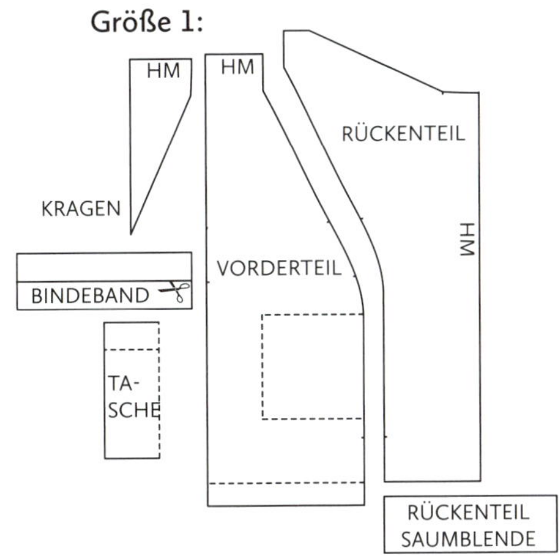

Größe 2:

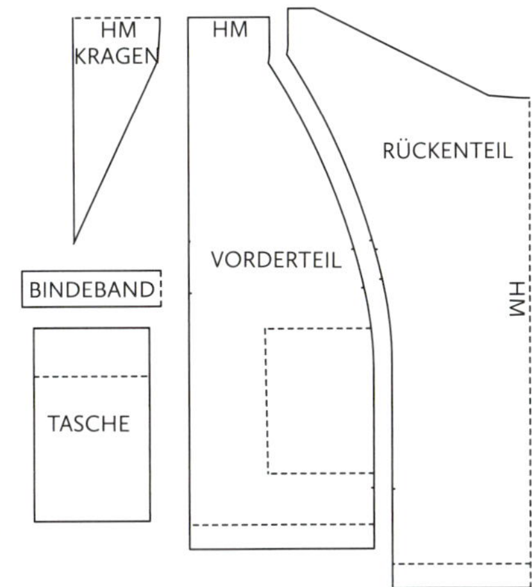

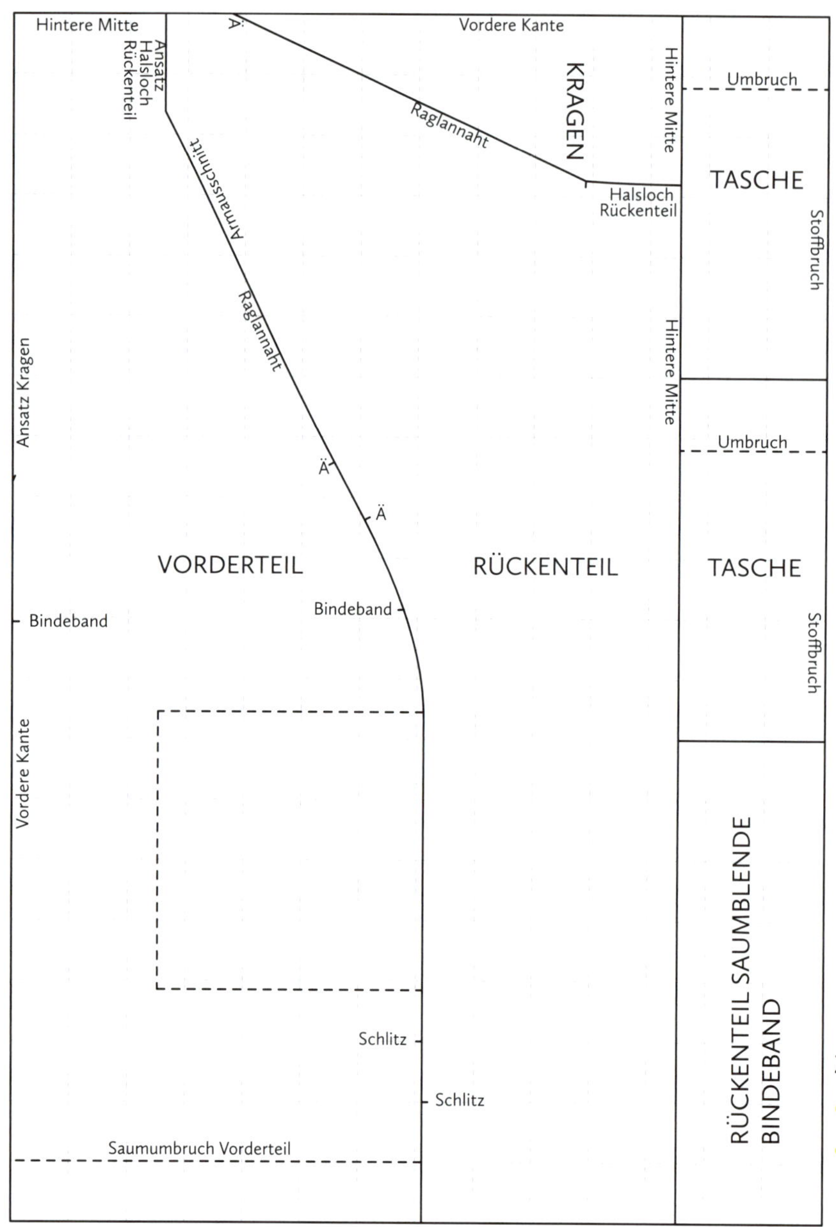

ZUSCHNEIDEPLAN GRÖSSE 1

- Strick 140 cm breit, 100 cm lang
- Den Stoff zum Zuschnitt auf die Hälfte legen, der Stoffbruch ist auf der rechten Seite.

Größe 1 an Brustumfang 88 cm

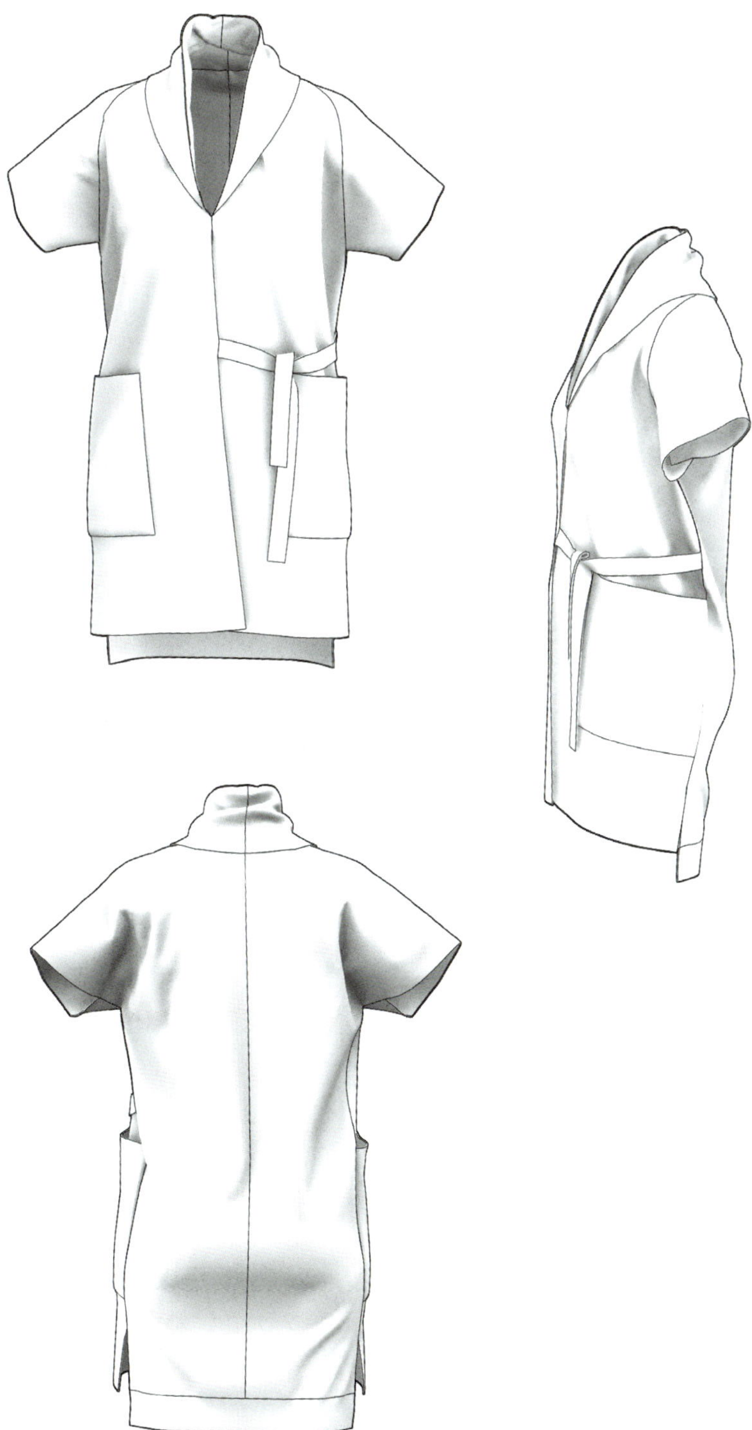

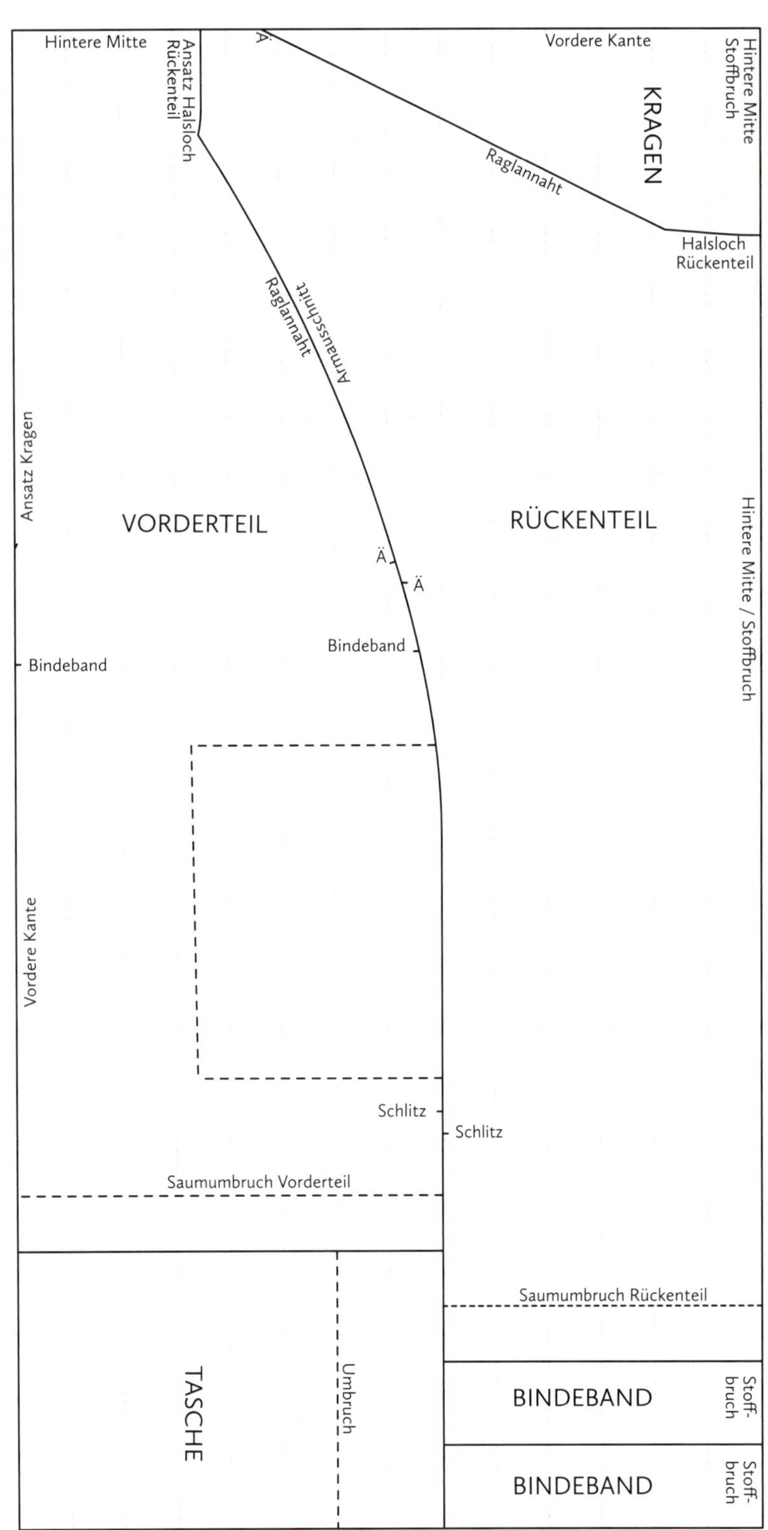

ZUSCHNEIDEPLAN GRÖSSE 2

- Strick 140 cm breit, 135 cm lang
- Den Stoff zum Zuschnitt auf die Hälfte legen, der Stoffbruch ist auf der rechten Seite.

Größe 2 an Brustumfang 106 cm

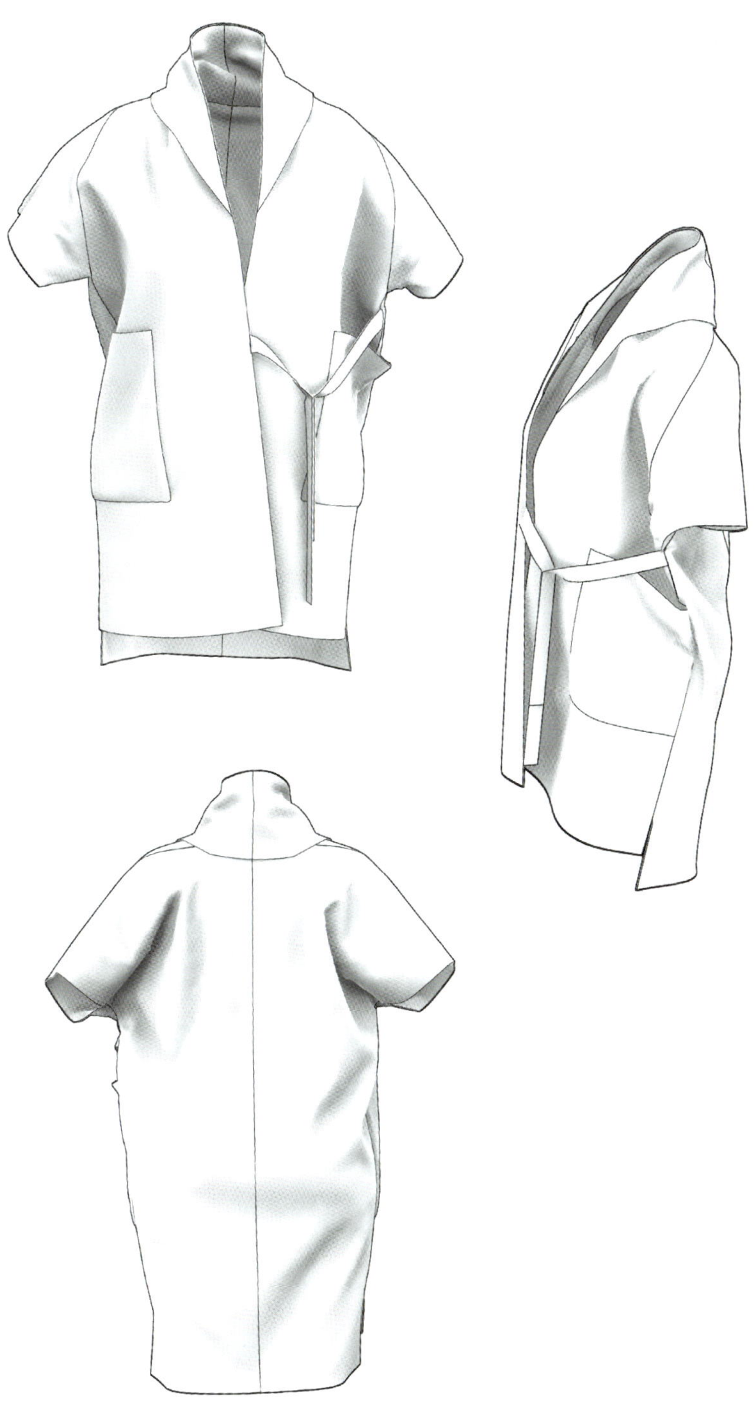

NÄHEN

1. Nähe an die oberen Taschenkanten jeweils einseitig ein Schrägband an. Bügle die Taschen jeweils am Umbruch nach links, schlage das Schrägband nach innen und stecke es fest. Nähe die Schrägbandkante knappkantig an der Tasche fest. Versäubere die offenen Taschenkanten und bügle jeweils die untere und innere Naht 1 cm auf die linke Stoffseite. Stecke die Taschen auf die Vorderteile, dabei liegen die Kanten an der Seitennaht bündig, die anderen Kanten sind eingeschlagen. Steppe die unteren und inneren Kanten knappkantig fest und verriegle die Ecken am Tascheneingriff. An der Seitennaht kannst du die Tasche füßchenbreit annähen.

2. Lege die Vorderteile links auf links und nähe sie in der hinteren Mitte zusammen. Versäubere die Nahtzugaben zusammen und bügle die Kante.

3. Lege die Kragenteile rechts auf rechts und nähe sie in der hinteren Mitte zusammen. Versäubere die Nahtzugaben zusammen und bügle die Kante.

4. Lege den Kragen rechts auf links auf das Vorderteil und nähe die vordere Kante zusammen. Versäubere die Nahtzugaben zusammen und bügle die Kante.

5. **Nur bei Größe 1:** Halbiere das Bindebänder-Schnittteil längs in zwei Schnittteile.

6. Lege die Bindebänder jeweils längs auf die Hälfte, rechts liegt innen, und nähe eine kurze und die lange Kante zusammen. Schneide die Ecken zurück und wende die Bindebänder. Bügle die Kanten gut aus.

7. Stecke die Bindebänder jeweils mittig an die Markierungen: an der vorderen Kante am rechten Vorderteil und in der Seitennaht am linken Vorderteil. Fixiere die Bänder mit ein paar Stichen.

8. Fasse die komplette vordere Außenkante von Vorderteil und Kragen mit Schrägband ein.

9. Lege die Rückenteile rechts auf rechts und nähe sie in der hinteren Mitte zusammen. Versäubere die Nahtzugaben zusammen und bügle die Kante.

10. **Nur bei Größe 1:** Lege die Saumblende fürs Rückenteil längs auf die Hälfte, rechts liegt innen, und nähe die kurzen Kanten zusammen. Schneide die Ecken zurück und wende die Saumblende. Bügle die Kanten gut aus. Stecke die Saumblende rechts auf rechts an die Saumkante vom Rückenteil, dabei steht rechts und links jeweils die Nahtzugabe des Rückenteils über. Nähe die Saumblende fest, versäubere die Nahtzugaben zusammen und bügle die Kante.

11. Lege das Vorderteil rechts auf rechts auf das Rückenteil und klappe das Rückenteil oben so um, dass die Raglannähte aufeinandertreffen. Punkt Ä ist dabei der untere Armlochpunkt an der Achsel, das kleine Stück am Rückenteil bleibt überstehen. Stecke die Raglannähte zusammen und schließe die Nähte. Versäubere die Nahtzugaben zusammen und bügle die Kanten Richtung Vorderteil. Versäubere die seitlichen Kanten von Vorderteilen und Rückenteil, inklusive der kurzen Kanten.

12. Lege das Vorderteil rechts auf rechts auf das Rückenteil und stecke die Seitennähte zusammen, beginne oben mit den Überständen des Rückenteils bis zur Schlitzmarkierung. Nähe die Teile zusammen und bügle die Kanten auseinander. Stecke im Schlitzbereich die Nahtzugaben jeweils auf die linke Stoffseite, nähe sie knappkantig an. Beim Rückenteil schlägst du die untere Nahtzugabe vorher nach innen. Bügle die Kanten.

13. Falte für den Aufhänger einen 6 cm langen Schrägstreifen auf die Hälfte, die Nahzugaben liegen innen, und steppe ihn knappkantig ab. Stecke den Aufhänger auf die Innenseite des Rückenteils mittig am Halsloch an und fixiere den Aufhänger mit ein paar Stichen.

14. Stecke das Vorderteil am Halsloch rechts auf rechts an das Rückenteil. Nähe die Kanten zusammen und fasse den Bereich mit Schrägband ein. So sicherst du die Kante vor dem Ausleiern, und der Aufhänger ist stabil befestigt.

15. Klappe den Saum in den Armausschnitten 2 cm nach links und nähe den Saum z. B. mit der Zwillingsnadel knappkantig fest.

16. Stecke den Saum im Vorderteil, bei Größe 2 auch im Rückenteil, nach innen und nähe ihn z. B. mit der Zwillingsnadel knappkantig fest.

Tüllrock

Der Tüllrock besteht aus einem Rock aus Tüll und den Rüschen, die aufgenäht werden. Du kannst den Tüllrock auch aus anderen Stoffen nähen. Bei der Größenwahl orientierst du dich an deinem Gesäßumfang. Mit dem Gummi kannst du den Rock an deinen Taillenumfang anpassen. Der Tüllrock ist schnell genäht, Tüll muss – juhu! – nicht versäubert werden, und wenn du die Rüschen mit Framillon, einem schmalen durchsichtigen Gummiband, die Rüschen einreihst, geht das fixer. Der Zuschnitt ist etwas herausfordernder: Die Rüschenbahnen sind 2,8 m lang, da muss man zum Zuschneiden vielleicht auf den Flur ausweichen.

MATERIAL UND SCHNITTTEILE

MATERIAL

- Tüll, 150 cm breit
  Größe 1 und 2: 360 cm lang
- Nähgarn
- Gummiband, 4 cm breit (sichtbar)
  Größe 1: 75 cm lang
  Größe 2: 92 cm lang
- Zum Einreihen: Framillon 5,6 m

SCHNITTTEILE

- 8 x Tüllrock
- 8 x Tüllrüsche

NAHTZUGABEN

Im Schnitt ist 1 cm Nahtzugabe enthalten.

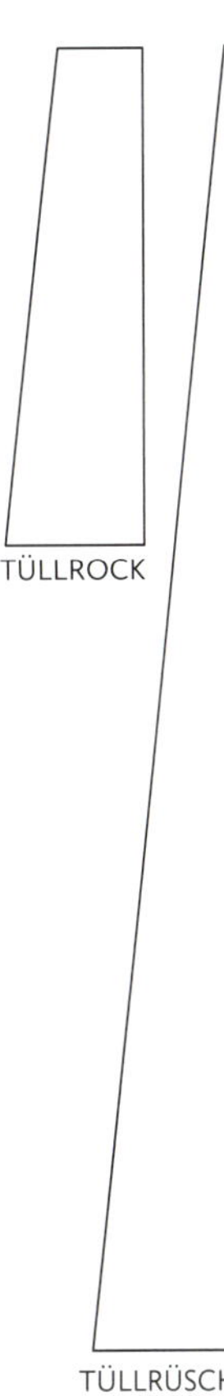

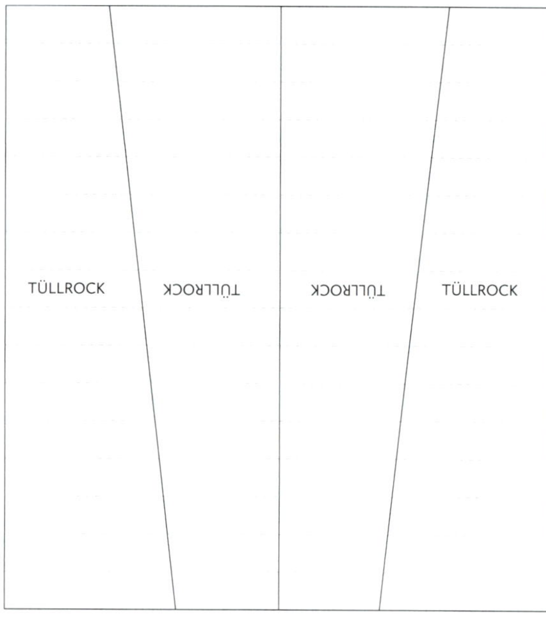

ZUSCHNEIDEPLAN GRÖSSE 1

- Tüll 150 cm breit, 80 cm lang
- Den Stoff zum Zuschnitt auf die Hälfte legen. Es liegen keine Schnittteile im Stoffbruch, den Stoffbruch kannst du auf die Seite deiner Wahl legen.

Größe 1 Tüllrock an Gesäßumfang 97 cm

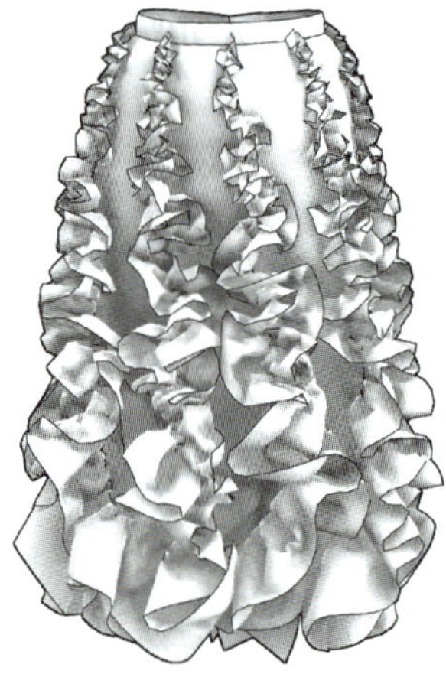

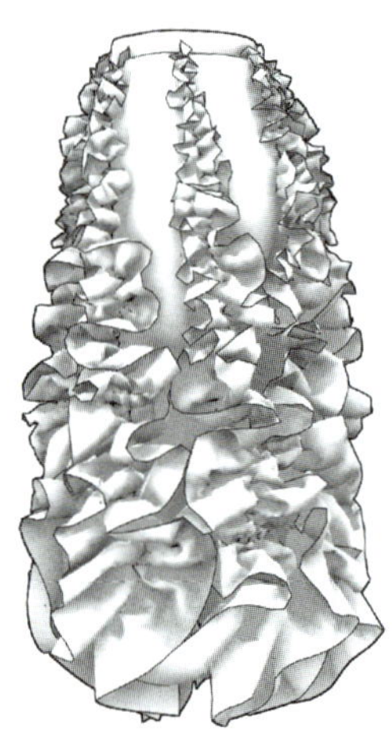

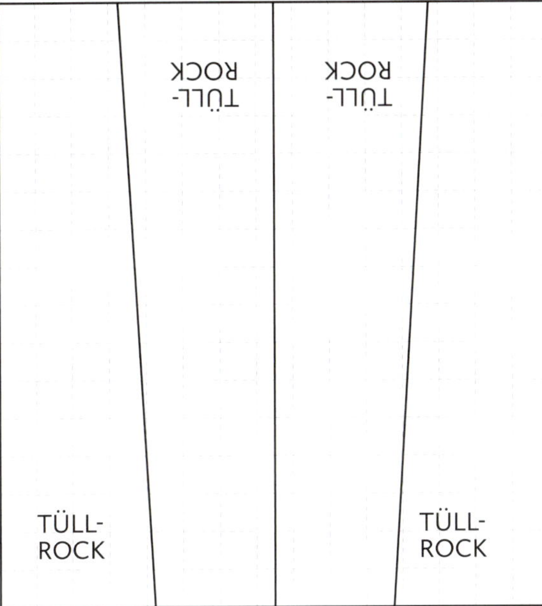

ZUSCHNEIDEPLAN GRÖSSE 2

- Tüll 150 cm breit, 80 cm lang
- Den Stoff zum Zuschnitt auf die Hälfte legen.
- Es liegen keine Schnittteile im Stoffbruch, den Stoffbruch kannst du auf die Seite deiner Wahl legen.

Größe 2 Tüllrock an Gesäßumfang 114 cm

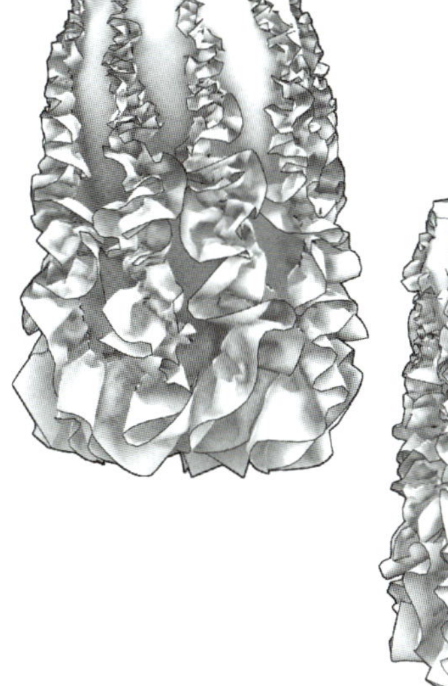

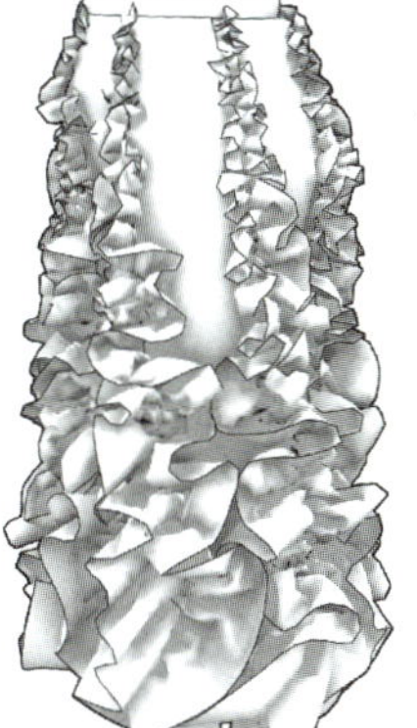

Größe 1 und 2 Tüllrüschen

TÜLLRÜSCHE | TÜLLRÜSCHE

TÜLLRÜSCHE | TÜLLRÜSCHE

ZUSCHNEIDEPLAN GRÖSSE 1 UND 2 TÜLLRÜSCHEN

- Tüll 150 cm breit, 280 cm lang
- Den Stoff zum Zuschnitt auf die Hälfte legen. Es liegen keine Schnittteile im Stoffbruch, den Stoffbruch kannst du auf die Seite deiner Wahl legen.

NÄHEN

1. Lege die Tüll-Rockbahnen mit der schmalen Seite nach oben. Lege zwei Bahnen rechts auf rechts und nähe sie jeweils an einer langen Seite zusammen, bis du ein großes Stoffstück erhältst. Bei den Kanten ist eine Seite etwas länger als die andere: Kürze einfach die längere ein und schneide das ab, was übersteht. Lasse die letzte Naht, bevor du den Rock zum Ring schließt, noch offen. Dann hast du es leichter, die Rüschen anzunähen. Du kannst die Nahtzugaben ganz vorsichtig auf allerniedrigster Stufe zu einer Seite bügeln. Wenn du befürchtest, dass dein Tüll schmilzt, kannst du Nähte auch mit dem Daumen »bügeln« oder die Nahtzugaben nur zu einer Seite stecken.

2. Bereite die Rüschenbahnen vor: Schneide das Framillon in 80 cm lange Streifen. Stecke nun einen Framillonstreifen gedehnt in die Mitte einer Rüschenbahn. Damit du den Streifen einigermaßen gleichmäßig aufstecken kannst, solltest du den Streifen und die Tüllbahn jeweils vorher vierteln, dann hast du kürzere Strecken. Du kannst nach oben hin, zum schmalen Ende, etwas weniger kräuseln und nach unten deutlich mehr, das ist effektvoller. Nähe das Framillon auf. Wiederhole das bei allen Rüschenstreifen. Du kannst die Tüllbahnen auch ganz klassisch einreihen, wenn du kein Framillonband zur Hand hast.

3. Stecke je eine Rüschenbahn links auf rechts auf eine Naht in der Tüllrockbahn und nähe sie knappkantig neben der Naht fest. Damit sind die inneren Nahtzugaben automatisch in eine Richtung fixiert und kratzen nicht so sehr, wenn man den Rock trägt. Eine Rüschenbahn bleibt übrig.

4. Lege die offenen Kanten des Rocks rechts auf rechts aufeinander und nähe sie von oben 30 cm nach unten zusammen. Der Rest bleibt als Schlitz offen. Du kannst die Kanten auch weiter zusammennähen, wenn dir der Schlitz zu groß ist. Nahtzugaben wie vorher zu einer Seite bügeln/stecken.

5. Stecke die letzte Rüschenbahn auf die eben genähte Naht und im Schlitzverlauf weiter auf eine Seite. Nähe wieder knappkantig neben der Naht die Rüschenbahn fest.

6. Schneide das breite Gummiband zu, am besten legst du das Gummiband mit Zug um die Taille und misst die Länge inklusive Nahtzugaben ab. Lege die Gummibandenden übereinander und nähe sie zusammen.

7. Viertel den Bund und den Rock, stecke den Gummi auf den Rock, so dass die Viertelmarkierungen aufeinandertreffen und bei beiden die rechte Seite außen sichtbar ist (also Gummiring über Rock stülpen). Nähe den Gummi gedehnt und am besten mit Zickzackstich an den Rock.

Blazer

Der Blazer sitzt hübsch tailliert dank der Schößchen und des Einsatzes im Rückenteil. In den Schößchen sind Taschen versteckt, außen wie innen. Die zweiteiligen Ärmel haben eine eigenwillige Ecke am Rückenteil, und der Kragen ist je nach Größe mehr oder weniger symmetrisch. Wir haben den Blazer aus Möbelstoff genäht und konnten so komplett auf Einlage verzichten.

MATERIAL UND SCHNITTTEILE

MATERIAL

- Webware, 140 cm breit
  Größe 1: 108 cm lang
  Größe 2: 136 cm lang
- Nähgarn
- 4 große Druckknöpfe
- optional: Schrägband, 1,9 m

SCHNITTTEILE

Größe 1

- 2 x Vorderteil
- 2 x Rückenteil
- 2 x Seitenteil
- 1 x Einsatz Rückenteil im Stoffbruch
- 1 x rechtes Schößchen im Stoffbruch
- 1 x linkes Schößchen im Stoffbruch
- 2 x Kragen
- 2 x Riegel Rückenteil
- 2 x Patte
- 2 x Oberärmel
- 2 x Unterärmel
- 2 x Ärmelblende

Größe 1:

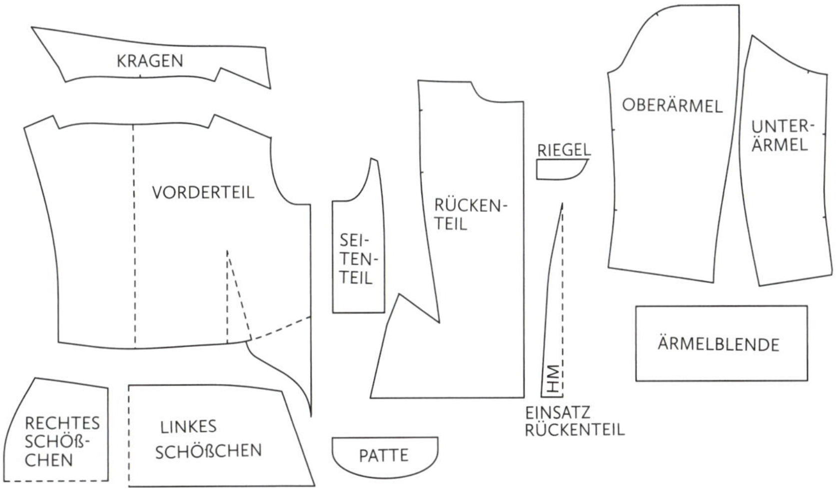

NAHTZUGABEN

Im Schnitt ist 1 cm Nahtzugabe enthalten. Beim Zuschneiden alle Markierungen auf den Stoff übertragen.

Wenn wir bei den Schnittteilen von rechts und links sprechen, ist es immer so gemeint, wie es angezogen ist. Das bedeutet, dass alle vorderen Teile spiegelverkehrt vor uns liegen.

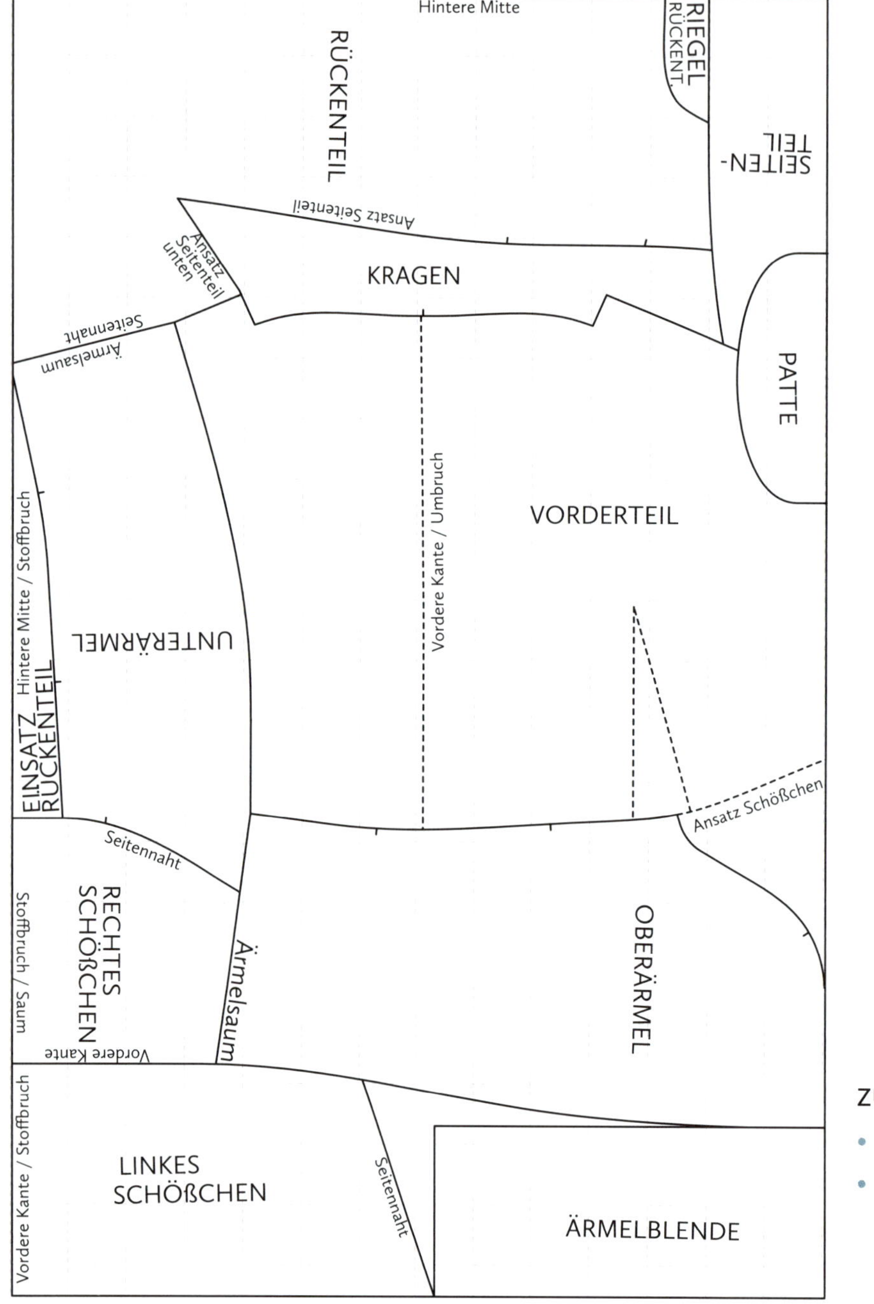

ZUSCHNEIDEPLAN GRÖSSE 1

- Webware 140 cm breit, 108 cm lang
- Den Stoff zum Zuschnitt auf die Hälfte legen, der Stoffbruch ist auf der linken Seite.

Größe 1 an Brustumfang 88 cm

SCHNITTTEILE

Größe 2

- 2 x Vorderteil
- 2 x Rückenteil
- 2 x Seitenteil
- 1 x Einsatz Rückenteil im Stoffbruch
- 1 x Saumblende Rückenteil im Stoffbruch
- 2 x rechtes Schößchen
- 2 x linkes Schößchen
- 2 x Kragen
- 2 x Riegel Rückenteil
- 2 x Patte
- 2 x Oberärmel
- 2 x Unterärmel
- 2 x Ärmelblende

NAHTZUGABEN

Im Schnitt ist 1 cm Nahtzugabe enthalten. Beim Zuschneiden alle Markierungen auf den Stoff übertragen.

Wenn wir bei den Schnittteilen von rechts und links sprechen, ist es immer so gemeint, wie es angezogen ist. Das bedeutet, dass alle vorderen Teile spiegelverkehrt vor uns liegen.

Größe 2:

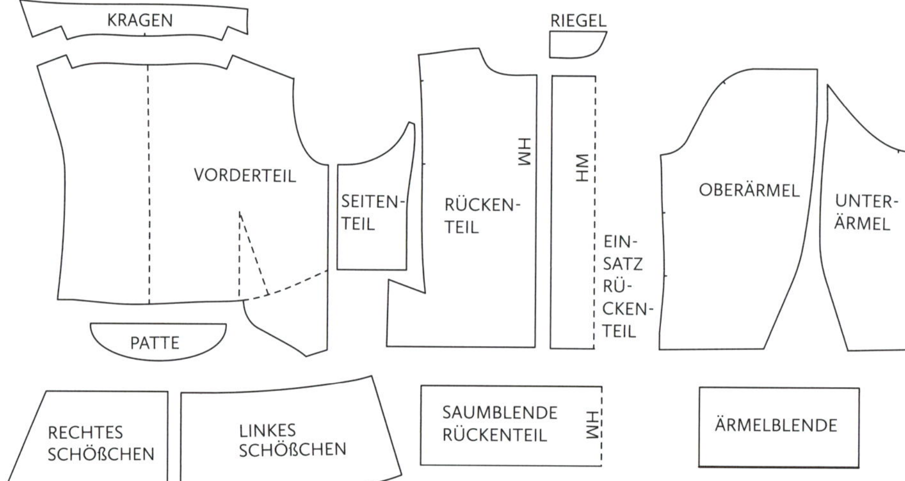

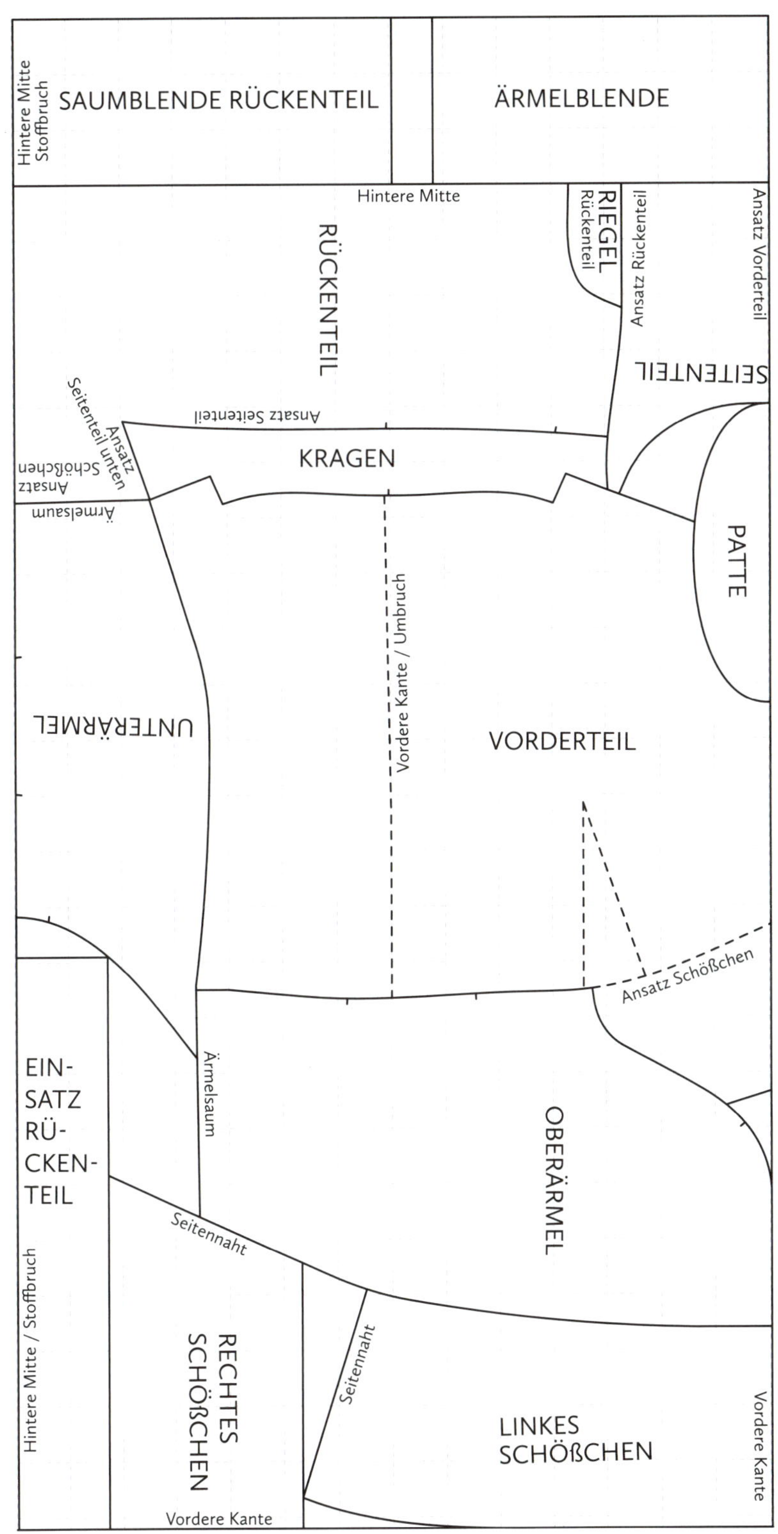

ZUSCHNEIDEPLAN GRÖSSE 2

- Webware 140 cm breit, 136 cm lang
- Den Stoff zum Zuschnitt auf die Hälfte legen, der Stoffbruch ist auf der linken Seite.

Größe 2 an Brustumfang 106 cm

Tipp

- Verstärke bei Woll- oder Mantelstoffen die Kragenteile, den Umbruch im Vorderteil, die Ärmelblenden, Patten und Riegel mit deiner Bügeleinlage.
- Schrägband wurde dieses Mal sparsamer eingesetzt: für die innere Kante im Vorderteil, den Saum im Rückenteil, in den Tascheneingriffen und beim Halsloch im Rückenteil.

1. Versäubere folgende Kanten:
   - bei den Vorderteilen jeweils die Schultern, Seite, Armloch und untere Kante
   - bei den Rückenteilen jeweils die hintere Mitte, Schulter, Seite und Armloch, bei Größe 2 zusätzlich die untere Kante
   - bei Ober- und Unterärmel die Ärmelnähte und an der Armkugel
   - bei den Seitenteilen alle Kanten
   - beim Einsatz Rückenteil alle Kanten
   - bei den Schößchen die oberen Kanten
   - **nur bei Größe 2:** beim Saumbeleg Rückenteil die obere Kante

2. **Nur Größe 1:** Stecke den Einsatz Rückenteil rechts auf rechts auf ein Rückenteil in der hinteren Mitte, beide Teile sind bündig an der unteren Kante. Nähe den Einsatz fest, lass dabei an der Spitze des Einsatzes 1 cm Nahtzugabe offen. Lege nun beide Rückenteile rechts auf rechts und stecke sie an der hinteren Mitte bzw. am Einsatz zusammen. Am besten nähst du bis zu dem Einsatz-Endpunkt, setzt ab und klappst die Spitze zur Seite und nähst unterhalb der Spitzen-Nahtzugabe weiter. Dann entsteht kein ungünstiger Zug. Bügle die Nahtzugaben jeweils nach außen.
Nur Größe 2: Stecke den Einsatz Rückenteil jeweils rechts auf rechts auf ein Rückenteil in der hinteren Mitte. Nähe den Einsatz fest und bügle die Nahtzugaben auseinander. Lege beide Rückenteile rechts auf rechts und stecke sie an den soeben genähten Nähten aufeinander und nähe in diesen Nähten ca. 7 cm nach unten, damit eine Kellerfalte entsteht. Bügle die Nahtzugaben gleichmäßig zu beiden Seiten jeweils nach außen. Am Ende der Naht kannst du einen kleinen Querriegel setzen.

3. Lege den Riegel vom Rückenteil rechts auf rechts und nähe alle Kanten außer der kurzen zusammen. Schneide die Nahtzugaben an Ecke und Rundung zurück und wende den Riegel. Schlage an der offenen Kante die Nahtzugaben nach innen und bügle die Riegelkanten gut aus. Stecke den Riegel auf das Rückenteil: Miss dazu in der hinteren Mitte 36,5/42 cm von der Halslochkante nach unten und stecke den Riegel mittig und quer fest. Steppe beide Seiten des Riegels fest, die kurze Kante und die Spitze.

4. **Nur Größe 2:** Stecke die Saumblende Rückenteil rechts auf rechts auf das Rückenteil und verstürze die Teile. Bügle die Nahtzugaben auseinander.
Größe 1 und 2: Nähe an die Saumkante des Rückenteils rechts auf rechts ein Schrägband, bügle die Kante und schlage das Schrägband um die Nahtzugabe. Stecke das Schrägband fest. Die Saumkante wird erst später genäht.

5. Fasse beim Vorderteil die Kante des Umbruchs mit Schrägband ein. Nähe den Abnäher in den Vorderteilen und bügle sie Richtung vordere Mitte.

6. Schlage im Vorderteil jeweils den Umbruch auf die rechte Seite und stecke die obere Kante bis zur Ecke fest. Verstürze die Kanten, nähe dabei 1 cm über die Ecke hinaus. Bei empfindlichen Stoffen solltest du an diesem Ende unbedingt etwas Vlieseline aufbügeln. Schneide schräg von der Ecke bis ca. 2 mm vor dem Ende der genähten Naht ein. Schneide noch die äußere Ecke zurück. Beim rechten Vorderteil nähst du die untere Kante bis zum Abnäher zusammen. Schneide die Nahtzugaben am Ende der Naht ein und die untere Ecke zurück. Wende das Teil und bügle die Kanten.

7. Lege die Vorderteile rechts auf rechts auf die Rückenteile und nähe die Schulternähte zusammen. Bügle die Nahtzugaben auseinander.

8. Lege die Kragenteile rechts auf rechts und verstürze die äußeren Kanten und Ecken, es bleibt nur die untere Halslochkante offen. Schneide die Ecken zurück und wende den Kragen. Bügle die Kanten gut aus.

9. Lege den Kragen rechts auf rechts auf das Halsloch. Stecke den unteren Kragen an das Rückenteil und Vorderteil, die Kragennaht trifft dabei genau auf die Naht der Umbruchkante und ein kleines Teil vom oberen Kragen an die kurze Kante der Umbruchecke. Nähe die Kante fest und bügle die Nahtzugaben nach oben.

10. Nähe auf die oben liegende Kragen-Halslochkante rechts auf rechts eine Seite des Schrägbands an, beginne und ende etwas innerhalb der genähten Umbrucheckennaht, damit das Schrägband sauber liegt. Bügle das Schrägband nach unten, schlage die Nahtzugabe auf die linke Seite und stecke das Schrägband fest. Steppe das Schrägband knappkantig fest.

11. Stecke den Umbruch vom Vorderteil jeweils in der Schulternaht fest und fixiere ihn im Nahtschatten.

12. **Nur Größe 1:** Lege die Seitenteile jeweils rechts auf rechts auf das Rückenteil und stecke sie an der seitlichen und unteren Kante fest. An der Ecke bügelst du bei empfindlichen Stoffen vorher ein Stückchen Vlieseline auf. An der unteren Kante des Seitenteils legst du jeweils eine kleine Falte, so dass die Seitennähte von Rückenteil und Seitenteil bündig liegen. Beim Annähen des Seitenteils schneidest du in die Ecke ein. Bügle die Nahtzugaben auseinander.

13. **Nur Größe 1:** Lege das rechte Schößchen mit der linken Stoffseite nach oben, die vordere Umbruchkante zeigt nach rechts. Platziere das rechte Vorderteil – mit der rechten Stoffseite nach oben – über das Schößchenteil, so dass sich Schößchenkante und Ansatzlinie 2 cm überlappen. An der Seitennaht und an der vorderen Kante steht das Schößchen 1 cm über das Vorderteil. Stecke den überstehenden Zipfel, das ergibt die Innentasche, vom Vorderteil auf das Schößchen und nähe entlang der Schnittkante des Vorderteils den Zipfel und die restliche untere Kante fest. Die Ansatzlinie unter dem Zipfel bleibt offen, das ist der Eingriff zur Innentasche.
Nur Größe 2: Lege die Seitenteile jeweils rechts auf rechts auf das Rückenteil und stecke sie an der seitlichen Kante fest, dabei überlappt die untere Kante des Seitenteils das kurze Rückenteileck um 2 cm. Diese Kante bleibt zunächst offen. An der unteren Ecke bügelst du bei empfindlichen Stoffen ein Stückchen Vlieseline auf. Beim Annähen des Seitenteils schneidest du in die Ecke ein. Bügle die Nahtzugaben auseinander.
Lege die Vorderteile jeweils rechts auf rechts an die Seitenteile und stecke die Seitenteile bis 1 cm vor der unteren Kante fest. Nähe die Seitenteile an die Vorderteile und bügle die Nahtzugaben auseinander.
Lege das rechte Schößchen mit der linken Stoffseite nach oben, die vordere Kante zeigt nach rechts. Platziere das rechte Vorderteil – mit der rechten Stoffseite nach oben – über das Schößchenteil, so dass sich Schößchenkante und Ansatzlinie 2 cm überlappen. An der Seitennaht und an der vorderen Kante steht das Schößchen 1 cm über das Vorderteil. Stecke den überstehenden Zipfel, das ergibt die Innentasche, vom Vorderteil auf das Schößchen und nähe entlang der Schnittkante des Vorderteils den Zipfel und die restliche untere Kante fest. Die Ansatzlinie unter dem Zipfel bleibt offen, das ist der Eingriff zur Innentasche.

14. Lege jeweils eine Patte quer auf die Hälfte, rechts liegt innen, und verstürze sie an der gerundeten Naht. Schneide die Nahtzugaben an der Rundung zurück, wende die Patte und bügle die Kante.

15. Stecke eine Patte links auf rechts auf das obere rechte Schößchen, beginne damit 3 cm von der Seitennaht entfernt. Die gerade Kante der Patte zeigt Richtung Seitennaht. Nähe die Patte an. Klappe die Patte nach oben und nähe Schrägband rechts auf rechts auf die Nahtzugabe im Pattenbereich. Schneide die Nahtzugaben vom Vorderteil an den Enden des Schrägbandes ein, so dass du die Pattenbereich-Nahtzugabe nach unten klappen kannst. Bügle das Schrägband um die Nahtzugabe und stecke und nähe es auf dem Vorderteil fest, ohne die Patte mitzufassen.

16. Lege das rechte Vorderteil mit der rechten Stoffseite nach oben. Klappe den unteren Teil des rechten Schößchens rechts auf rechts nach oben und verstürze die vordere Kante. Lass nach oben hin 2 cm offen. Schneide die untere Ecke zurück und wende das Schößchen. Bügle die Kante gut aus. Bügle an der oberen Kante die Nahtzugabe nach links und stecke das Schößchen von der rechten Seite außerhalb der Patte rechts und links fest. Nähe es an diesen Stellen fest und setze bei der Tasche kleine Längsriegel. Klappe die Patte nach unten und fixiere sie oben an den äußeren Kanten mit ein paar Stichen.

17. Nur Größe 1: Jetzt wird es trickreich: Stecke den oben liegenden Teil des Schößchens seitlich rechts auf rechts an das Seitenteil, dabei geht die Seitennaht des Rückenteils etwas über die Umbruch-Saumkante des Schößchens drüber: Das ergibt nach dem Umklappen den Saum im Rückenteil. Verstürze die Seitennaht und wende das Schößchen. Bügle alle Nahtzugaben Richtung Vorderteil, klappe die Nahtzugaben des inneren Schößchens, die jetzt noch offen sind, nach links. Stecke das innere Schößchen im Nahtschatten der Seitennaht und nähe es fest. Falls das im Nahtschatten zu kompliziert ist, weil der Stoff z. B. zu dick ist, kannst du diese Naht auch von Hand festnähen.

Nur Größe 2: Jetzt wird es trickreich: Stecke den oben liegenden Teil des Schößchens seitlich rechts auf rechts an die Saumblende, dabei geht die Seitennaht der Saumblende etwas über die Saumkante des Schößchens: Das ergibt nach dem Umklappen den Saum im Rückenteil. Verstürze die Seitennaht und wende das Schößchen. Bügle die Nahtzugaben auseinander. Stecke die untere Kante des Seitenteils rechts auf rechts auf Saumblende und Schößchen und nähe die Teile zusammen. Achte darauf, dass du in der Ecke sauber auf das andere Nahtende triffst. Bügle die Nahtzugaben auseinander. Klappe die Nahtzugaben des inneren Schößchens, die jetzt noch offen sind, nach links. Stecke das innere Schößchen im Nahtschatten der Seitennaht und nähe es fest. Falls das im Nahtschatten zu kompliziert ist, weil der Stoff z. B. zu dick ist, kannst du diese Naht auch von Hand festnähen.

18. Nur Größe 1: Lege nun das linke Schößchen vor dich, rechte Stoffseite oben, das Teil liegt offen vor dir. Stecke die übrige Patte links auf rechts auf das Schößchen, beginne damit 3 cm von der rechten Seitennaht entfernt. Die gerade Kante der Patte zeigt Richtung Seitennaht. Nähe die Patte an. Klappe die Patte nach oben und nähe Schrägband rechts auf rechts auf die Nahtzugabe im Pattenbereich. Schneide die Nahtzugaben vom

Vorderteil an den Enden des Schrägbandes ein, so dass du die Pattenbereich-Nahtzugabe nach unten klappen kannst. Bügle das Schrägband um die Nahtzugabe und stecke und nähe es auf dem Vorderteil fest, ohne die Patte mitzufassen.
Nur Größe 2: Lege nun das linke Schößchen vor dich, rechte Stoffseite oben, die vordere Kante liegt auf der linken Seite. Stecke die übrige Patte links auf rechts auf das Schößchen, beginne damit 20 cm von der vorderen Kante entfernt. Die gerade Kante der Patte zeigt Richtung Seitennaht. Nähe die Patte an. Klappe die Patte nach oben und nähe Schrägband rechts auf rechts auf die Nahtzugabe im Pattenbereich. Schneide die Nahtzugaben vom Vorderteil an den Enden des Schrägbandes ein, so dass du die Pattenbereich-Nahtzugabe nach unten klappen kannst. Bügle das Schrägband um die Nahtzugabe und stecke und nähe es auf dem Vorderteil fest, ohne die Patte mitzufassen.

19. **Nur Größe 1:** Stecke das linke Schößchen rechts auf rechts auf das Vorderteil, vom Umbruch der vorderen Kante bis zum Abnäher/Pattenbeginn. Schlage das Schößchen mit seiner Bruchkante um die vordere Kante des Vorderteils und stecke auch die innere Schößchenkante bis zum Abnäher fest. Nähe diese Kante, schneide die Ecke zurück und wende das Schößchen. Bügle die Kante.
Nur Größe 2: Lege die linken Schößchen rechts auf rechts und nähe sie an der vorderen Kante zusammen. Bügle die Nahtzugaben auseinander.
Stecke das linke Schößchen rechts auf rechts auf das Vorderteil, von der vorderen Kante bis zum Abnäher/Pattenbeginn. Schlage das Schößchen an der vorderen Kante um das Vorderteil und stecke auch die innere Schößchenkante bis zum Abnäher fest. Nähe diese Kante, schneide die Ecke zurück und wende das Schößchen. Bügle die Kante.

20. Stecke den Zipfel vom Vorderteil links auf links auf das innere Schößchen und nähe ihn knappkantig fest. Stecke nun die unteren Kanten des Schößchens rechts auf rechts und verstürze sie. Schneide die Ecke zurück, wende das Schößchen und bügle die Saumkante.

21. **Nur Größe 1:** Stecke den oben liegenden Teil des Schößchens seitlich rechts auf rechts an das Seitenteil, dabei geht die Seitennaht des Rückenteils etwas über die Umbruch-Saumkante des Schößchens drüber: Das ergibt nach dem Umklappen den Saum im Rückenteil. Verstürze die Seitennaht und wende das Schößchen. Bügle alle Nahtzugaben Richtung Vorderteil, klappe die Nahtzugaben des inneren Schößchens, die jetzt noch offen sind, nach links. Stecke das innere Schößchen im Nahtschatten der Seitennaht und nähe es fest. Falls das im Nahtschatten zu kompliziert ist, weil der Stoff z. B. zu dick ist, kannst du diese Naht auch von Hand festnähen.
Nur Größe 2: Stecke den oben liegenden Teil des Schößchens seitlich rechts auf rechts an die Saumblende, dabei geht die Seitennaht der Saumblende etwas über die Saumkante des Schößchens: Das ergibt nach dem Umklappen den Saum im Rückenteil. Verstürze die Seitennaht und wende das Schößchen. Bügle die Nahtzugaben auseinander.
Stecke die untere Kante des Seitenteils rechts auf rechts auf Saumblende und Schößchen und nähe die Teile zusammen. Achte darauf, dass du in der Ecke sauber auf das andere Nahtende triffst. Bügle die Nahtzugaben auseinander.
Klappe die Nahtzugaben des inneren Schößchens, die jetzt noch offen sind, nach links. Stecke das innere Schößchen im Nahtschatten der Seitennaht und nähe es fest. Falls das im Nahtschatten zu kompliziert ist, weil der Stoff z. B. zu dick ist, kannst du diese Naht auch von Hand festnähen.

22. Stecke das Schößchen von der rechten Seite außerhalb der Patte rechts und links fest. Nähe es an diesen Stellen fest und setze bei der Tasche kleine Längsriegel. Klappe die Patte nach unten und fixiere sie oben an den äußeren Kanten mit ein paar Stichen.

23. Nähe den Saum im Rückenteil knappkantig mit dem Schrägband fest.

24. Nähe jeweils den Oberärmel rechts auf rechts auf den Unterärmel, dabei liegen die unteren Kanten bündig, und schließe sowohl die Oberarm- wie die Armnaht. Bügle nach jedem Schritt die Nahtzugaben auseinander.

25. Lege die Ärmelblenden jeweils auf die Hälfte und nähe die kurzen Kanten oben und unten 2 cm zusammen. Bügle die Nahtzugaben auseinander. Stecke die offenen Stücke der Ärmelblende jeweils hälftig für Ärmelschlitze aufeinander. Nähe die Stücke zusammen, schneide die unteren Ecken zurück und wende die Ärmelblenden.

26. Stecke die Ärmelblenden jeweils rechts auf rechts auf die Ärmelsäume, dabei trifft die Ärmelblendennaht auf die Oberarmnaht. Verstürze die Teile und versäubere sie zusammen. Bügle die Nahtzugaben Richtung Ärmel.

27. Stecke die Ärmel jeweils rechts auf rechts in das Armloch, halte dabei etwas Mehrweite im Armkugel-/Schulterbereich ein. Nähe den Ärmel ein und bügle die Nahtzugaben Richtung Ärmel.

28. Fixiere die linke Kragenecke auf dem Vorderteil und nähe sie mit ein paar Stichen fest.

27. Markiere die Knopfpositionen auf Höhe der Abnäherenden und knapp überhalb der Teilungsnaht und nähe die Knöpfe an.

Asymmetrischer Rock

Der asymmetrische Rock hat einen Gummibund, bei Größe 1 aus Bündchenware, bei Größe 2 aus dem Rockstoff. Das zweite Rockteil wird übers Eck eingenäht und wirkt dadurch wie ein großes Godet. Durch den Gummibund kann das »Godet« an verschiedenen Stellen getragen werden – vorne, hinten, seitlich – und entfaltet so jeweils ein andere Wirkung.

MATERIAL UND SCHNITTTEILE

MATERIAL

- Webware, 140 cm breit
  Größe 1: 60 cm lang
  Größe 2: 87 cm lang
- **Bündchenware Größe 1:** Schlauchbreite (ca. 66 cm) x 12 cm
- Nähgarn
- Gummiband, ca. 4,5 cm breit, 75/95 cm

SCHNITTTEILE

- 1 x Rock 1
- 1 x Rock 2
- 1 x Rock 3
- 1 x Bund : nur Größe 1 aus Bündchenschlauch, 12 cm hoch
- 1 x Rock 4 : nur Größe 2
- 2 x Bund : nur Größe 2

NAHTZUGABEN

Im Schnitt ist 1 cm Nahtzugabe enthalten. Beim Zuschneiden alle Markierungen auf den Stoff übertragen.

Größe 1:

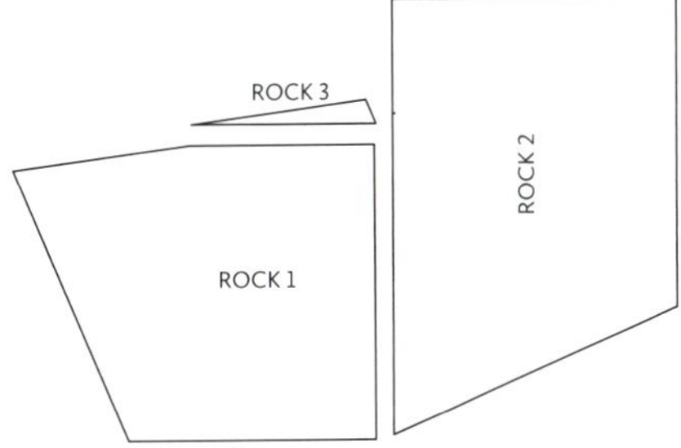

Größe 2:

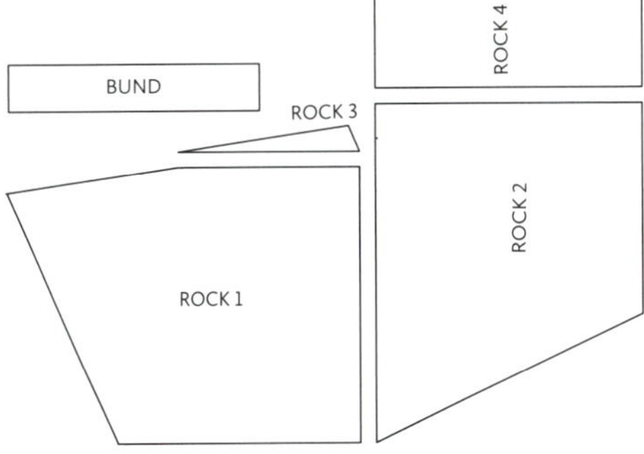

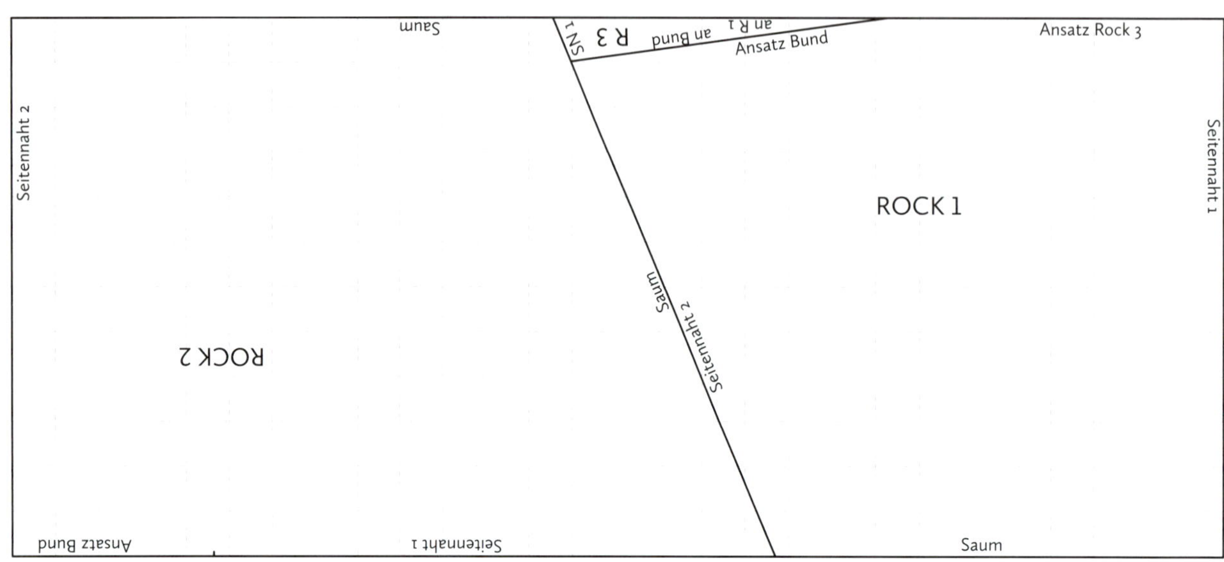

ZUSCHNEIDEPLAN GRÖSSE 1

- Webware 140 cm breit, 175 cm lang
- Der Stoff liegt offen

Größe 1 an Gesäßumfang 97 cm

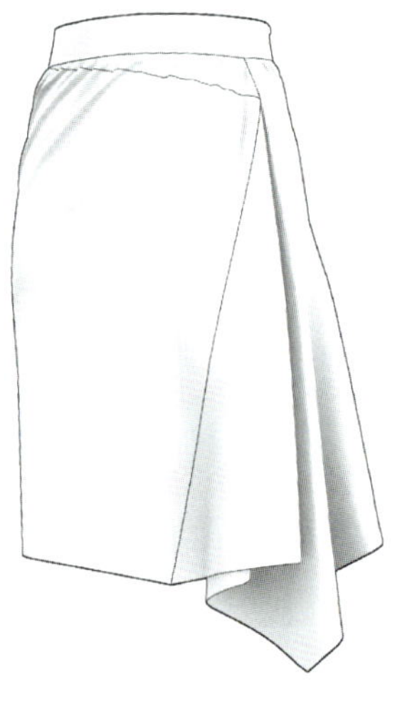

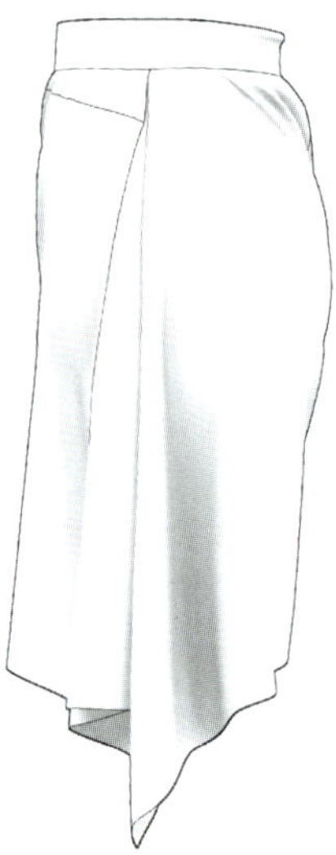

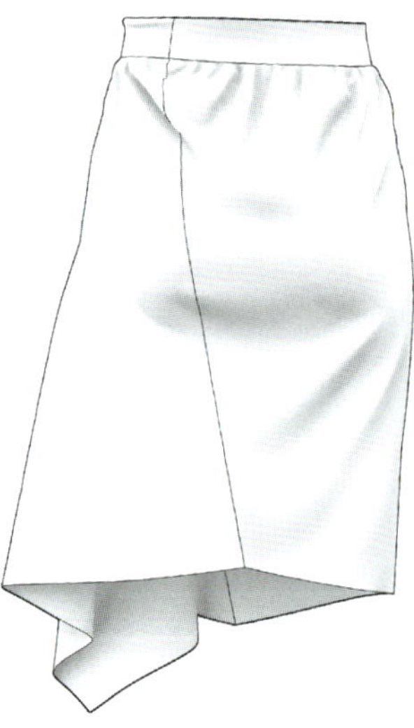

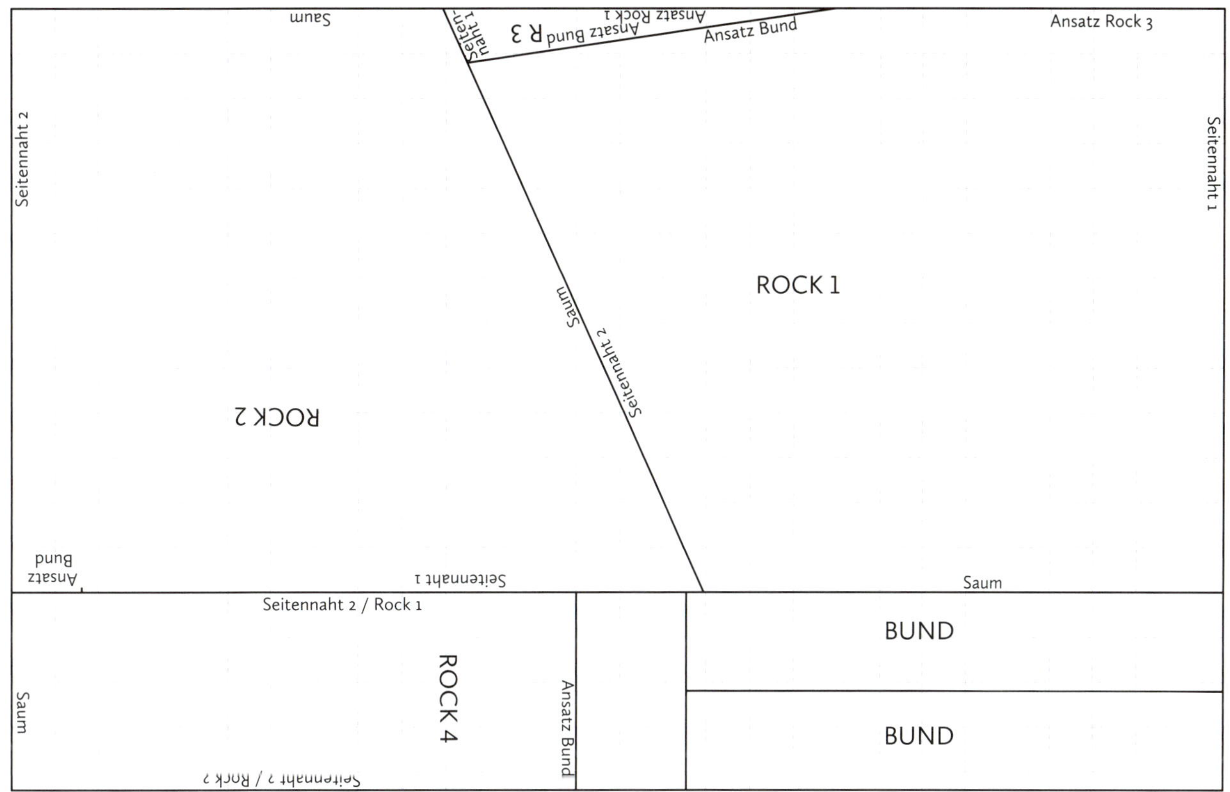

ZUSCHNEIDEPLAN GRÖSSE 2

- Webware 130 cm breit, 213 cm lang
- Der Stoff liegt offen

Größe 2 an Gesäßumfang 114 cm

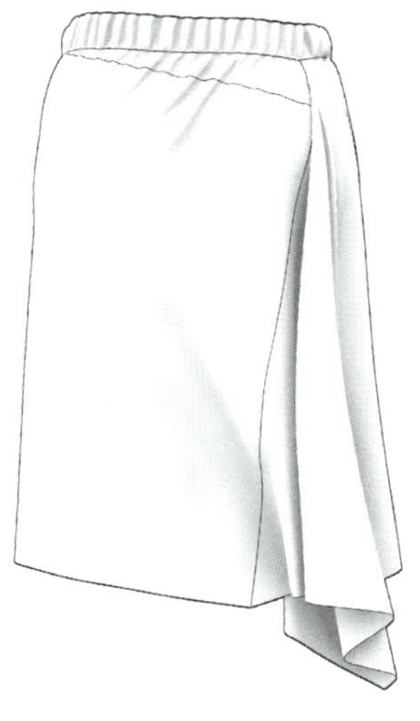

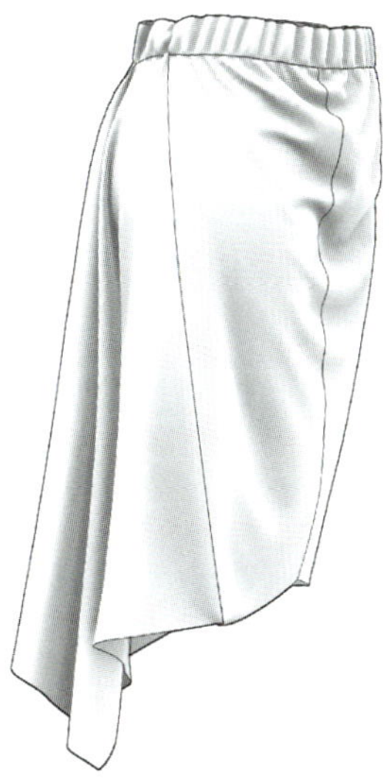

NÄHEN

1. Stecke Rockteil 3 rechts auf rechts an Rockteil 1 und nähe die Kante mit 1 cm Nahtzugabe an. Versäubere die Nahtzugaben zusammen und bügle sie nach unten.

2. **Nur Größe 2:** Lege das Rockteil 4 rechts auf rechts an Rockteil 1 und nähe die linke Kante (= Seitennaht 2) zusammen. Versäubere die Nahtzugaben zusammen und bügle sie Richtung Rockteil 4. In der weiteren Beschreibung nähst du die zusammengesetzten Rockteile wie Rockteil 1.

3. Lege Rockteil 2 rechts auf rechts auf Rockteil 1 und stecke die Seitennaht 1 und 2 zusammen. Nähe die Seitennähte, versäubere sie gemeinsam und bügle alle Nahtzugaben Richtung Rockteil 2.

4. **Nur Größe 1:** Lege das Schlauchbündchen im Ring auf die Hälfte, so dass rechts außen liegt.
Nur Größe 2: Lege den Bund rechts auf rechts und nähe ihn an den kurzen Seiten zusammen. Bügle die Nahtzugaben auseinander und lege den Ring auf die Hälfte, rechts liegt außen.

5. Lege das Gummiband um deinen Bund und überprüfe die Länge. Das Gummiband sollte etwas auf Zug sein. Lege die Gummibandenden übereinander und nähe sie mit einem Zickzackstich zusammen: Nähe dazu ein paar Mal hin und her. Schiebe den Gummiring in den Bund, bis ganz nach oben an die gebügelte Kante. Nähe unten die offenen Bundkanten füßchenbreit zusammen. Dehne den Bund mit dem Gummi ein paar Mal und lass ihn wieder zusammenschnurren, so verteilt sich die Weite gleichmäßig.

6. Stecke den Bundring rechts auf rechts an die obere Rockkante. Nähe den Bund an und versäubere die Kanten zusammen. Bügle die Nahtzugaben Richtung Rock.

7. Versäubere die Saumkante, am besten beginnst du damit in der Saumecke von Rockteil 2. Schlage den Saum 1 cm nach links und steppe die Nahtzugabe knappkantig fest. Bügle die Kante.

Schluppenbluse

Die Schluppenbluse besticht durch ihre gedrehten Ärmel und die Raffung im vorderen Halsausschnitt. In der kleineren Größe ist die Schluppe einseitig und wird durch eine Schlaufe an der rechten Seite gezogen. Bei der größeren Bluse wird die Schluppe mit unterschiedlich langen Schluppenteilen gebunden. Der Saum im Rückenteil ist in der größeren Größe etwas länger als im Vorderteil. Das Modell haben wir aus Jersey gearbeitet, aber es lässt sich auch gut aus Webware nähen. Dafür sollten die Größen jeweils nicht zu knapp bei dir sitzen.

MATERIAL UND SCHNITTTEILE

MATERIAL

- Jersey, 140 cm breit
  Größe 1: 88 cm lang
  Größe 2: 99 cm lang
- Nähgarn

SCHNITTTEILE

Größe 1:

- 2 x Vorderteil
- 2 x Ärmel
- 2 x Rückenteil
- 2 x Kragen 1 im Stoffbruch
- 2 x Kragen 2
- 2 x Schluppe 1
- 2 x Schluppe 2

Größe 2:

- 2 x Vorderteil
- 2 x Ärmel
- 1 x Rückenteil 1 im Stoffbruch
- 2 x Rückenteil 2
- 2 x Kragen 1
- 2 x Kragen 2
- 6 x Schluppe 1
- 2 x Schluppe 2
- 2 x Schluppe 3

Größe 2:

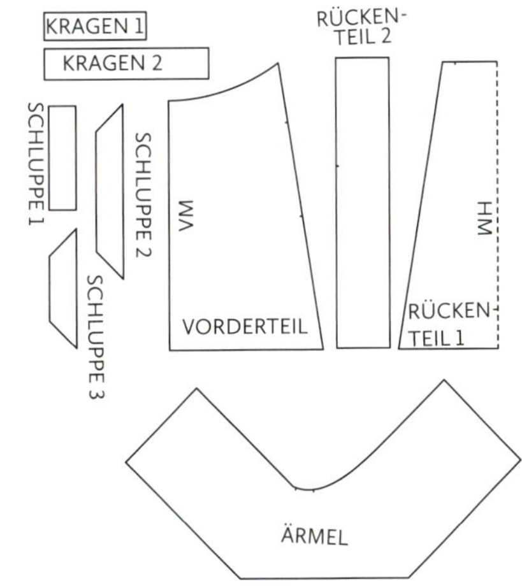

NAHTZUGABEN

Im Schnitt ist 1 cm Nahtzugabe enthalten. Beim Zuschneiden alle Markierungen auf den Stoff übertragen.

Größe 1:

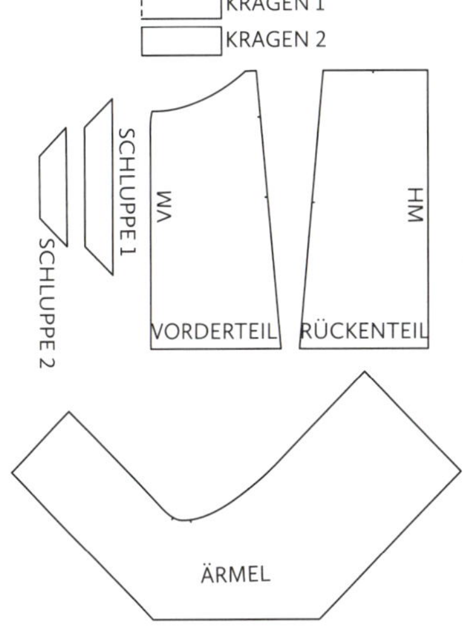

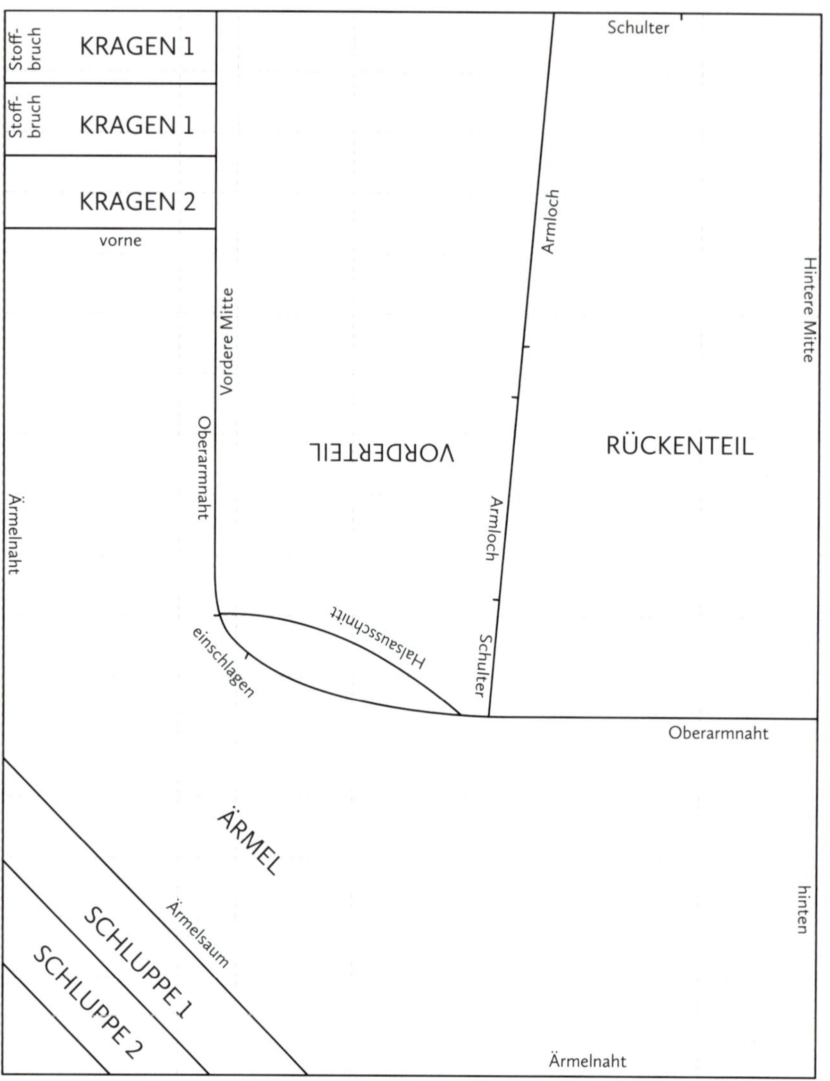

ZUSCHNEIDEPLAN GRÖSSE 1

- Jersey 140 cm breit, 88 cm lang
- Den Stoff zum Zuschnitt auf die Hälfte legen, der Stoffbruch ist auf der linken Seite.

Größe 1 an Brustumfang 88 cm

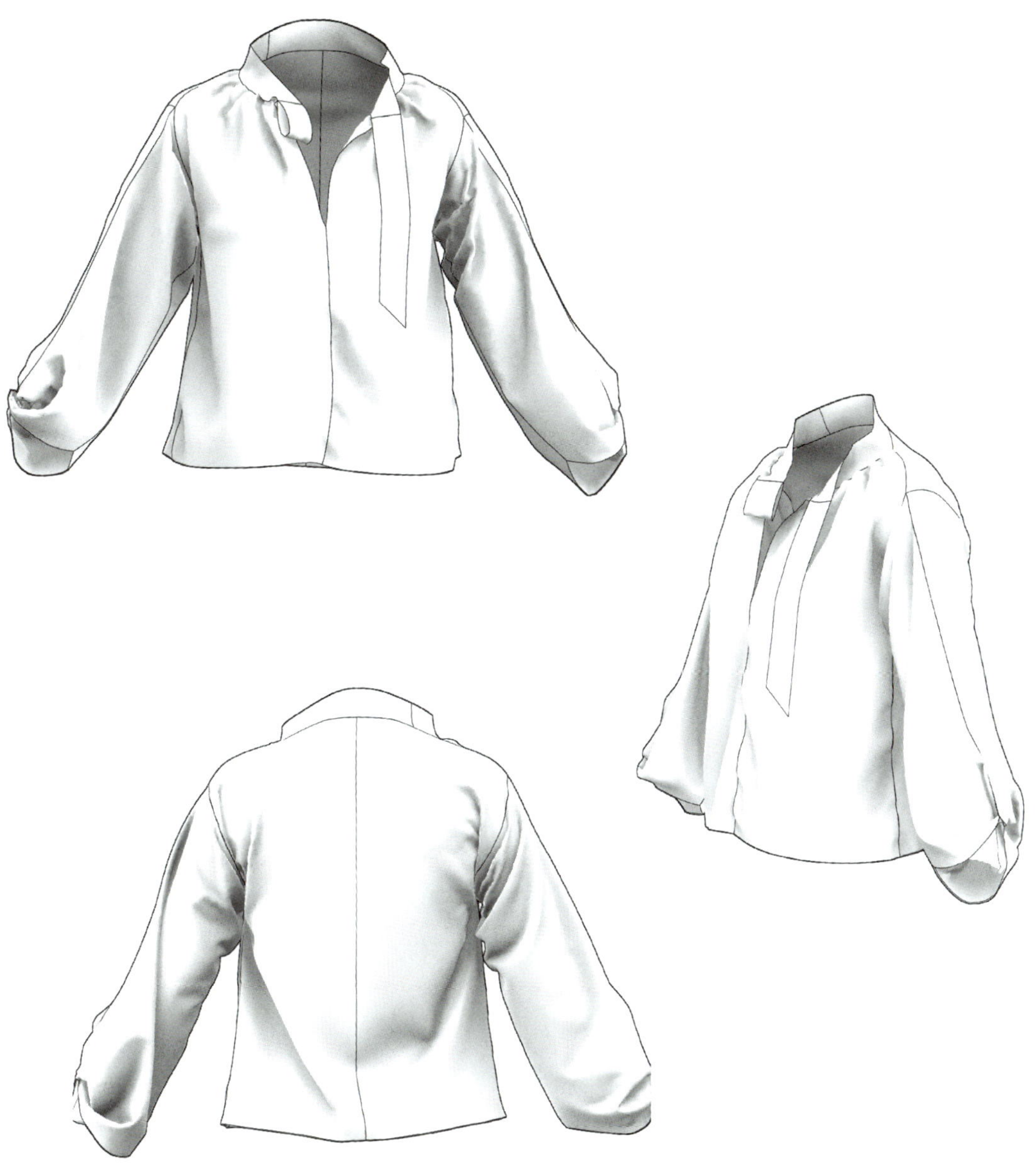

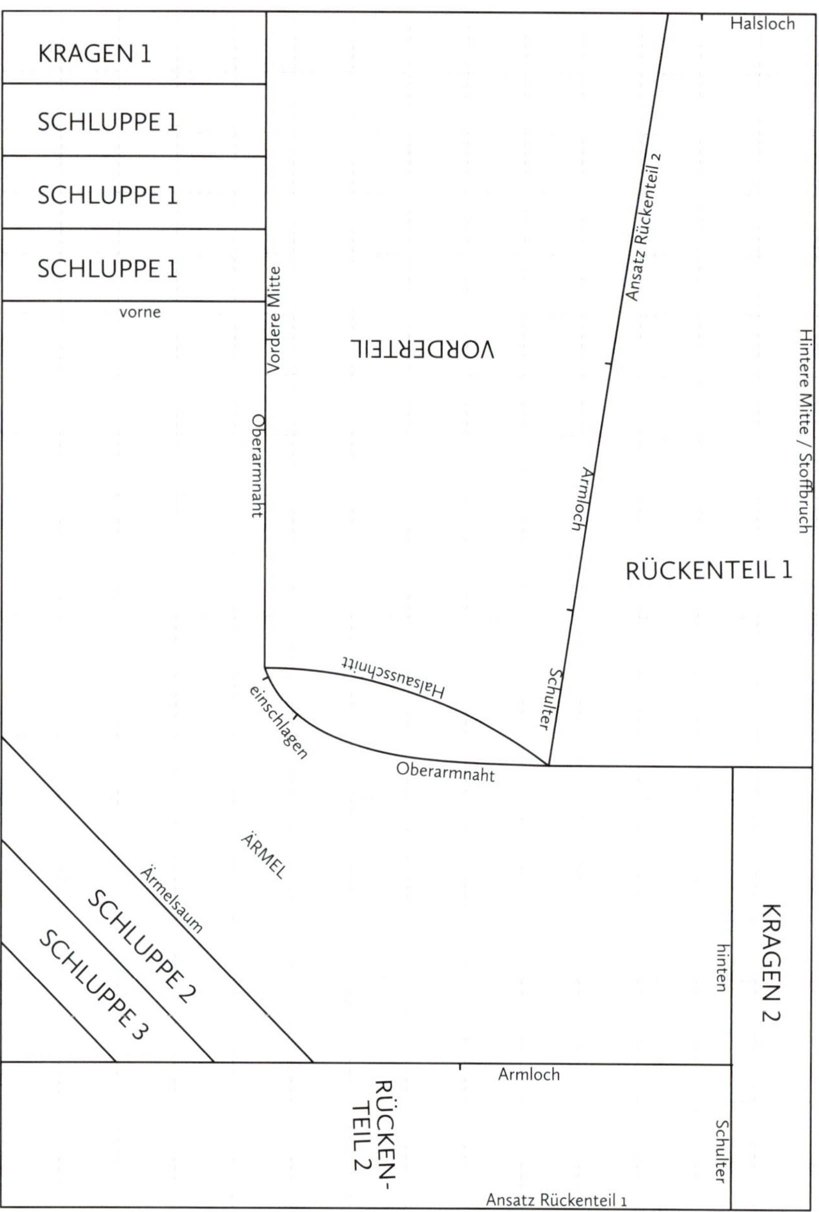

ZUSCHNEIDEPLAN GRÖSSE 2

- Jersey 140 cm breit, 99 cm lang
- Den Stoff zum Zuschnitt auf die Hälfte legen, der Stoffbruch ist auf der rechten Seite.

Größe 2 an Brustumfang 104 cm

NÄHEN

Jersey kannst du mit der Overlock nähen, doch sind hier einige knifflige Stellen, die besser mit der Nähmaschine und einem Stretch- oder Zickzackstich verarbeitet werden. Da diese Bluse auch gut mit Webware gearbeitet werden kann, ist die Beschreibung mit getrennten Näh- und Versäuberungsschritten angelegt.

1. Versäubere die Ärmel jeweils rundherum außer dem Bereich, der eingeschlagen wird.

2. Schlage beim Ärmel innerhalb der Markierungen 2-mal 0,5 cm ein und steppe die Nahtzugaben fest.

3. Schlage den Ärmelsaum 1 cm nach links und steppe die Nahtzugabe fest. Bügle die Kante.

4. Lege den Ärmel jeweils rechts auf rechts an der Oberarmnaht zusammen. Verdrehe den oben liegenden Teil einmal, bis die Oberarmnaht wieder auf der Oberarmnaht liegt und im Saum ein Twist ist. Stecke die Oberarmnaht von oben beginnend, soweit wie es geht, fest. Nähe die Naht mit 1 cm Nahtzugabe, bügle anschließend die Nahtzugaben auseinander.

5. Stecke die Ärmelnaht aufeinander und nähe die Ärmel jeweils mit 1 cm Nahtzugabe zu. Bügle die Nahtzugaben auseinander und fixiere die Nahtzugaben im Ärmelsaum mit ein paar Stichen.

6. Versäubere die Vorder- und Rückenteile rundherum außer an den Halsausschnitten.

7. Lege die Vorderteile in der vorderen Mitte rechts auf rechts und stecke sie zusammen. Lass von oben 14/16 cm offen und nähe die Vorderteile zusammen. Bügle die Nahtzugaben auseinander. Im offenen Bereich bügelst du die Nahtzugaben auf die linke Stoffseite und nähst sie knappkantig fest. Setze unten einen kleinen Querriegel.

8. **Bei Größe 1:** Lege die Rückenteile in der hinteren Mitte rechts auf rechts und nähe sie mit 1 cm Nahtzugabe zusammen. Bügle die Nahtzugaben auseinander.
Bei Größe 2: Lege die Rückenteile 2 rechts auf rechts auf die Rückenteile 1 und nähe die Teilungsnähte mit 1 cm Nahtzugabe zusammen. Bügle die Nahtzugaben auseinander.

9. Lege das Vorderteil rechts auf rechts auf das Rückenteil und nähe die Schultern gemäß den Markierungen zusammen. Stecke die Seitennähte und nähe ab den Markierungen bis zum Saum. In Größe 2 ist das Rückenteil deutlich länger als das Vorderteil, nähe hier nur bis 1 cm vor der Saumkante. Bügle die Nahtzugaben auseinander.

10. Reihe den Halsausschnitt im Vorderteil ein.

TIPP:

Zum Einreihen stellst du die Oberfadenspannung an deiner Nähmaschine sehr locker und wählst eine große Stichlänge. Du nähst die erste Naht 0,5 cm von der Kante entfernt, ohne am Anfang und Ende zu verriegeln, lass die Fäden etwas überstehen. Nähe eine zweite Naht 1 cm parallel daneben. Zieh an einer Seite an den unteren Fäden und reihe die Kante ein. Wenn du das Teil festnähst, nähst du genau zwischen den beiden Reihnähten. Nach dem Festnähen entfernst du die Reihfäden.

11. Nähe die Kragen- und Schluppenteile rechts auf rechts aneinander:
Bei Größe 1: Du nähst jeweils rechts auf rechts ein kurzes Kragenteil an ein Kragenteil im Stoffbruch. Bei den Schluppenteilen schneidest du die kurzen, schrägen Ecken ab, so dass die Kanten einen 90°-Winkel erhalten. Nähe jeweils rechts auf rechts eine kurze an eine lange Schluppe, anschließend die Schluppen jeweils an die Kante des längeren Kragenteils. Bügle die Nahtzugaben auseinander. Stecke beide Kragen-/Schluppenteile rechts auf rechts zusammen. Nähe nun die komplette obere Kante, die beiden kurzen Seiten und von den unteren Kanten den Schluppenbereich sowie 7 cm der unteren Kante des schmäleren Kragenteils zu. Schneide die Ecken zurück und bügle die Nahtzugaben auseinander. Wende das Kragen-/Schluppenteil.
Bei Größe 2: Du nähst jeweils rechts auf rechts ein kurzes Kragenteil an ein langes Kragenteil. Bei den schrägen Schluppenteilen schneidest du die kurzen, schrägen Ecken ab, so dass die Kanten einen 90°-Winkel erhalten. Nähe jeweils rechts auf rechts eine kurze an eine lange Schluppe. Von den geraden Schluppenteilen nähst du jeweils zwei rechts auf rechts an der kurzen Kante aneinander. Bügle die Nahtzugaben auseinander. Lege zur Orientierung die beiden langen Kragen-/Schluppenstreifen rechts auf rechts. Stecke an jede Seite an die obere und untere Lage jeweils ein Schluppenteil, das die beiden Lagen verbindet. Nähe die Kanten an und bügle die Nahtzugaben auseinander. Lege die langen Streifen wieder rechts auf rechts, dabei liegen die zuletzt angenähten Schluppenteile im Bruch. Nähe die oberen Kanten zusammen. Nähe bei den unteren Kanten die Schluppenteile zusammen, lasse die Kragenteile noch offen. Schneide die Ecken zurück und bügle die Nahtzugaben auseinander. Wende das Kragen-/Schluppenteil.

12. Nähe den Kragen an das Halsloch:
Bei Größe 1: Reihe die Vorderteile jeweils auf 12 cm ein. Stecke die Seite mit dem kurzen Kragenteil rechts auf rechts an das rechte Vorderteil. Du steckst nur eine Lage des Kragenteils fest. Beginne an der Ecke des schmäleren Kragenteils, hier hast du in Schritt 11 bereits 7 cm zugenäht. Stecke den Kragen an das Rückenteil und das andere Vorderteil, ohne dabei das Halsloch zu dehnen. Dabei bleibt vom Kragenteil an der linken Seite noch etwas Stoff übrig. Nähe den Kragen an und bügle die Nahtzugabe nach oben. Schlage die obere, offene Kante des Kragens nach links und stecke sie so fest, dass die eben genähte Naht knapp verdeckt wird. Bei dem Kragenstück, das übersteht, klappst du die Nahtzugaben nach innen und steckst die Kanten aufeinander. Nähe Kragen und überstehendes Stück knappkantig zusammen. Bügle die Kante. Stecke das kurze überstehende Kragenende nach links, so dass eine Stoffschlaufe entsteht. Nähe es knappkantig fest.
Bei Größe 2: Reihe die Vorderteile jeweils auf 13 cm ein. Halbiere die Gesamtstrecke von kurzem und langem Kragenteil, das ergibt die hintere Mitte. Stecke die hinteren Mitten von Kragen- und Rückenteil rechts auf rechts aufeinander. Du steckst nur eine Lage des Kragenteils fest. Stecke den Kragen an das Rückenteil und die angereihten Vorderteile, ohne das Halsloch zu dehnen. Dabei bleibt vom Kragenteil an der rechten und linken Seite noch etwas überstehen. Nähe den Kragen an und bügle die Nahtzugabe nach oben. Schlage die obere, offene Kante des Kragens nach links und stecke sie so fest, dass die eben genähte Naht knapp verdeckt wird. Bei dem Kragenstück, das übersteht, steckst du die Nahtzugaben nach innen geklappt aufeinander, so dass der Kragen in die Schluppe übergeht. Nähe es knappkantig fest. Bügle die Kante.

13. Stecke die Ärmel jeweils rechts auf rechts in das Armloch, achte darauf, dass die Markierungen zusammenpassen. Nähe den Ärmel ein und bügle die Nahtzugaben Richtung Ärmel.

14. **Größe 1:** Schlage den Saum 1 cm ein, nähe ihn fest.
Größe 2: Schlage den Saum vorne 1 cm und hinten 5 cm ein, dabei klappst du die Nahtzugaben der Seitennähte nach innen. Nähe den Saum fest. Bügle die Saumkante.

Boho-Rock

Vier Stufen und oben ein Gummizug, fertig ist der Boho-Rock. Der schwingende Maxirock fällt besonders schön mit fließenden und leichten Stoffen. Die oberste Stufe mit dem Gummibund kannst du unterschiedlich arbeiten, z. B. mit Tunnel, den Gummi aufsteppen oder smoken. Wir haben Mini-Tunnel abgesteppt und schmale Gummis eingezogen. Das sieht aus wie gesmokt, so ist es aber einfacher, gezielt auf ein Maß zu kommen.

MATERIAL UND SCHNITTTEILE

MATERIAL

- Webware, 140 cm breit
  Größe 1 und 2: 141 cm lang
- Nähgarn
- kleine Sicherheitsnadel
- Gummiband, 0,5–0,8 cm breit: 3,6 m/4,5 m
  Bei der Länge des Gummibands gehen wir von einer Taille von 75/90 cm aus und nehmen das Maß x 5.
  Die Nahtzugabe haben wir vernachlässigt, da sie meist über die Dehnbarkeit aufgefangen wird. Ist dein Gummi sehr straff oder dein Taillenumfang ein anderer, berechne den Bedarf einfach neu.

SCHNITTTEILE

- 2 x Stufe 1 im Stoffbruch
- 1 x Stufe 2 im Stoffbruch
- 1 x Stufe 3A im Stoffbruch
- 2 x Stufe 3B
- 2 x Stufe 4 im Stoffbruch

NAHTZUGABEN

Im Schnitt sind 1 cm Naht- und 2 cm Saumzugabe enthalten.

Beim Zuschneiden die vordere und hintere Mitte, bei Stufe 2 und 4 die Stoffbrüche als »Mitte« markieren.

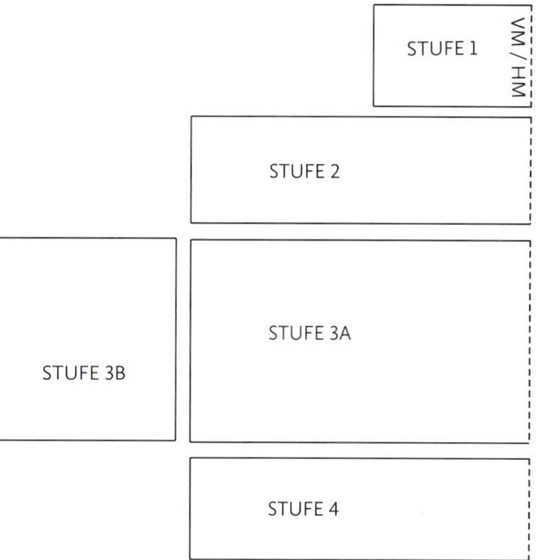

ZUSCHNEIDEPLAN

STUFE 3B

STUFE 1 – Hintere Mitte Stoffbruch

STUFE 1 – Vordere Mitte Stoffbruch

STUFE 2 – Stoffbruch

STUFE 3A – Stoffbruch

STUFE 4 – Stoffbruch

STUFE 4 – Stoffbruch

ZUSCHNEIDEPLAN GRÖSSE 1

- Webware 140 cm breit, 141 cm lang
- Den Stoff zum Zuschnitt auf die Hälfte legen, der Stoffbruch ist auf der rechten Seite.

Größe 1 an Gesäßumfang 97 cm

STUFE 3B

STUFE 1 — Hintere Mitte Stoffbruch

STUFE 1 — Vordere Mitte Stoffbruch

STUFE 2 — Stoffbruch

STUFE 3A — Stoffbruch

STUFE 4 — Stoffbruch

STUFE 4 — Stoffbruch

ZUSCHNEIDEPLAN GRÖSSE 2

- Webware 140 cm breit, 141 cm lang
- Den Stoff zum Zuschnitt auf die Hälfte legen, der Stoffbruch ist auf der rechten Seite.

Größe 2 an Gesäßumfang 114 cm

NÄHEN

1. Versäubere alle Kanten außer den oberen Kanten bei Stufe 1 und den unteren Kanten bei Stufe 4.

2. Lege die Stufen 1 rechts auf rechts aufeinander und stecke die Seitennähte zusammen. Schließe die Seitennähte mit 1 cm Nahtzugabe und bügle die Nahtzugaben auseinander.

3. Lege den Stoff an der oberen Kante 6,5 cm auf die linke Stoffseite. Stecke unten an der Kante noch 1 cm Nahtzugabe nach innen und bügle den Umbruch. Steppe die untere Kante knappkantig fest.

4. Steppe zwischen der Bundkante und der unteren gesteppten Naht 4-mal im Abstand von 1,1 cm ab, lasse bei diesen Steppnähten eine 2 cm große Öffnung, um die Gummis einzuziehen. Schneide den Taillengummi in 5 gleichgroße Stücke. Ziehe jeweils mit Hilfe der Sicherheitsnadel ein Gummiband in einen Tunnel und nähe die Gummibandenden flach aufeinander. Schließe die Öffnungen.

5. Unterteile die langen Seiten der Stufen jeweils in Achtel: Die untere Kante der Stufe 1, die obere der Stufe 4 sowie die obere und untere Kante der Stufe 2. Markiere die Stellen mit Stecknadeln, Schneiderkreide oder kleinen Knipsen. Die Stufe 3 nehmen wir uns später vor.

6. Falte die Stufe 2 quer auf die Hälfte, rechts liegt innen, und stecke die kurzen Kanten aneinander. Schließe die Seitennähte und bügle die Nahtzugaben auseinander. Reihe die obere Kante ein und stecke Stufe 2 rechts auf

rechts auf Stufe 1, dabei treffen die Achtelmarkierungen aufeinander. Verteile die Mehrweite gleichmäßig zwischen den Markierungen und nähe die Stufe an. Bügle die Nahtzugaben nach oben und entferne die Reihfäden.

TIPP:

Zum Einreihen stellst du die Oberfadenspannung an deiner Nähmaschine sehr locker und wählst eine große Stichlänge. Du nähst die erste Naht 0,5 cm von der Kante entfernt, ohne am Anfang und Ende zu verriegeln, lass die Fäden etwas überstehen. Nähe eine zweite Naht 1 cm parallel daneben. Zieh an einer Seite an den unteren Fäden und reihe die Kante ein. Wenn du das Teil festnähst, nähst du genau zwischen den beiden Reihnähten. Nach dem Festnähen entfernst du die Reihfäden.

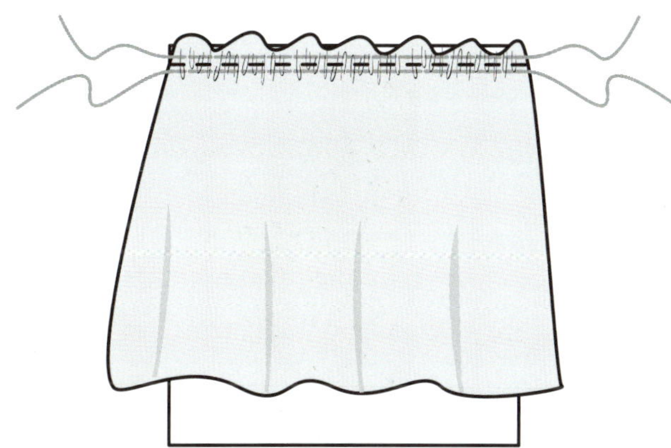

7. Stecke die Stufen 3A rechts auf rechts auf die Stufen 3B und nähe sie an den kurzen Kanten zusammen. Bügle die Nahtzugaben auseinander. Lege die genähten Teile rechts auf rechts und schließe beide Seitennähte. Bügle die Nahtzugaben auseinander. Unterteile die obere Kante in Achtel. Reihe die obere Kante ein und stecke Stufe 3 rechts auf rechts auf Stufe 2, dabei treffen die Achtelmarkierungen aufeinander. Verteile die Mehrweite gleichmäßig zwischen den Markierungen und nähe die Stufe an. Bügle die Nahtzugaben nach oben und entferne die Reihfäden.

8. Lege die Stufen 4 rechts auf rechts und stecke die kurzen Seiten zusammen. Schließe die Seitennähte und bügle die Nahtzugaben auseinander. Reihe die obere Kante ein und stecke Stufe 4 rechts auf rechts auf Stufe 3, dabei treffen die Achtelmarkierungen aufeinander. Verteile die Mehrweite gleichmäßig zwischen den Markierungen und nähe die Stufe an. Bügle die Nahtzugaben nach oben und entferne die Reihfäden.

9. Schlage den Saum 2-mal 1 cm ein und steppe den Saum knappkantig fest. Bügle die Saumkante.

20

Wasserfallshirt mit Beanie

Das Wasserfallshirt kannst du aus Jerseystoffen für den Sommer nähen – oder aus weichen Strickstoffen als Pullundersatz für kältere Jahreszeiten. Bei Größe 1 kannst du aus dem Streifen bei gut dehnbaren Jerseys eine praktische Beanie machen. Ob dein Stoff dehnbar genug für die Mütze ist, kannst du vor dem Zuschnitt einfach testen: Lege 20 cm im Bruch und unten an der Kante ein Maßband an. Wenn du die 20 cm locker auf 30 cm dehnen kannst, kannst du unbesorgt die Beanie machen.

MATERIAL UND SCHNITTTEILE

MATERIAL

- Jersey,
  Größe 1: 140 x 57 cm
  Größe 2: 117 x 62,5 cm
- Nähgarn
- Jerseynadel
- Zwillingsnadel (optional)
- Handnähnadel (nur Beanie)

SCHNITTTEILE

- 1 x Wasserfallshirt Vorderteil im Stoffbruch
- 2 x Wasserfallshirt Rückenteil
- 1 x Beanie (nur Größe 1)

NAHTZUGABEN

Im Schnitt ist 1 cm Nahtzugabe enthalten. Die Saumzugabe ist im Schnitt markiert. Beim Zuschneiden alle Markierungen auf den Stoff übertragen.

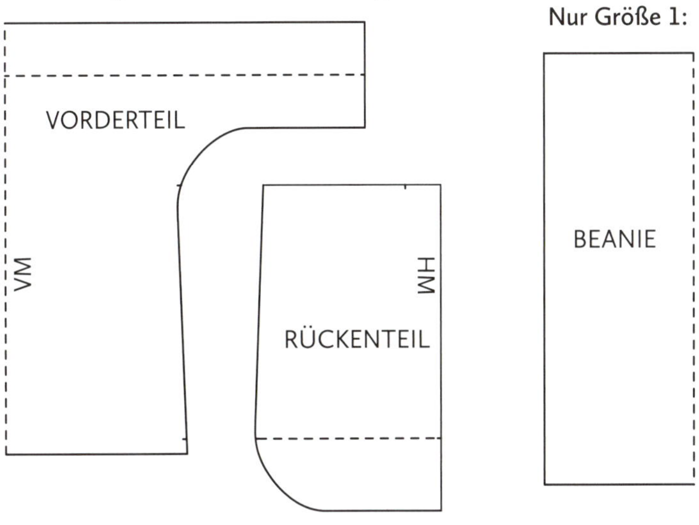

ZUSCHNEIDEPLAN WASSERFALLSHIRT

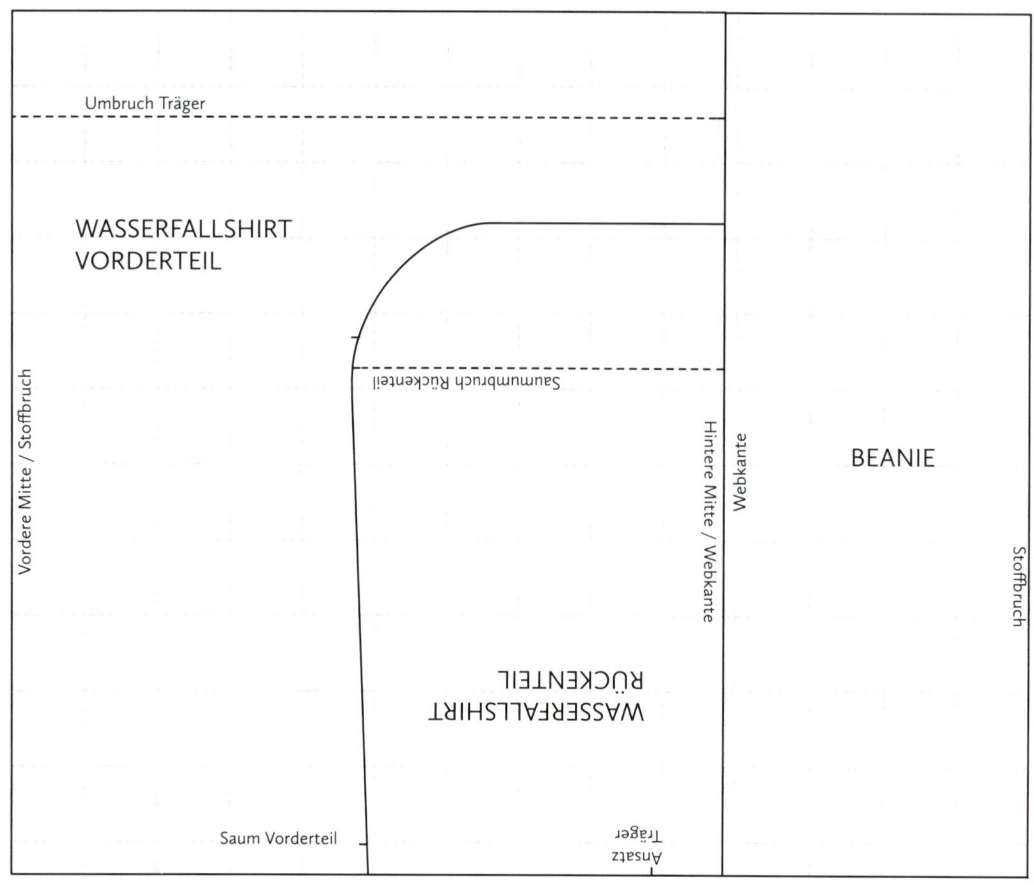

ZUSCHNEIDEPLAN GRÖSSE 1

- Jersey 140 cm breit, 57 cm lang
- Den Stoff auf beiden Seiten einschlagen:
  Stoff offen legen, auf der rechten Seite den Abstand für die Beanie abmessen und an dieser Stelle nach innen falten. Auf der linken Seite so einschlagen, dass die Webkanten aneinanderstoßen.

Größe 1 an Brustumfang 88 cm

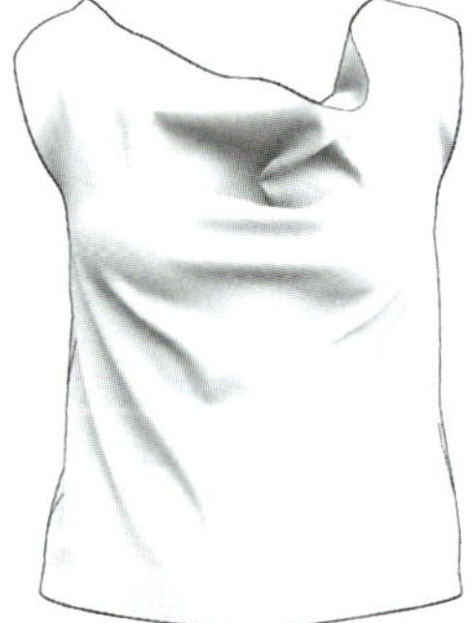

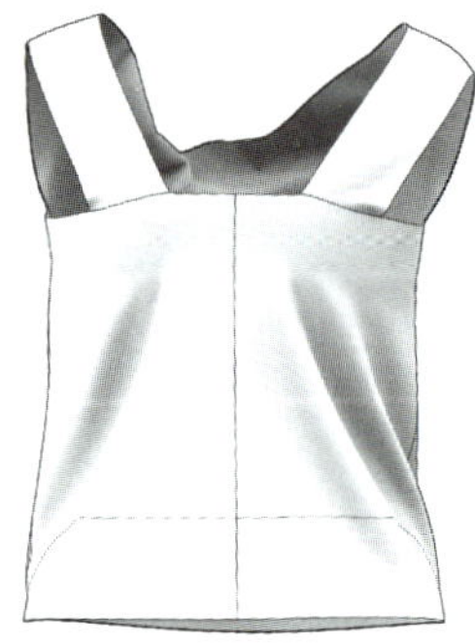

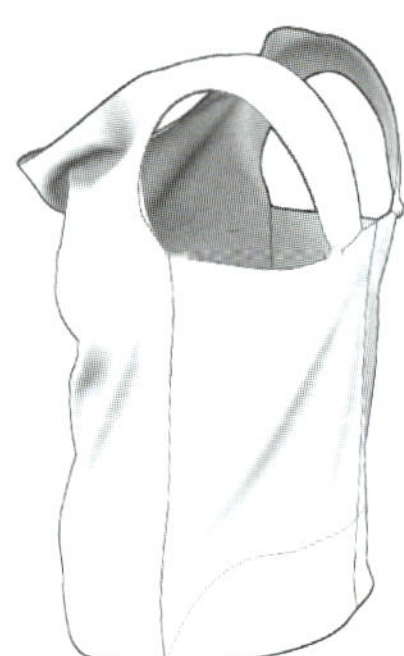

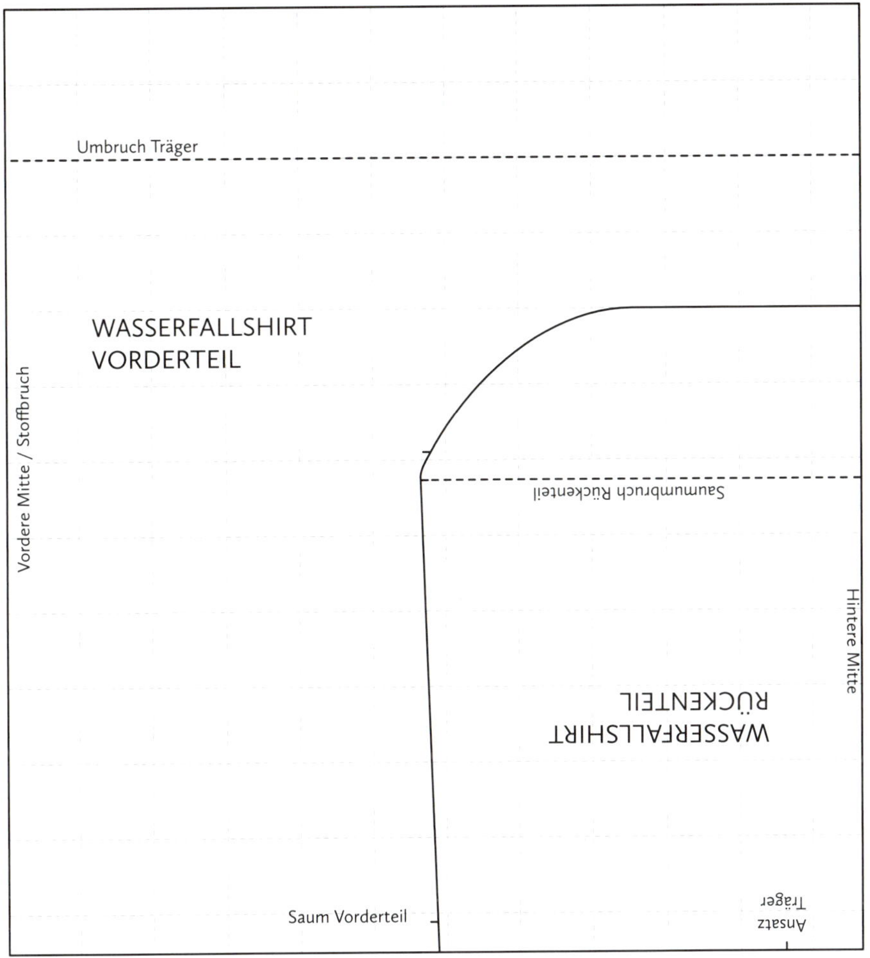

ZUSCHNEIDEPLAN GRÖSSE 2

- Jersey 117 cm breit, 62,5 cm lang
- Den Stoff zum Zuschnitt auf die Hälfte legen, der Stoffbruch ist auf der linken Seite.

Größe 2 an Brustumfang 106 cm

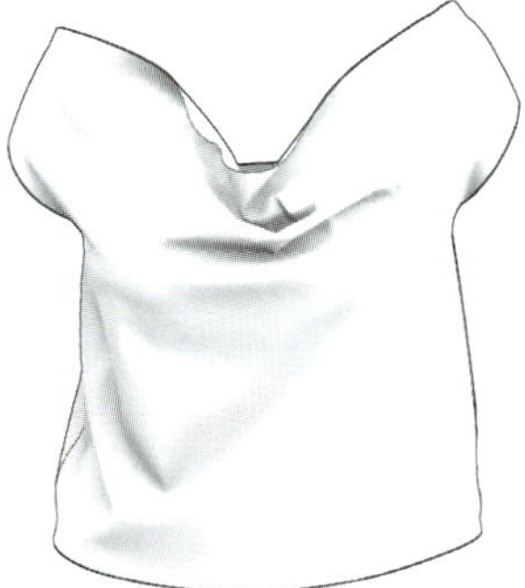

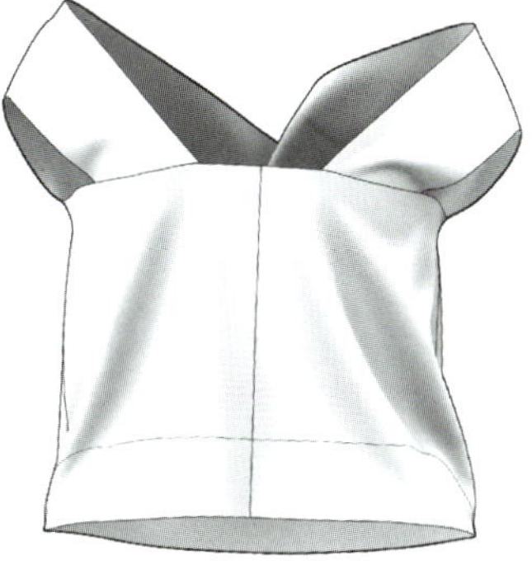

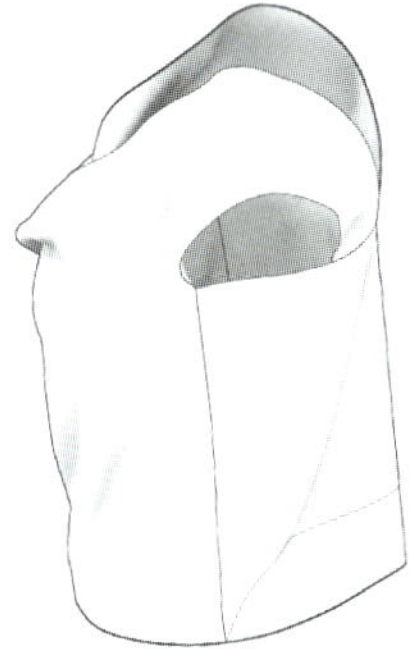

NÄHEN WASSERFALLSHIRT

Beachte zum Nähen, Versäubern und Bügeln die Jersey-Tipps auf S. 10 (s. Stoffkunde). Wir beschreiben die Schritte hier ohne separates Versäubern.

1. Lege die Rückenteile rechts auf rechts und nähe sie in der hinteren Mitte zusammen. Bügle die Nahtzugaben zu einer Seite.

2. Schlage beim Vorderteil den oberen Umbruch nach rechts und verstürze die Träger bis zur Markierung in der Rundung. Wende die Träger und bügle die Kanten schön aus.

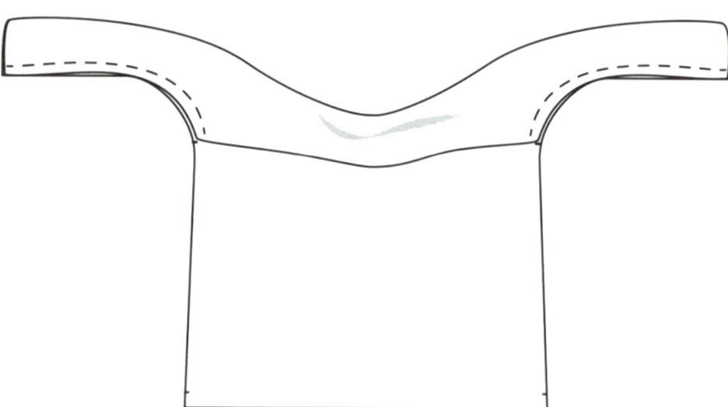

3. Lege das Rückenteil rechts auf rechts auf das Vorderteil und stecke die Träger mittig an die Ansatzmarkierungen. Nähe die Träger an. Schlage anschließend die Kante 1 cm nach links und nähe die Kante, z. B. mit einer Zwillingsnadel, fest. Dabei fasst du die Trägerenden noch einmal mit.

4. Lege das Rückenteil wieder rechts auf rechts auf das Vorderteil und stecke die Seitennähte zusammen. Dabei treffen unten die Saummarkierungen aufeinander, oben trifft die Kante des Rückenteils auf die Markierung im Vorderteil. Nähe die Seitennähte jeweils zusammen und bügle die Nähte.

5. Schlage den Saum nach links, orientiere dich dabei im Vorderteil an der Markierung und im Rückenteil an der Saum-Umbruchlinie. Stecke den Saum gut fest und nähe ihn, vorne gerade und hinten im Verlauf der Rundung fest. Das kannst du z. B. mit der Zwillingsnadel machen. Bügle die Kante.

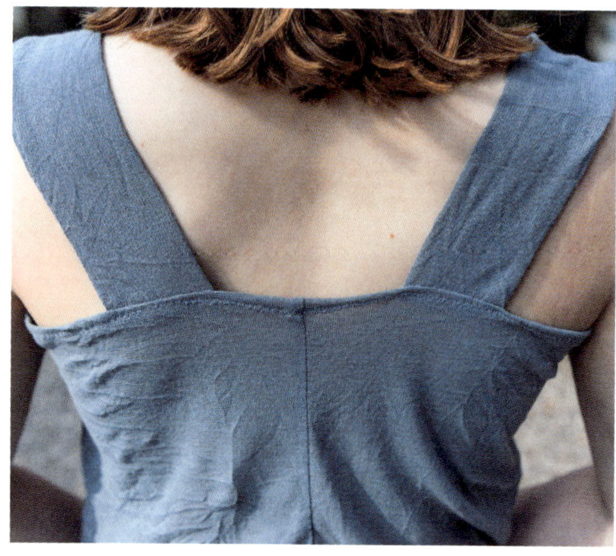

NÄHEN BEANIE

1. Lege den Stoffstreifen vor dich und falte ihn längs auf die Hälfte, so dass rechts innen liegt. Nähe den Streifen an der langen Kante zusammen und lasse dabei eine Wendeöffnung von 3 cm, die 6 cm von der oberen Kante entfernt ist.

2. Nimm nun die Handnähnadel mit doppeltem Faden und mach ans Ende einen stabilen Knoten. Nähe mit einem großen Heftstich an der kurzen Kante einmal rundherum. Wenn du am Ausgangspunkt angekommen bist, ziehst du den Faden ganz fest, bis die Beanie geschlossen ist, und vernähst den Faden sehr gründlich, damit die geraffte Naht nicht aufgehen kann. Wiederhole das an der anderen kurzen Kante.

3. Wende die Beanie über die Wendeöffnung. Bügle die Naht gut aus und schließe die Kante an der Wendeöffnung: Du kannst die Kanten knappkantig zusammennähen oder die Öffnung von Hand schließen.

4. Der Teil mit der Wendeöffnung ist der innere Beanieteil, diesen schiebst du nach innen, bis die gerafften Mützenenden aufeinander liegen. Fixiere die gerafften Teile mit ein paar Handstichen.

Flatterkleid

Das luftige Kleid hat riesige Flatterärmel und einen seitlichen Schlitz. Die Säume der Ärmel und ein Stück vom Halsausschnitt sind mit Schrägband eingefasst. Der Schnitt sitzt im Brustbereich leger, ausschlaggebend ist der Gesäßumfang.

MATERIAL UND SCHNITTTEILE

MATERIAL

- Webware, 140 cm breit
  Größe 1: 175 cm lang
  Größe 2: 213 cm lang
- Vlieseline, z. B. H200, 30 cm
- Nähgarn
- Schrägband, 2 m

SCHNITTTEILE

- 1 x Hauptteil
- 1 x Rückenteil oben
- 1 x Beleg vorne
- 2 x Zwickel
- 1 x Gürtel
- 1 x Ärmel rechts (Größe 1)
- 2 x Ärmel links (Größe 1)
- 2 x Ärmel vorne (Größe 2)
- 2 x Ärmel hinten (Größe 2)

NAHTZUGABEN

Im Schnitt sind 1 cm Naht- und 4 cm Saumzugabe enthalten. Beim Zuschneiden alle Markierungen auf den Stoff übertragen.

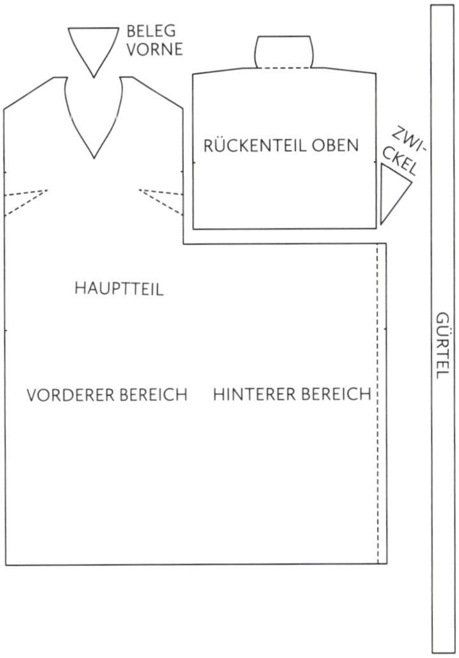

Größe 1:

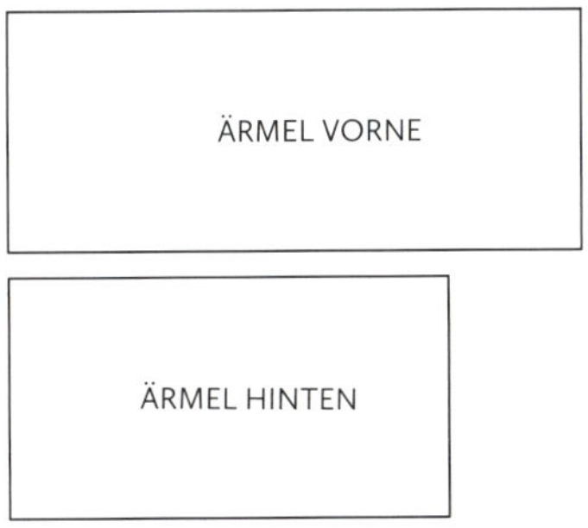

ÄRMEL VORNE

ÄRMEL HINTEN

Größe 2:

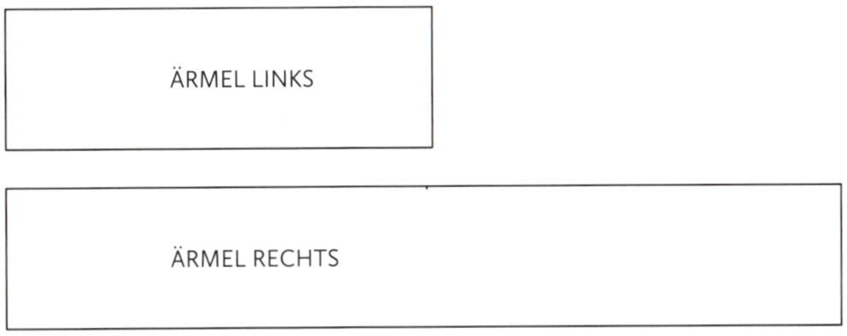

ÄRMEL LINKS

ÄRMEL RECHTS

BELEG VORNE

RÜCKENTEIL OBEN

ZWICKEL

HAUPTTEIL

VORDERER BEREICH

HINTERER BEREICH

GÜRTEL

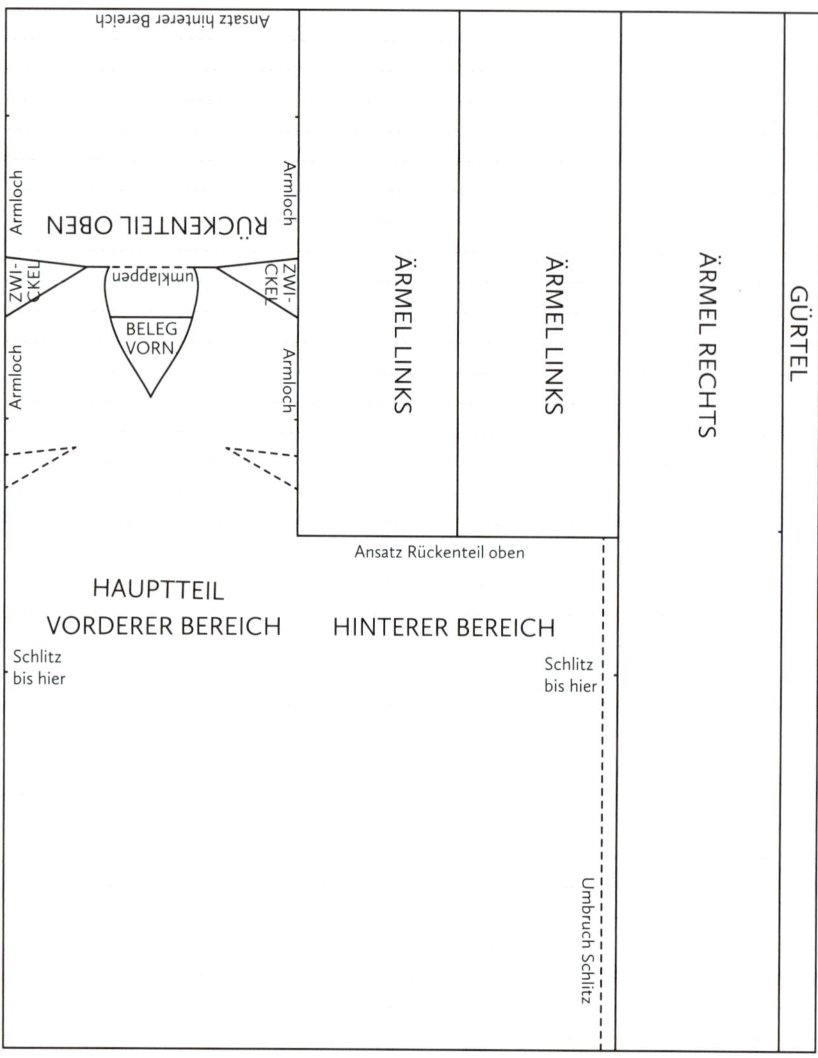

Größe 1 an Brustumfang 88 cm/ Gesäßumfang 97 cm

ZUSCHNEIDEPLAN GRÖSSE 1

- Webware 140 cm breit, 175 cm lang
- Der Stoff liegt offen.

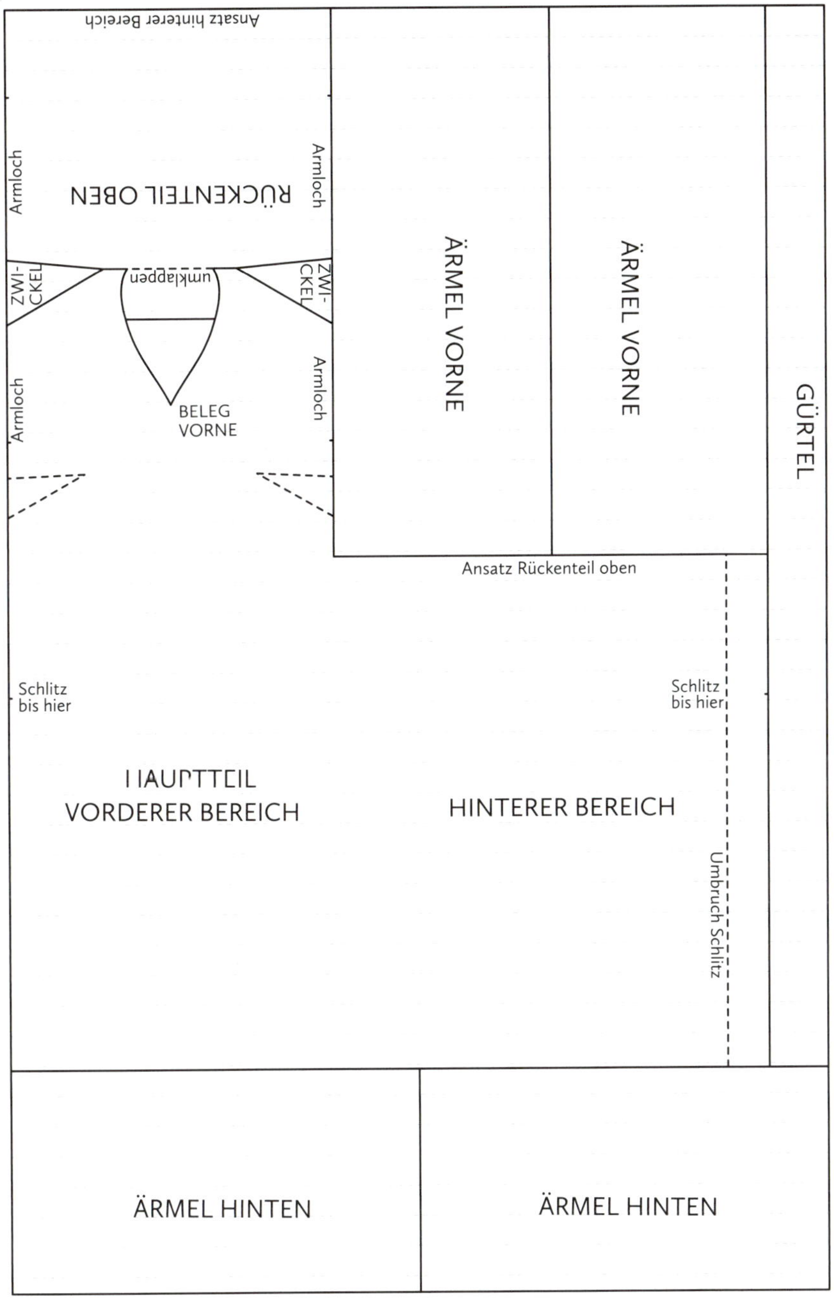

Ansatz hinterer Bereich

Armloch

RÜCKENTEIL OBEN

Armloch

ZWI-CKEL

umklappen

ZWI-CKEL

Armloch

BELEG VORNE

Armloch

ÄRMEL VORNE

ÄRMEL VORNE

GÜRTEL

Ansatz Rückenteil oben

Schlitz bis hier

Schlitz bis hier

HAUPTTEIL
VORDERER BEREICH

HINTERER BEREICH

Umbruch Schlitz

ÄRMEL HINTEN

ÄRMEL HINTEN

Größe 2 an Brustumfang 106 cm/ Gesäßumfang 114 cm

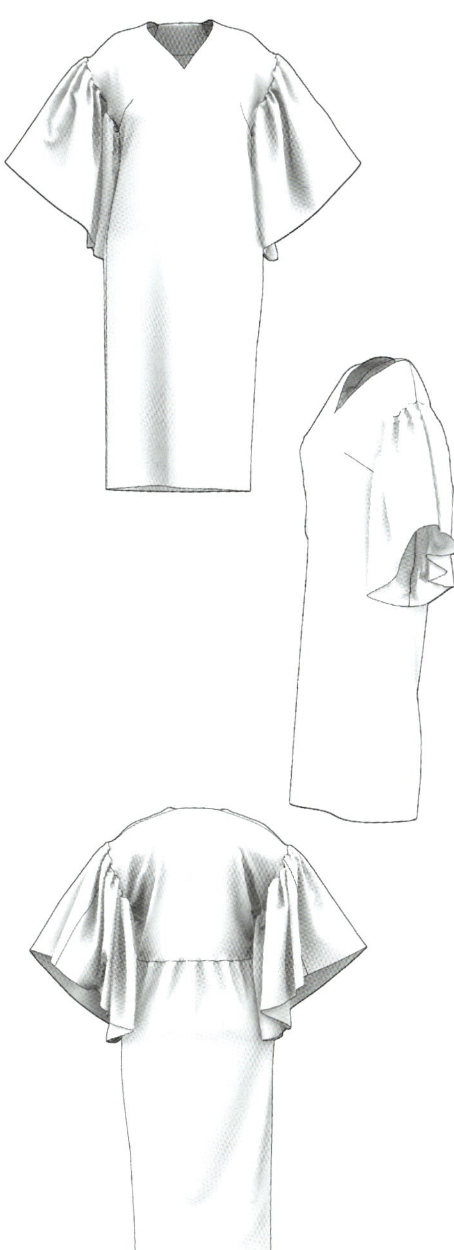

ZUSCHNEIDEPLAN GRÖSSE 2

- Webware 140 cm breit, 213 cm lang
- Der Stoff liegt offen.

1. Versäubere die kurzen Kanten aller Ärmelteile.

2. **Bei Größe 1:** Lege die linken Ärmelteile jeweils rechts auf rechts und stecke die kurzen Seiten zusammen. Nähe die Kanten mit 1 cm Nahtzugabe und bügle die Nahtzugaben auseinander. Lege den rechten Ärmel rechts auf rechts und stecke ihn an den kurzen Seiten zusammen. Nähe die Kante mit 1 cm Nahtzugabe und bügle die Nahtzugaben auseinander.
Bei Größe 2: Lege jeweils die vorderen Ärmelteile rechts auf rechts auf die hinteren und stecke die kurzen Seiten zusammen. Nähe die Kanten mit 1 cm Nahtzugabe und bügle die Nahtzugaben auseinander.

3. Fasse die untere Kante der Ärmel mit Schrägband ein.

4. Versäubere die obere Kante der Ärmel. Viertel die Strecken der oberen Kante und setze jeweils eine Markierung. Reihe die obere Ärmelkante ein.

TIPP:

Einreihen wird auf S. 147 erklärt.

5. Nähe im Vorderteil die seitlichen Brustabnäher und bügle die Abnäher nach unten. Begradige die Überstände der Nahtzugabe und runde die Seitennähte aus.

6. Versäubere
- beim Hauptteil die Schulternähte, die Seitennähte inklusive Armloch ohne Schlitzumbruch, die Taillennaht und den Saum
- beim oberen Rückenteil alle Kanten
- bei den Zwickeln alle Kanten
- beim Beleg die obere und äußere Kante

7. Lege die Zwickel rechts auf rechts auf das Vorderteil, beginne am Armlochzeichen und stecke die Spitze des Zwickels an der Seitennaht nach unten. Nähe die Kante fest und bügle die Nahtzugaben Richtung Vorderteil.

8. Stecke den Vorderteil-Beleg rechts auf rechts so auf den Ausschnitt im vorderen Bereich, dass die Spitze des Belegs die Ausschnittspitze um 3 cm überlappt. Stecke an den restlichen offenen Ausschnittkanten jeweils eine Kante des Schrägbands fest, dabei überlappt das Schrägband den Beleg ein Stückchen. Nähe Beleg und Schrägband gemäß der Ausschnittkante des Vorderteils an. Schneide den Beleg und die Nahtzugaben des Vorderteils zurück, schneide bis ca. 3 mm vor der V-Spitze ein. Wenn dein Stoff sehr fein ist, sichere diese Ecke vorher mit einem kleinen Stückchen Vlieseline. Wende den Beleg und bügle die Ausschnittkante gut aus. Schlage das Schrägband um die Nahtzugabe und stecke es fest. Steppe die Ausschnittkante ab.

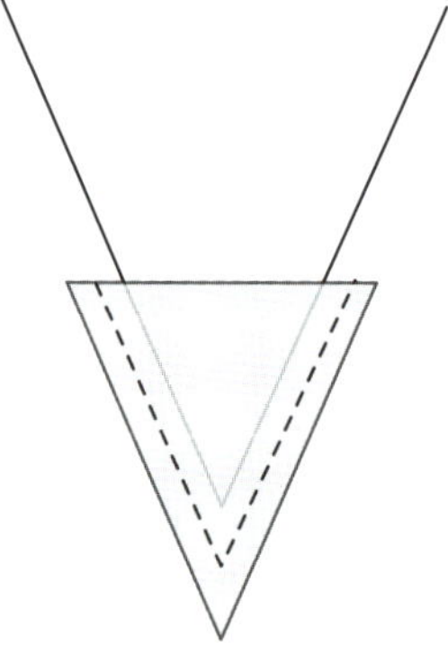

9. Bügle beim Hauptteil den Schlitzumbruch und beim oberen Rückenteil den Umbruch am Hals nach innen.

10. Lege das obere Rückenteil rechts auf rechts auf das Hauptteil mit Zwickel und stecke die Schulternähte, die kurze Seitennaht und die Taillennaht zusammen. An der Ecke kurze Seitennaht/Taillennaht schneidest du beim Hauptteil die Ecke ein. Wenn dein Stoff eher fein ist, bügle hier vorher ein kleines Stück Vlieseline auf, damit die Ecke nicht einreißen kann. Bügle die Nahtzugaben auseinander.

11. Lege nun die Teile so rechts auf rechts, dass du die lange Seitennaht schließen kannst. Stecke die Naht bis zum Schlitz und nähe die Teile zusammen. Bügle die Nahtzugaben auseinander, im Schlitzbereich bügelst du die Kanten im Verlauf nach links.

12. Steppe den Schlitz im Vorderteil knappkantig fest.

13. Schlage die Nahtzugaben im hinteren Schlitzbereich 2-mal ein und steppe die Kante fest. Setze am Schlitzende einen Querriegel.

14. Halbiere jeweils zwischen Schulter- und Seitennaht die Strecken im Armloch. Stecke die Ärmel gemäß der Markierungen rechts auf rechts in das Armloch und nähe die Ärmel ein. Bügle die Nahtzugaben Richtung Ärmel.

15. Stecke den Saum 4 cm nach innen und steppe ihn fest.

16. Bügle den Gürtel längs auf die Hälfte, rechts liegt dabei außen. Schlag die Nahtzugaben nach innen und stecke die beiden Kanten aufeinander. Schlage die kurzen Kanten ein und stecke sie aufeinander. Steppe die Kanten ab. Schlage an einer kurzen Seite das Ende ca. 2 cm um und steppe es als Schlaufe fest. Durch die Schlaufe kannst du dann den Gürtel ziehen.

Slipdress

Das Slipdress hat überkreuzte Träger, die im Rückenteil noch einmal verschlungen sind. Der Ausschnitt vorne wird raffiniert verstürzt, im Rückenteil sorgt ein elastisches Gummiband für zusätzlichen Halt. Das Slipdress funktioniert als hübsches Sommerkleidchen, aufregendes Negligé oder wertvolles Unterkleidchen. Unterkleider werden total unterschätzt, dabei leisten sie in der Strumpfhosenzeit wertvolle Anti-Rutsch-Dienste zwischen Bekleidung und Beinkleidung, in der Nackte-Beine-Zeit sorgen sie für gefälligeres Tragegefühl und gute Optik. Die Stoffreste haben wir als kleines Anbinderöschen verwertet.

MATERIAL UND SCHNITTTEILE

MATERIAL

- Webware
  Größe 1: 130 x 79 cm
  Größe 2: 140 x 87 cm
- Nähgarn
- Gummilitzenband
  Größe 1: 50 cm
  Größe 2: 70 cm

SCHNITTTEILE

- 1 x Vorderteil
- 1 x Rückenteil 1
- 1 x Rückenteil 2
- 1 x Rückenteil 3
- 5 x Schrägstreifen

NAHTZUGABEN

Im Schnitt ist 1 cm Naht- und Saumzugabe enthalten. Beim Zuschneiden alle Markierungen auf den Stoff übertragen.

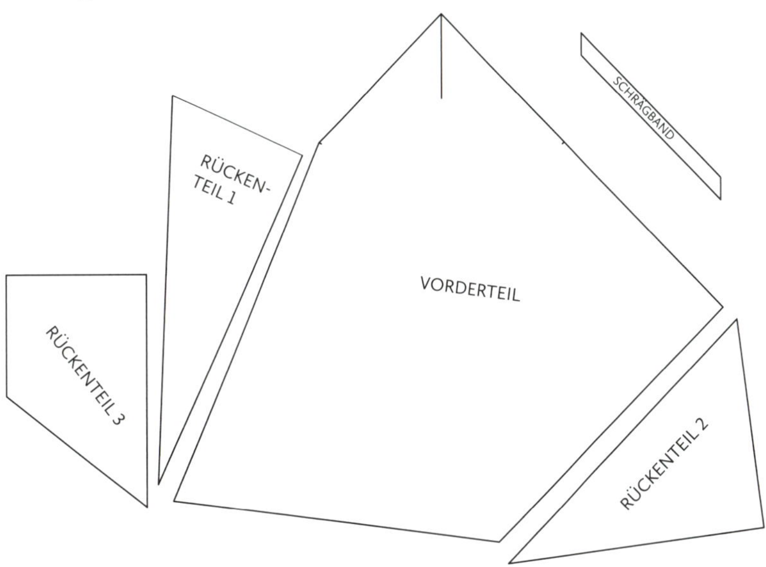

ZUSCHNEIDEPLAN

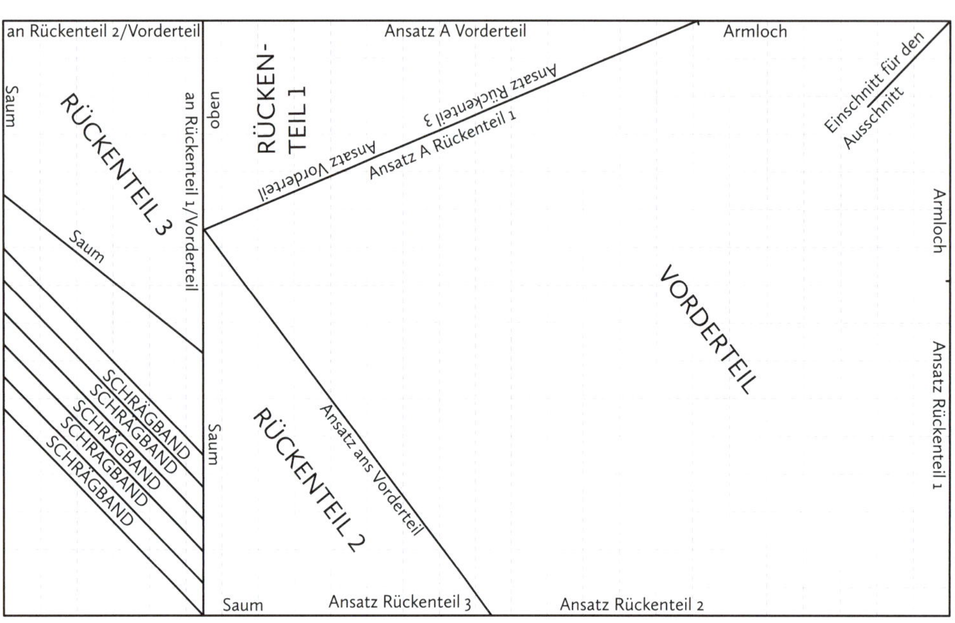

ZUSCHNEIDEPLAN GRÖSSE 1

- Webware 130 cm breit, 79 cm lang
- Der Stoff liegt offen.

Größe 1 an Brustumfang 88 cm/Gesäßumfang 97 cm

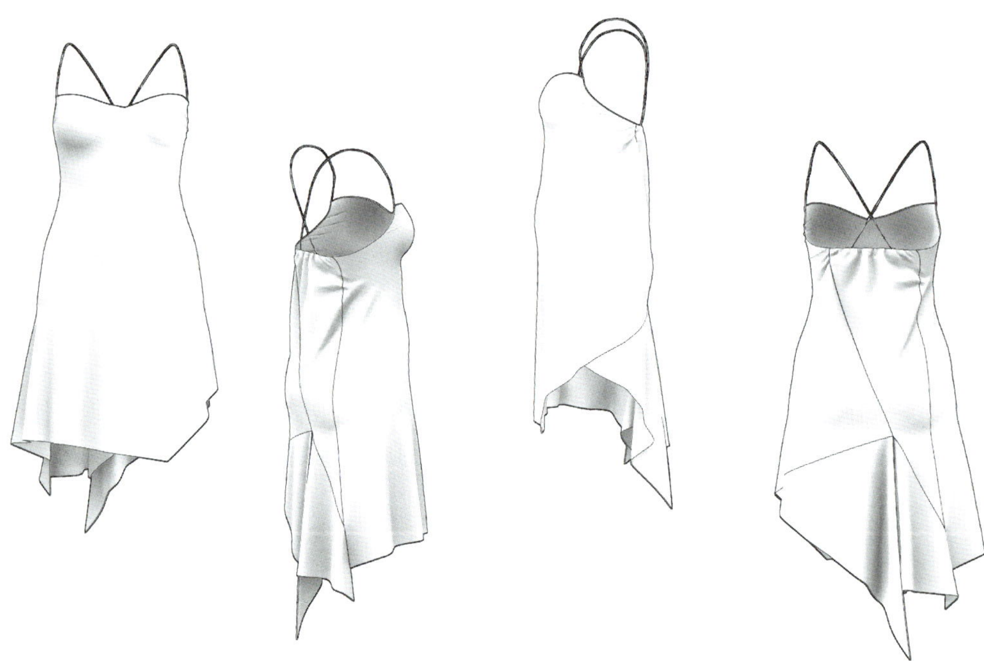

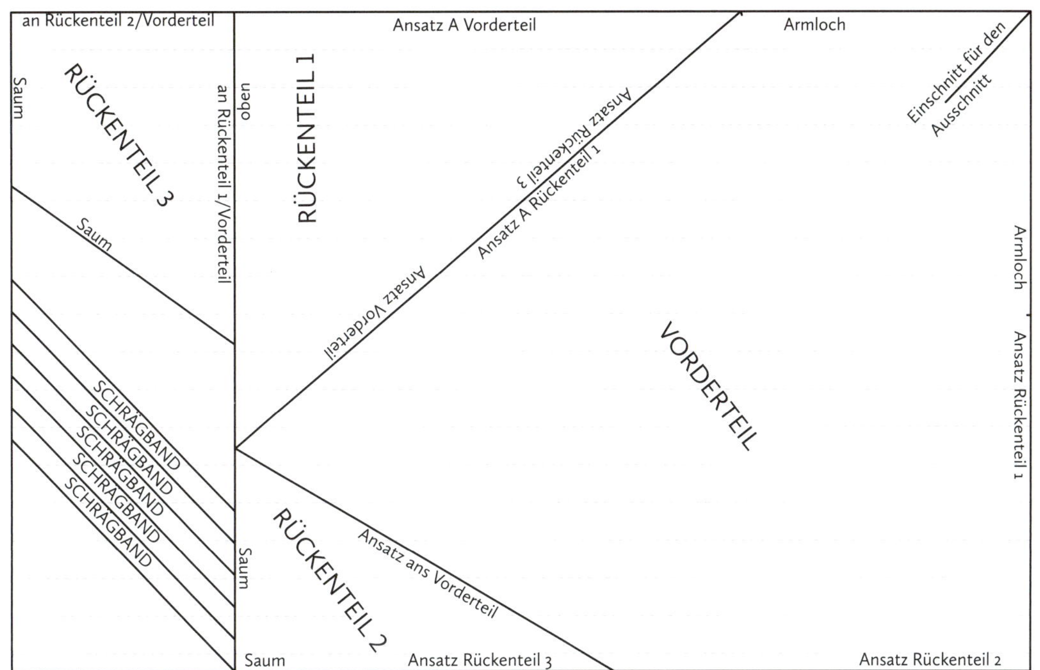

ZUSCHNEIDEPLAN GRÖSSE 2

- Webware 140 cm breit, 87 cm lang
- Der Stoff liegt offen.

Größe 2 an Brustumfang 106 cm/ Gesäßumfang 114 cm

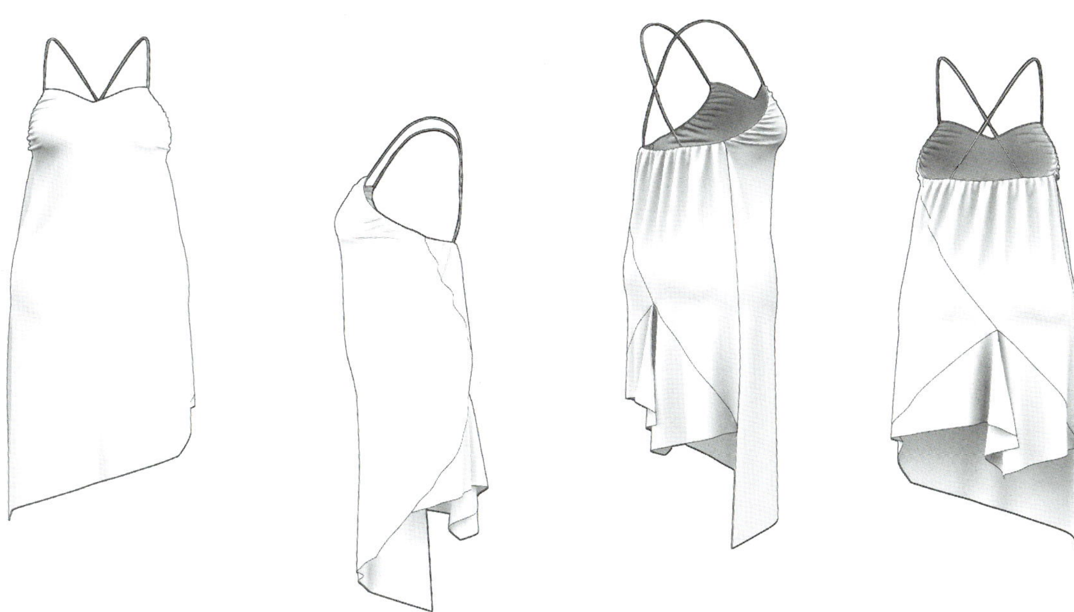

NÄHEN

1. Nähe für die Träger jeweils 2 Schrägstreifen aneinander und bügle die Nahtzugaben auseinander. Bügle die Schrägstreifen längs auf die Hälfte, schlage dann jeweils die Nahtzugabe nach links, bügle die Bänder und steppe sie an den offenen Kanten knappkantig zusammen. Mit einem Schrägbandformer könntest du die Bügelarbeit etwas abkürzen.

2. Nähe den übrigen offenen Schrägstreifen auf den Einschnitt am Ausschnitt. Klappe dazu den Einschnitt auf, so dass er gerade vor dir liegt, mit der rechten Stoffseite nach oben. Positioniere den Schrägstreifen mit der linken Stoffseite nach oben unter dem Einschnitt und stecke ihn fest. Nähe den Streifen im Prinzip füßchenbreit an, an der Einschnittstelle lässt du die Spitze des Einschnitts etwas nach innen gehen, um gleich danach wieder auf Füßchenbreite zu kommen. Die Nahtkante ist die ganze Strecke parallel zur Streifenkante.

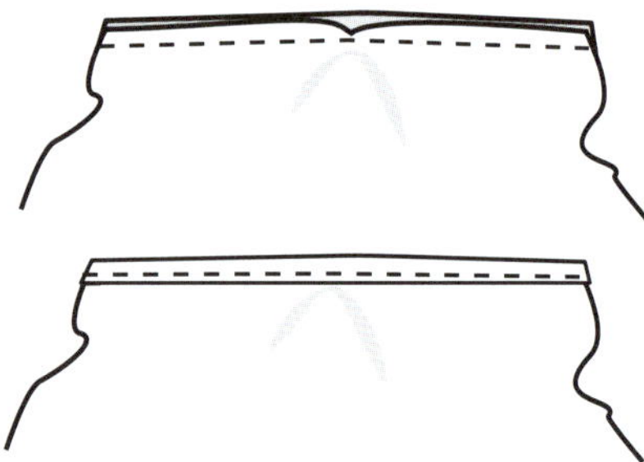

Klappe den Streifen 2-mal um die Kante und steck ihn so fest, dass du die eben genähte Naht knapp verdeckst. Steppe die Kante knappkantig ab.

3. Klappe den Ausschnitt nach außen, so dass der eingefasste Streifen gerade liegt. Die rechte Stoffseite liegt dabei innen. Stecke oben in den Umbruch auf jeder Seite einen Träger und nähe die äußeren Kanten jeweils zusammen. Ecken zurückschneiden und Teile wenden. Die Kanten gut ausbügeln.

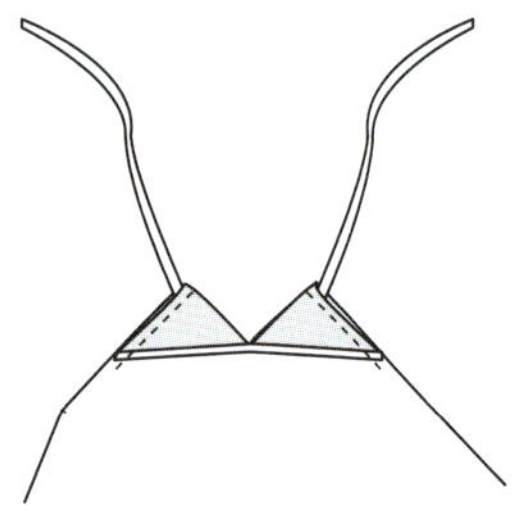

4. Lege das Rückenteil 1 rechts auf rechts auf das Vorderteil und nähe die Ansatzkante A zusammen. Nahtzugaben zusammen versäubern und Richtung Rückenteil bügeln.

5. Lege das Rückenteil 2 rechts auf rechts auf das Vorderteil und nähe beide an der Ansatzkante zusammen. Nahtzugaben zusammen versäubern und Richtung Rückenteil bügeln.

6. Lege das Rückenteil 3 rechts auf rechts auf die Kante Rückenteil 1/Vorderteil, beginne das Teil vom Saum aus nach oben festzustecken. Nähe die Teile zusammen. Nahtzugaben zusammen versäubern und Richtung Rückenteil 3 bügeln.

7. Versäubere das kurze offene Saumstück von Rückenteil 3, schlage 1 cm nach innen und steppe den Saum fest. Bügle die Saumkante.

8. Stecke von oben beginnend Rückenteil 1 rechts auf rechts an das Vorderteil/Rückenteil 2. Auf der Seite vom Rückenteil 2 bleibt ein Stück überstehen. Nähe die Teile zusammen. Nahtzugaben zusammen versäubern und Richtung Rückenteil 2 bügeln.

9. Versäubere den restlichen Saum, schlage 1 cm nach links und steppe den Saum fest. Bügle die Saumkante.

10. Versäubere die oberen, offenen Kanten von Vorderteil und Rückenteil. Stecke die Gummilitze an diese Kante und teste, wie stramm du es gerne hättest. Das kann etwas unterschiedlich sein, je nachdem wie deine Rückenbreite ausfällt und wie stramm deine Litze ist. Nähe die Gummilitze gedehnt mit einem Zickzackstich an.

11. Stecke die Träger hinten über Kreuz fest, mit oder ohne Verschlingung. Als Ansatzpunkt im Rücken kannst du das Rückenteil halbieren und von der Mitte jeweils 10 cm (12 cm) nach außen gehen. Nähe die Träger fest.

Maxikleid

Das fließende lange Kleid erinnert an große Auftritte der Filmdiven den 1940-er Jahren, an rote Teppiche und griechische Göttinnen. Das Kleid hat vorne einen Schlitzausschnitt bis auf Höhe der Armausschnitte, im Rückenteil reicht der Ausschnitt bis zur Taille, ab hier wird mit einem nahtverdeckten Reißverschluss gearbeitet.

MATERIAL UND SCHNITTTEILE

MATERIAL

- Webware, 140 cm breit
  Größe 1 und 2: 141 cm lang
- Vlieseline, z. B. H200, 50 cm, für die Bindebänder
- Nähgarn
- Nahtverdeckter Reißverschluss, 20 cm lang
- Nähmaschinenfüßchen für einen nahtverdeckten Reißverschluss

SCHNITTTEILE

- 2 x Vorderteil
- 1 x Vorderteil Mitte im Stoffbruch
- 2 x Rückenteil unten
- 2 x Rückenteil oben
- 2 x Zwickel
- 1 x Bindebänder im Stoffbruch*
- 2 x Bindebänder Mitte

* Das Bindebänder-Stück aufklappen und gemäß Detailplan zuschneiden

Schneide die Bindebänder auch aus Vlieseline zu und bügle die Einlage gemäß Herstellerangaben auf.

NAHTZUGABEN

Im Schnitt sind 1 cm Naht- und Saumzugabe enthalten. Beim Zuschneiden alle Markierungen auf den Stoff übertragen.

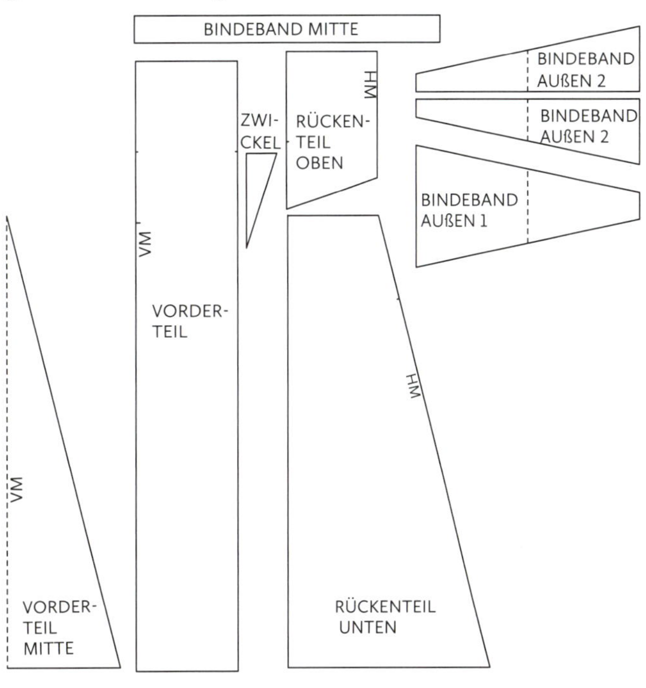

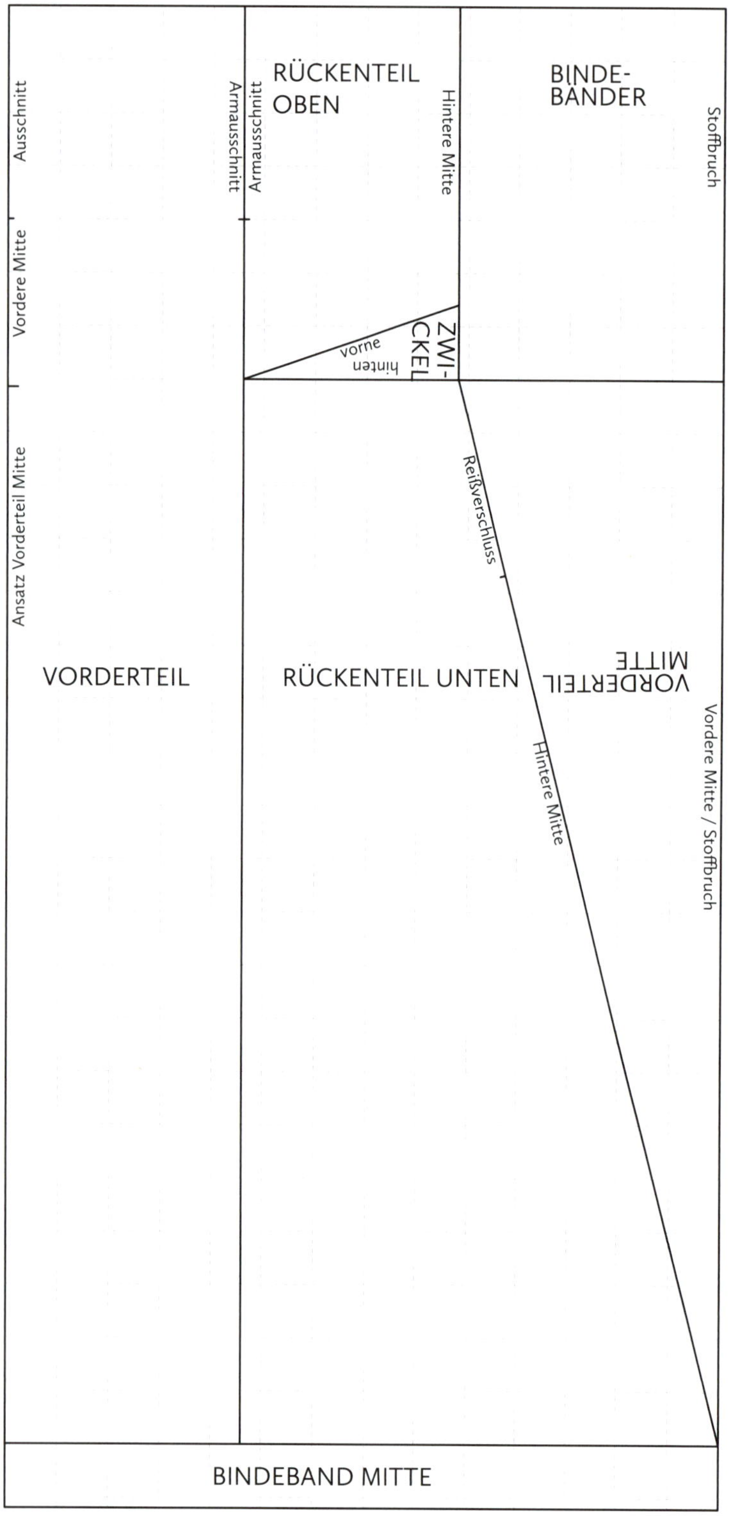

ZUSCHNEIDEPLAN

Ausschnitt
Vordere Mitte
Ansatz Vorderteil Mitte
Armausschnitt
Armausschnitt
RÜCKENTEIL OBEN
Hintere Mitte
BINDE-BÄNDER
Stoffbruch
ZWI-CKEL
vorne
hinten
Reißverschluss
VORDERTEIL
RÜCKENTEIL UNTEN
VORDERTEIL MITTE
Hintere Mitte
Vordere Mitte / Stoffbruch
BINDEBAND MITTE

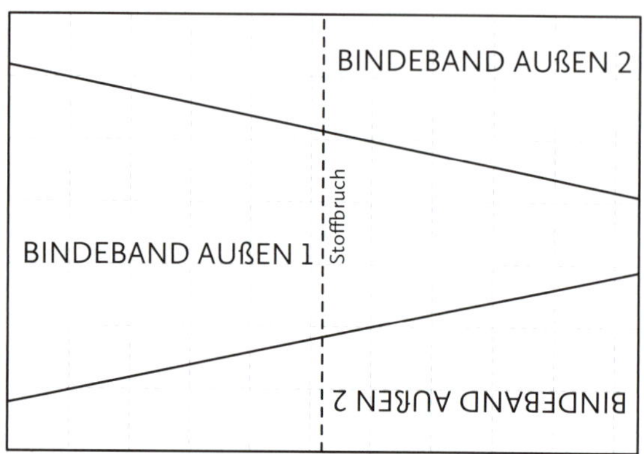

Größe 1 an Brustumfang 88 cm/Gesäßumfang 97 cm

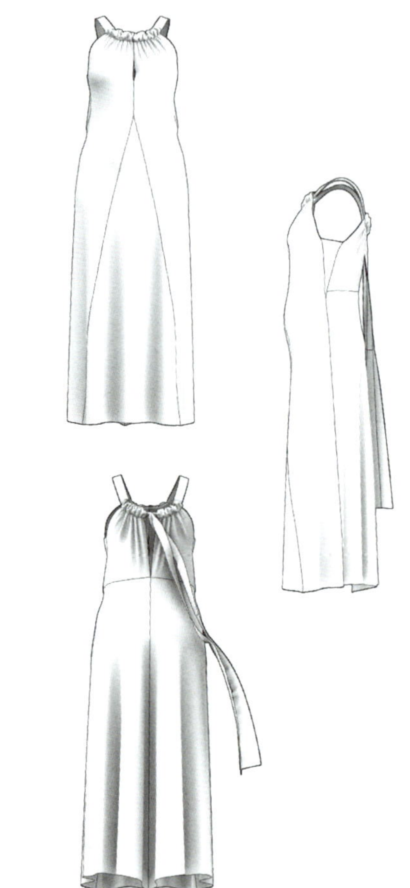

ZUSCHNEIDEPLAN GRÖSSE 1

- Webware 140 cm breit, 141 cm lang
- Den Stoff zum Zuschnitt auf die Hälfte legen, der Stoffbruch ist auf der rechten Seite.

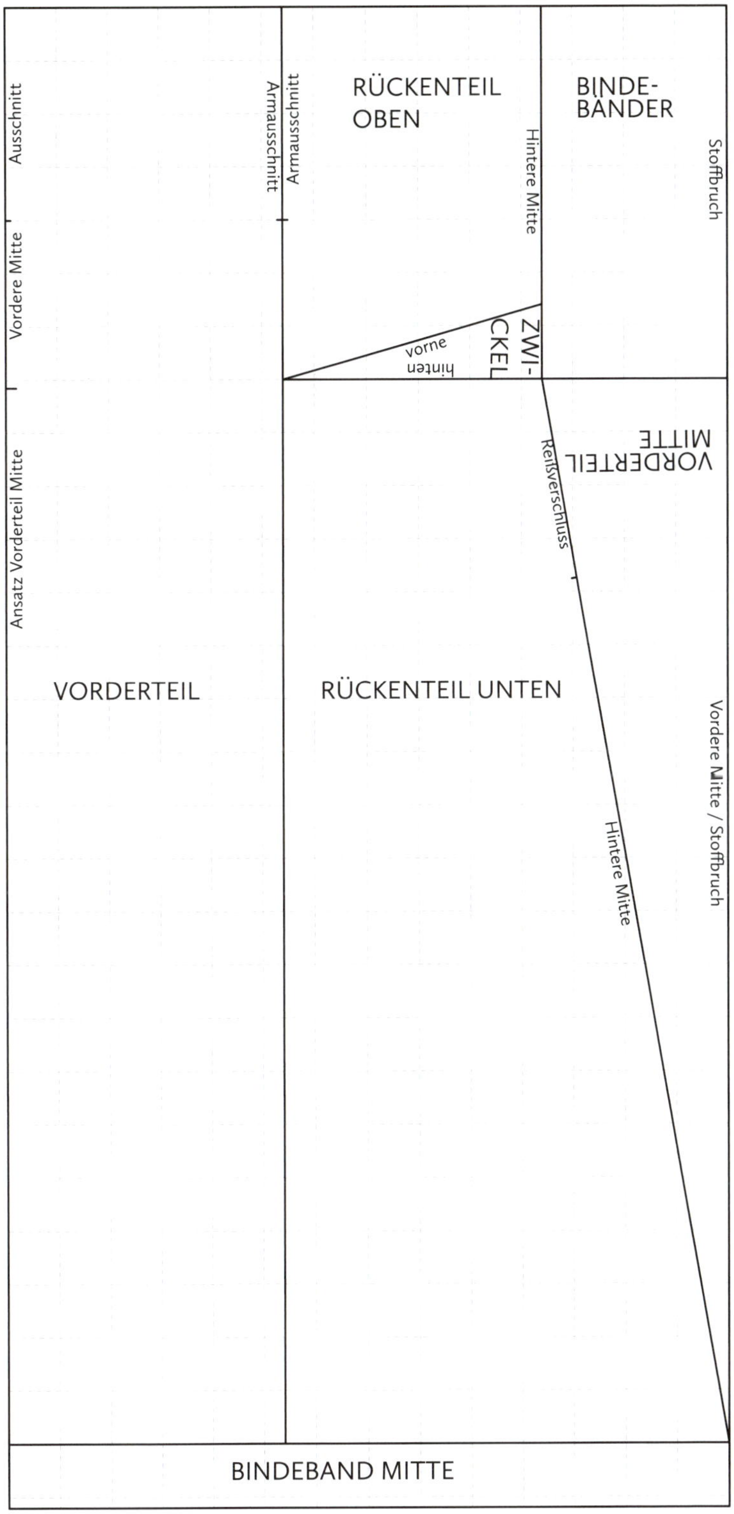

Ausschnitt
Vordere Mitte
Ansatz Vorderteil Mitte
VORDERTEIL
Armausschnitt
Armausschnitt
RÜCKENTEIL OBEN
Hintere Mitte
vorne
hinten
ZWI-CKEL
BINDE-BÄNDER
Stoffbruch
VORDERTEIL MITTE
Reißverschluss
RÜCKENTEIL UNTEN
Hintere Mitte
Vordere Mitte / Stoffbruch
BINDEBAND MITTE

BINDEBAND AUßEN 2
BINDEBAND AUßEN 1
Stoffbruch
BINDEBAND AUßEN 2

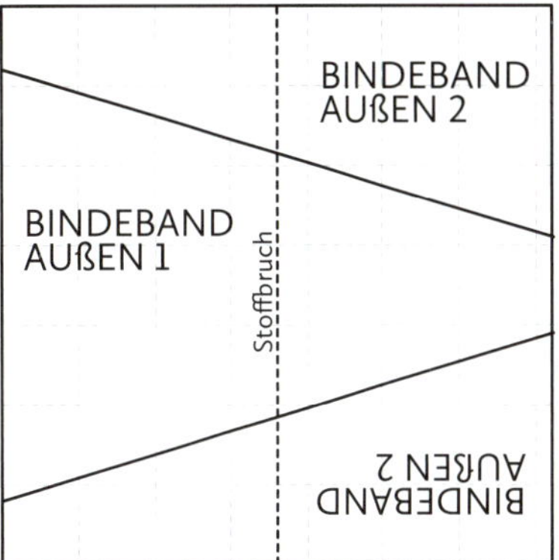

Größe 2 an Brustumfang 106 cm/ Gesäßumfang 114 cm

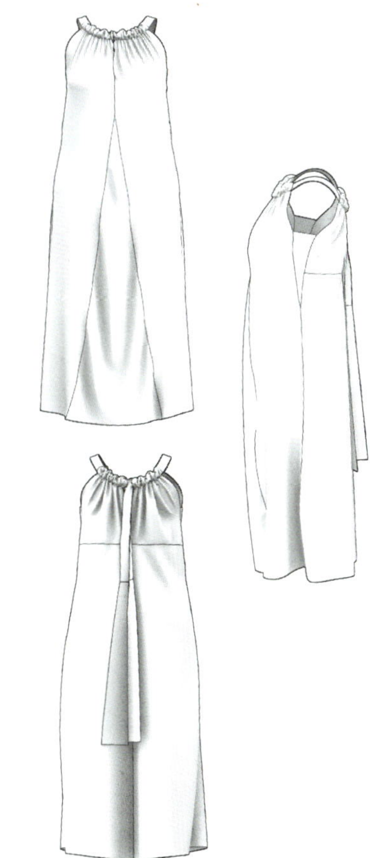

ZUSCHNEIDEPLAN GRÖSSE 2

- Webware 140 cm breit, 141 cm lang
- Den Stoff zum Zuschnitt auf die Hälfte legen, der Stoffbruch ist auf der rechten Seite.

NÄHEN

1. Versäubere folgende Kanten:
   - bei den Vorderteilen die Seitennaht ohne Armausschnitt, die vordere Mitte ohne Ausschnitt und die oberen Kanten
   - beim Vorderteil Mitte die langen Seiten
   - beim Zwickel die langen Seiten
   - beim unteren Rückenteil die langen Seiten und die obere Kante
   - beim oberen Rückenteil die Seitennaht ohne Armausschnitt

2. Lege die Vorderteile rechts auf rechts und nähe sie innerhalb der Markierungen mit 1 cm Nahtzugabe zusammen. Bügle die Nahtzugaben auseinander. Schlage im Bereich des Ausschnitts die Nahtzugaben 2-mal 0,5 cm ein und steppe den Ausschnitt knappkantig ab. Setze unten einen Querriegel.

3. Stecke das mittlere Vorderteil jeweils rechts auf rechts an die Vorderteile in der vorderen Mitte vom Saum bis zur Markierung. Nähe die Teile zusammen, achte darauf, dass sie an der Spitze exakt zusammentreffen. Bügle die Nahtzugaben auseinander.

4. Stecke den nahtverdeckten Reißverschluss rechts auf rechts an das linke untere Rückenteil, beginnend von der oberen Kante. Nähe den Reißverschluss mit dem Nähmaschinenfüßchen für nahtverdeckte Reißverschlüsse fest, rolle beim Annähen die Raupe des Reißverschlusses etwas auf. Nähe die andere Reißverschlusskante ebenso an die rechte Seite des unteren Rückenteils.

5. Lege die beiden unteren Rückenteile rechts auf rechts und stecke die hintere Mitte unterhalb des Reißverschlusses zusammen. Stecke den Reißverschluss unten

ganz eng zusammen, so dass die vorhandenen Nähte so gut wie möglich aufeinandertreffen. Knapp außerhalb dieser Stelle und ca. 0,5 cm höher beginnst du die hintere Mitte ein paar Zentimeter zu schließen. Dazu setzt du das Nähmaschinenfüßchen für normale Reißverschlüsse ein, damit kannst du nah an der vorhandenen Reißverschlussnaht beginnen. Den Rest der Naht kannst du mit dem normalen Füßchen fertigstellen. Bügle die Nahtzugaben auseinander.

6. Stecke die oberen Rückenteile jeweils rechts auf rechts auf das untere Rückenteil. Nähe die Teile zusammen und bügle die Nahtzugaben auseinander.

7. Schlage bei den oberen Rückenteilen in der hinteren Mitte die Nahtzugabe 2-mal 0,5 cm ein und steppe die Kante bis zum Reißverschluss knappkantig ab.

8. Schlage an der oberen Kante die Zwickel jeweils 2-mal 0,5 cm ein und steppe die Kante. Stecke die Zwickel rechts auf rechts an das Vorderteil und nähe die Teile zusammen. Bügle die Nahtzugaben Richtung Vorderteil. Stecke nun die Zwickel und Seitennähte der Vorderteile rechts auf rechts auf das Rückenteil, nähe die Kanten zusammen und bügle die Nahtzugaben in der Seitennaht auseinander, im Zwickelbereich Richtung Rückenteil.

9. Schlage bei den oberen Rückenteilen und den Vorderteilen jeweils die Armausschnitte 2-mal 0,5 cm ein und steppe die Kanten knappkantig ab.

10. Schlage alle oberen Kanten 5 cm nach links und steppe sie knappkantig fest. Das ergibt die Tunnel für die Bindebänder.

11. Versäubere den Saum und gleiche die Ecken dabei aus. Schlage den Saum 1 cm nach links und steppe ihn fest.

12. Lege die äußeren Bindebänder 2 rechts auf rechts und nähe sie an der langen geraden Kante zusammen. Bügle die Nahtzugaben auseinander.

13. Lege die äußeren Bindebänder rechts auf rechts auf das mittlere Bindeband und stecke sie jeweils an den kurzen Kanten zusammen. Nähe die Kanten zusammen und bügle die Nahtzugaben auseinander.

14. Lege die Bänder quer auf die Hälfte, rechts liegt innen, und nähe die kurzen und die langen Kanten zusammen. Lasse ungefähr in der Mitte eine Wendeöffnung von 3–4 cm. Schneide die Ecken zurück und wende das Bindeband. Bügle die Kanten. Nähe die Wendeöffnung knappkantig zu.

15. Ziehe das Bindeband für die Träger durch die Tunnel, beginne und ende dabei in der hinteren Mitte und schließe das Kleid mit einer Schleife.

Stoffe und Zutaten

Die meisten Stoffe und Zutaten wie die neonfarbenen Schrägbänder wurden uns von Selfmade / www.selfmade.de, Stoffe Hemmers / www.stoffe-hemmers.de und Buttinette / www.buttinette.com zur Verfügung gestellt. Vielen herzlichen Dank dafür!

Über die Autorin

Stefanie Kroth lebt fürs Modedesign. Sie begann bereits als Jugendliche, ihre eigenen Ideen an der Nähmaschine ihrer Mutter umzusetzen. Es folgten eine Ausbildung zur Schnitt- und Entwurfsdirectrice und das Studium »Medien und Kommunikation«, Weiterbildungen im Creative pattern cutting, CAD und 3-D-Bereich. Moderne und nachhaltige Schnitte liegen ihr besonders am Herzen. Sie arbeitet als Schnittdirectrice und entwirft für ihre Kunden Mehrgrößen- oder Maßschnitt-Kollektionen und kümmert sich um die digitale Umsetzung. Im Stiebner Verlag erschien bereits ihr Buch »Der perfekte Blusenschnitt«.

Danke

So ein Buch entsteht nicht im Alleingang, viele helfende Hände haben wertvolle Beiträge geleistet und mich davor bewahrt, zu verzagen. Bettina Zuchotzki gab eine Anschubhilfe und nähte einen Schwung der Foto-Muster zusammen mit Veronika Stadlmeier, die auch den Digitalisierungsprozess mit begleitete. Beim Foto-Shooting auf dem Gaswerkgelände in Augsburg haben Fotograf Guido Köninger und die Models Miriam, Nina und Lukas alles sehr schön und unerschrocken in Szene gesetzt. Wir hatten eine wundervolle Testgruppe, durchmischt mit alten Hasen und Näh-Grünschnäbeln, die verschiedene Modelle nähten und wertvolles Feedback zu den ungewohnten Anleitungen gaben. In der Testgruppe waren: Frauke Friboes, Nicole Prestle, Daniela Tiefenbach, Nina Langer, Stefanie Fissel, Sonja Demel, Susanne Vollmar und Sylvia Purkhauser.
Und vor allem danken möchte ich Stefanie Klapetek für die immer so flinke, konstruktive, inspirierende und angenehme Zusammmenarbeit. Und zuletzt Bernadett Linseisen für das schöne Layout und ihre Geduld beim »Umstellen«.

Meine Notizen

Noch mehr

Jules Fallon
Kleidung nähen
ISBN 978-3-8307-2117-8

Teresa Gilewska
Drapieren
ISBN 978-3-8307-2094-2

gute Bücher:

Teresa Gilewska
Schnittkonstruktion in der Mode – Maßschnitte
ISBN 978-3-8307-2079-9

Joi Mahon
Die perfekte Passform
ISBN 978-3-8307-0935-0